어머니란 이름으로

어머니란 이름은
이처럼 자식의 작은 마음 씀씀이 하나에도
보람의 꽃이 핀다

어머니란 이름으로

박찬란 외

한국스토리문인협회 수필 동인지
자작나무 수필동인 2022년 제7호

문학공원

책을 펴내며

수필은 얼마만큼 감동을 자아내느냐가 관건이다. 주장하는 수필, 즉 논설문, 설명문, 연설문, 칼럼 등도 수필에 속하긴 하지만 보통 수필집을 내고, 수필로 등단했다고 하면, 경수필 즉 에세이인 진실을 소재로 하는 수필을 쓴다.

수필이란 삶의 반영이다. 좋은 수필이란 거짓이 없는 수필이다. 성공한 삶이란 진실로 이루어진 날들이 모여 이루어진 보상이다. 수필이 소설처럼 허구라면, 꾸며서 쓰는 글이라면 그런 글은 결국 독자를 외면으로 돌아서게 할 것이다. 그런데 이번에 공모전에 응모해온 21명의 수필가의 작품들은 모두 진실을 바탕으로 쓰여졌다, 그래서 지극히 감동스럽다.

우리 ≪스토리문학≫ 창간된 지 20여 년의 세월이 흘렀고, 수십 명의 수필가를 배출했으며, 도서출판 문학공원에서는 그동안 수십 권의 수필집을 펴냈다. 그리고 한국스토리문인협회는 포푸리문단의 시작으로 볼 때 만 20주년이다. 그런 연륜 속에 함께 해온 수필가들이기 때문에 그 삶의 깊이는 웅숭깊고 그윽하며 그런 웅숭깊은 삶을 그윽한 수필의 향기로 풀어낸 작품들이야말로 진한 감동이 인다. 일곱 번째 동인지에 참여해주신 작가님들께 감사드린다.

2022년 여름

한국스토리문인협회 회장 김 순 진

Contents

김 창 배 (金 昌 培)

월간 ≪스토리문학≫ 등단(2009)
한국문인협회 예산군지부장
한국스토리문인협회 회원
자작나무수필 동인
스토리문학상(2013), 충남문학 작품상(2019)
수필집 『쌀 한 톨의 무게』 외 3권
E-mail : 123bae@korea.kr

고발하고 선처해 달라고 외 2편

김 창 배

승진하여 어느 면사무소 산업계장으로 발령받았었습니다. 전임 산업계장은 민원이 발생하자 무허가 축사를 신축한 축산 농가를 예산경찰서에 고발하려고 했습니다. 전임자가 발송한 농지 원상 회복명령 1차 계고문서를 어리 무던하게 살펴보았습니다. 예산경찰서에 고발하려던 축산 농가는 이미 불법 축사양성화 기간에 예산군에서 양성화를 해주었습니다. 하지만 축산 농장주인은 예산군에서 양성화해준 내용을 잘 몰라 문서를 방치하고 건축물대장 등재를 신청하지 않아 축사 동 수와 면적 일부가 불법건축물로 되어있었습니다. 이 상태로 예산경찰서에 고발당하면 동 수와 면적이 많아 실형을 받거나 벌금이 많이 나올 것 같았습니다.

걱정이 되어 축사 주인에게 전화로 사무실을 방문하라고 하였습니다. 군에서 불법축사 양성화해준 일부 축사를 건축물대장에 등재하는 방법을 자세히 알려주었습니다. 예산경찰서에 고발하기 전에 축사 주인을 만나기 위해 계원 2명과 그가 살고 있는 마을로 출장을 나갔습니다. 우리는 그 농가를 쉽게 찾지 못했습니다. 지나가는 주민들에게 물어보아 어렵게 우리가 찾은 축산 농가는 사람이 도저히 살 수 없을 것 같은 집이었습니다. 그 집 가족들은 폐가처럼 무너져가는 흙벽돌집에서 오무락 오무락 살고 있었습니다. 집안에 들어가니 부인이 마당 뜰에서 밝은 모습으로 손빨래를 하고 있었습니다. 11년 전 갑자기 뇌출혈로 쓰러져 고생 중인 시어머니의 수발 중임을 나중에야 알았습니다. 카메라로 허물어져 가는 집과 중풍으로 누워있는 시어머니를 어슴푸레하게 촬영하였습니다.

농지원상회복 2차 계고를 하였지만 그 농가가 이행하지 않았습니다. 부득이하게 '농지불법 전용지 원상회복 불이행'으로 그 축산 농가를 예산경찰서에 고발했습니다. 그 일이 있은 후, 예산경찰서 지능수사팀과 대전지방검찰청 홍성지청 검사에게 불려가 조서를 받았습니다.

그때 검사는 나에게 "축산농가주가 무조건 모른다고 변명하지만, 죄질이 나쁘다."라며 무거운 형벌이 내려질 것을 암시했습니다.

대전지방검찰청 홍성지청을 다녀온 후 사무실에서 많은 고민을 했습니다. 어쩔 수 없이 사법기관에 고발을 한 일은 점차 커져만 가고 있었습니다.

홍성지청에서 '2차 방문하라'는 전화가 왔습니다. 농지법 위반으로 경찰서에 고발을 했지만 어려움에 처한 축산 농가를 도와주어야겠다고 마음먹었습니다. 면장님은 내가 농가의 어려운 처지를 살펴달라는 의견서를 검찰청에 제출하는 것에 손사래를 쳤습니다. 그래도 해야겠다고 하자 면장님은 지시를 어긴다고 꾸중하며 난리를 쳤습니다. 고민을 거듭하다가 홍성지청 검사님에게 담당자 의견서를 제출했습니다. 본인이 경찰서에 고발한 사람을 검사를 찾아가서 선처해달라고 의견서를 제출하는 공무원은 아마 없을 듯합니다.

담당자 의견(○○면 산업담당)

(전략)

○○○농가는 1981년 고덕면 대천리 우시장에서 송아지 한 마리를 그 당시 90만 원을 주고 구입하여 그것이 밑바탕으로 하여 현재는 젖소 70마리를 키우며 살고 가고 있습니다. 무허가 축사 신축은 본인 책임도 있습니다. 이 농가는 농협 등에 채무가 1억 4천만 원이 넘는 축산 농가입니다. 또한, 중풍으로 쓰러져 누운 어머니를 모시며 어렵게 사는 축산 농부입니다. 그동안 농지전용신고를 받지 않고 축사를 여러 동 신축하여 현재 불법으로 사용하고 있지만, 호화사치가 아닌 생계형 범죄로 생각합니다.

'그가 사는 주택', '병중에 고생하시는 노모 사진', '채무상환서'를 첨부합니다.

검사님, 판사님께 고개 숙여 감히 선처를 부탁드립니다.

대전지방검찰청 홍성지청에 산업계장 명의로 의견서를 전달한 후 한 달이 지났습니다. 고발한 무허가축사 고발 건이 대전지방법원 홍성지원 법정에서 재판이 열린다는 소식을 듣고 축산 농가와 함께 차를 타고 나는 법원에 갔습니다.

"벌금형을 법원에서 내리면 벌금이 많이 나오는데 피의자는 돈을 낼 수 있습니까?" 판사가 축산 농가에게 물었습니다.

"벌금을 내겠습니다."라고 두 번 축산 농가는 대답했습니다.

법정재판 중에 검사는 '담당 계장이 선처를 호소했다'는 사실을 판사에게 이야기했습니다.

그 후 그 사건을 잊고 지낼 즈음에 전화가 왔습니다.

"대전지방법원 홍성지원에서 실형과 집행유예, 사회봉사명령을 받았다."라는 좋지 않은 판결이었습니다. 하지만 피의자 축산 농가는 나에게 흐물스레한 목소리로 "김 계장! 많이 도와줘서 큰 벌을 면했다. 참 고맙다."고 인사를 했습니다.

그 일이 지나고 며칠 후에 예산군청 비서실에서 면장님에게 '군수님께서 김 계장이 고발한 축산 농가를 방문한다.'는 연락이 왔습니다.

방문 시간을 알려주기에 축산농가에 가서 긴장한 채 군수님이 도착하기를 기다렸습니다.

군수님은 도착하자마자 축산농가의 부인에게 물었습니다.

"예산군청에 누가 편지를 보냈습니까?"

"제가 보냈습니다." 소를 키우는 농가의 아내가 담담하게 대답하였습니다.

군수님은 "편지를 참 잘 써서 보냈더군요."하시고는, 나에게 "하고 싶은 말 있으면 하라!"고 말씀하셨습니다.

"제가 축산 농가를 고발하여 실형을 받았는데, 무슨 염치로 말을 하겠습니까? 그저 농가에 고통을 주어 마음이 아픕니다."

그녀는 떨리는 목소리로 군수님에게 말했습니다.

뜻밖에도 직원들과 출장을 가서 만난 손빨래하시던 농가의 아내는 군수에게 '내가 지역주민에게 열심히 일을 잘한다'는 장문의 칭찬 편지를 보냈다는 것을 나중에 알게 되었습니다. 군수님은 군청계장급 이상이 참석한 간부회의 시간에 6장이나 되는 그 긴 편지를 직접 읽어 주었다는 소식도 들었습니다.

고발당한 농가에서는 보통 고발한 공무원을 원수처럼 생각합니다. 하지만 경찰서에 고발한 후 내가 축산농가에 대했던 일처리 과정을 그의 아내는 고맙게 생각하고 군수에게 칭찬의 편지를 보낸 것입니다. 그녀가 예산군청에 보낸 편지를 군수님은 간부회의 시간을 줄여가며 실·과장과 계장들에게 읽어주며 칭찬하는 행운을 나는 누렸습니다.

그 일이 있는 후에는 고발한 축산 농가와 '너, 나'하면서 의좋게 지내고 있습니다. 어제는 퇴근하는 길에 그 축산 농가를 방문했습니다. 그의 아내는 살갑게 맞이해 주었습니다. 군수님에게 편지를 보낸 그녀는 냉장고에 보관해 두었던 참기름 한 병을 선뜻 내주었습니다. 지금 이 글을 쓰고 있는 동안, 식탁 위에 놓여 있는 참기름 냄새는 거실에 퍼져 고소하게 전해옵니다. 나는 엄청 행복한 사람입니다.

어머니와 꺼멍개

어머니는 아버지와 여느 때처럼 넉넉한 모습으로 밭에 나가 서로 의지하고 기대며 고추를 수확했다. 한참 고추를 따던 아버지는 주위를 돌아보았다. 어머니가 보이지 않았다. 어머니는 밭고랑에 쓰러져 있었다. 머리가 심하게 다쳤다. 예산에 있는 병원에서 응급조치 후 어머니는 사설 119구급차 타고 천안 단국대종합병원 응급실로 옮겼다. 그 후 단국대종합병원에 입원하여 벌써 70여 일이 지났다.

나는 아내가 만든 반찬과 어제 농협마트에서 구입한 복숭아 통조림을 배낭에 넣고는 일요일 천안으로 가는 새벽 열차를 탔다. 기온이 차갑다. 마스크를 착용하니 안경에 김이 서려 연신 불편했다. 고로나19가 빨리 종식되어 편리했던 일상으로 되돌아가길 생각했다.

천안역에 내려 어머니가 있는 종합병원 가는 도중이었다. 택시운전기사는 "어디로 가느냐!"라고 묻었다.

택시운전기사는 "부모님도 암에 걸려 둘 다 돌아가시고 형도 죽고 누나와 둘만 남았는데 또 누나도 암에 걸려 다음 중 간병을 위해 운행 중인 택시를 반납하고 서울대병원에 간다."라는 묻지 않은 말을 줄줄이 했다. 운전 중인 택시운전기사의 말이 남의 이야기처럼 들리지 않아 동조를 했다.

요즈음 암에 걸려 사망하는 사람을 주위에 많이 보았다. 어머니는 뇌를 심하게 다쳐 기억력이 현저히 떨어졌다. 어머니의 병상소 식을 기다리며 아버지와 우리 가족은 노심초사했다. 우리 형제는 단체 카카오톡 방을 만들고 어머니의 병상 소식을 자주 접하면서 매일 공유했다.

병원에 도착하여 간병인을 잠시 쉬라고 집으로 보냈다. 막상 24시간 간병을 하는 일을 해보면 힘들다. 어머니가 누워계신 6층은 6인 병실이었다. 간병인 6명이 모두 조선족이었다. 병원에서 힘든 일은 내국인이 아닌 외국인이 대부분인 상황을 간접적으로 볼 수 있었다. 우리 6남매는 주간에 간병인을 교대하여 병원에 있는 어머니와 시간을 보냈다.

"꺼멍개는 잘 있느냐"

어머니가 나에게 물어보았다.

"예! 잘 있어!"

어머니가 조금 전 나에게 물어본 검정 개는 반려견이다. 검정 개는 주인을 잃고서 배고픔을 참으며 이리저리 휩쓸고 다니면서 부모님 사는 집 주위를 기웃거렸다. 어머니가 꼭꼭 밥을 챙겨주었다. 그것이 인연이 되었다. 순진하고 어수룩한 어린 검정 개는 부모 집 주변을 떠나지 않았다. 어머니는 살뜰히 먹이를 주고 긍휼(矜恤)하게 여기며 길렀다.

내가 어릴 적에도 큰 수해가 발생 상류 하천에서 떠내려온 어린 강아지를 집으로 데려왔을 때에도 어머니는 어린 강아지 먹이를 주고 나서 길렀다. 검정 개를 기억하시는 것으로 보아 어머니의 기억력이 조금 살아나신 것 같았다.

어머니는 뇌를 다치기 전에 살았던 고덕의 집을 기억하시나 보다. 어머니는 70여 일간 병원에서 병과 사투를 벌이셨다. 어머니는 몸이 허약한 중에도 정신의 끈을 놓지 않고 사무치도록 간절하게 예산 고덕에 있는 집으로 다시 돌아가기를 원했다. 기억력이 똑똑히 떠오르지 아니하고 좀 흐리마리하게 어머니는 가족에게 어린아이처럼 “집에 보내 달라!”고 보채곤 하셨다. 그럴 적마다 병상에 있는 환자들은 비웃듯이 가식적인 표정으로 어머니를 바라보아 우리 가족은 당혹스러워했다.

어머니 뇌리에는 집이 여러 곳인가 보다. 태어나서 자란 집, 결혼하여 단란한 가정을 이룬 집, 병원에서 계시다 하루 동안 집으로 돌아온 날, 어머니는 거실 의자에 앉고는 아예 안방에도 들어가시지 않았다. 연신 “집에 대려다 줘”하시며 보채셨다. 아버지와 우리는 눈물을 흘리면서 다시 어머니를 병원으로 보낼 수밖에 없었다. 어머니도 여동생과 차안에서 울고 계셨다. 연속극에서 나오는 슬픈 장면을 보는 것 같았다. 슬펐다.

이제 어머니는 힘들었던 병원생활에서 벗어나 퇴원을 5일 남기고 있다. 갑작스러운 사고에 중요한 뇌 부위는 비켜 갔지만 어머니는 오래 동안 병상에서 약과 의사를 의지해야만 했다.

올해는 예년에 비하여 고추 농사는 탄저병이 심하여 고추 가격이 상승했다. 형의 노력으로 이웃 농가에 비하여 우리 집 고추는 튼실하고 잘 자랐다.

늙으신 부모님이 1,100여 고추에서 고추를 수확하는 일은 쉽지 않았다. 일요일에 두 아들에게 연락을 하고 주말을 활용하여 고추수확을 했더라면 이런 사고를 어머니는 당하지 않으셨다. 자녀에게 부담을 주지 않으려고 평일날 부모님은 고추를 수확하신 모양이다.

80대 후반인 부모님은 농사의 끈을 놓지 않았다. 자녀들은 농사일을 줄이셨으면 하는 의견을 제시하였지만 아버지의 심안(心眼)은 변함이 없었다. 고령과 건강을 생각하지 않고 예전처럼 농사일만 하셨다. 나는 가끔 주말에 일손을 돕곤 하였다. 자주 부모님 농사일을 도와주지 못한 것이 못내 아쉽다.

어머니가 퇴원하여 집으로 돌아오는 날, 고덕에 있는 검정개가 꼬리를 흔들며 어머니를 반기는 모습을 상상해 본다. 기력을 차리시고 퇴원하여 집 옆 창고를 지키고 있는 검정 개를 도담도담 키우며 설핏 웃음 보일 날이 하루빨리 오기를 상상하는 것이다.

어머니의 병상 곁에서…….

우봉이씨(牛峯李氏)

조선시대 우봉이씨는 충남 예산군 봉산면 봉림리 성지동에 살고 있는 정현룡(1547~1600)과 결혼하였다.

결혼한 지 3개월 지나서 우봉이씨 남편은 함경도 경계판관 벼슬길에 올랐다. 남편은 함경도 북방 국경지대 호족과 여진족과 임진왜란 일어나 왜구와 싸웠다. 그동안 12년이 지나도 부부는 만나지 못하는 비극을 맞이했다.

정현룡이 함경도에 나가 있는 동안 우봉이씨 사이에 자녀가 없었다. 그의 남편 집안 어른들은 대를 이을 걱정을 했다.

우봉이씨는 정현룡 북병사의 아내로서 용기를 내여 임금에게 '남편을 찾아가고자 원한다.'는 상소문을 아래와 같이 올렸다.

"무변 정현룡의 아내입니다. 남편이 외직으로 나간 지 수년이 되었습니다. 남편의 나이가 50을 바라보니 아내로서 삼종지의를 쫓아야 합니다. 그러자면 남편이 있는 곳에 다녀와야 하겠사오니 이러한 정상을 살피시어 받들 수 있게 허락하여 주시기를 엎드려 상소하옵니다."

선조는 '우봉이씨가 남편을 만나겠다.'라는 의지가 담긴 상소문을 가상하게 여겨 특별히 윤허했다.

그녀는 계집종과 함께 남편을 찾아 낯선 함경도 향해 북으로 걸어갔다. 어렵게 관문인 마천령에 당도하여 남편 이억 장군을 만났으나 "전쟁터에 찾아왔느냐고 호통을 치며 감히 어디라고 되돌아가라!"라고 하였다.

그녀는 어쩔 수 없이 예산으로 돌아오면서 마천령에서 아래와 같은 한시를 남편에게 전하고는 발길을 돌려 뒤돌아 갔다. 남편 정현룡은 아내가 떠난 후 애절한 한시를 읽고는 10여 리 뒤돌아가고 있는 부인을 다시 오라고 하여 재회를 했다.

병영생활하면서 2남1녀의 자녀를 두었다. 선조 25년 임진왜란이 일어나 부인과 자녀는 예산군 봉산면 고향으로 돌아왔다.

우봉이씨의 간절한 시조를 소개한다.

行行旦至磨天嶺 행행단지마천령
東海無邊鏡面平 동해무변경면평
千里婦人何事到 천리부인하사도
三從義重一身輕 삼종의중일신경

가고 가고 해서 쉬지 않고 당도한 것이 마천령이구나.
끝없이 바라보이는 동해 바다 수면은 거울과 같은데
부인의 몸으로 이 천릿길을 그 무엇 때문에 왔단 말인가
중한 것은 삼종지의 무거워 이 한 몸은 가벼워서인가 하노라

위에 게재 칠언절구 한시는 예산 아녀자인 우봉이씨가 원산 앞바다를 바라보고서 속치마 속에 쓴 한시로 알려져 있다. 함경도 북병사 정현룡

이 임진왜란으로 인하여 남편이 그리던 예산 고향에 오지 않자 임금에게 상소문을 올렸다.

그녀의 청을 허락받은 후 함경도 마천령 천리 길을 시비와 같이 찾아가면서 자기 심정을 애절하게 칠언절구 한시로 표현을 했다.

앞에 소개한 조선시대 우봉이씨 한시와 비슷한 칠언절구 한시를 소개한다.

필자는 지금 400년 넘어서 조선시대 여성의 한시 표절을 밝히려는 의도는 전혀 없다.

정현룡 부인 우봉이씨는 충남 예산에서 함경북도 두만강강가까지 천리길을 찾아갔다.

아래 소개하는 조선시대 미암 유희춘 부인 송덕봉은 전남 담양에서 남편을 만나려 함경도 종성까지 만릿길을 찾아간 내용이 흡사하다.

마천령을 찾아간 두 여인의 나이를 따져보면 송씨 남편 유희춘은 1513년에 출생하여 1577년에 사망했다.

우봉이씨 남편 정현룡은 31세에 1577년 알성시 무과에 합격하여 벼슬이 주어졌다. 유희춘의 사망한 해이다.

마천령 위에서 읊다

송씨 부인(송덕봉)

行行遂至摩天嶺 행행수지마천령
東海無邊鏡面平 동해무변경면평
萬里婦人何事到 만리부인하사도

三從意重一身輕 삼종의중일신경

걷고 또 가 마침내 마천령에 오르니
동해는 가이 없어 거울마냥 평평하도다.
만릿길 아녀자의 몸으로 무슨 일로 왔는가?
삼종의 의은 중하고 일신은 가벼울 뿐이네.

미암 유희춘(1513 ~1577)이 을사사화로 윤원형에 의해 무고되어 함경도 종성에 유배되어 부인 송덕봉은 19년이란 긴 세월을 보냈다. 그녀는 해남과 담양을 오가며 살림을 도맡았다. 시어머니를 21년간 모시다가 돌아가시자 3년 상을 치렀다. 그러고는 전남 담양에서 함경도 종성 유배지로 남편을 찾아 나설 때 마천령 고갯마루에 올라 쓴 칠언절구의 한시 전해오고 있다.

1571년 송덕봉은 시 38수의 『덕봉집』 이란 한시집을 발간할 정도로 글솜씨가 뛰어났다. 조선시대 4대 여류시인으로 평가되고 있다.

우봉이씨의 남편 정현룡은 뛰어난 무신으로 임진왜란 때 수 차례 공을 세운 장군이다. 선조 33년(1600) 남편 우봉이씨 정현룡은 북병사가 호적 토멸 전투에서 큰 공을 세우고 전사했다. 남편의 애마가 이억 장군의 두부만을 몰고 돌아왔다. 얼마나 처절했던 싸움터였던 것을 짐작할 수 있다. 봉산면 옥전리에 남편의 장례를 치렀다. 그 후 소복하고는 문밖을 나가지 않았다. 우봉이씨는 남편을 따라 죽었다.

정려현판은 아래와 같은 내용을 기록한 판각이 있다.

"烈 女宣武一等功臣 贈崇政大夫 議政府左贊成 兼 判義禁府事 行正憲大夫 咸鏡北道兵馬節度使 兼 卿城都護府使 鄭見龍妻 貞敬夫人 李氏之文 上之卽位 二年 壬戌十一月 日 重修 열녀선무일등공신 증숭정대부 의정부좌찬성 겸 판의금부사 행정헌대부 함경북도병마절도사 겸 경성도호부

정대영 고택의 건물은 충청남도에서 1987년에 제385호 문화재자료로 지정하였다. 우봉이씨의 절행과 열행을 표하고 있는 열녀 정려각이 고택 앞에 세워져 있다.

삼종지도는 재가종부, 적인종부, 부사종자이다. 이것은 조선시대 여인에게 지워진 묵중한 도덕률이었다. 조선시대이든 현대사회이든 여자에게 여필종부 요구했던 일은 좋은 도리는 아니다. 조선시대 그 당시 여자의 몸으로 그 험하고 먼 예산에서 마천령까지 천리 길, 만 리 길을 남편이 있는 함경도 북방 북병사와 함경도 종성유배지를 찾아간 두 여인의 조선사회에서 유교문화의 슬픈 단면을 보고는 마음이 아프다.

※ 참고 문헌 『봉산면지』 2002, 2. 『북병사 정현룡』, 『디지털예산문화대전』, 『한국민족문화추진위원회 국역연 수원교양강좌 자료』

김 인 숙

전북 부안 출생,
한국미술협회 서예 · 전각 초대작가
종합문예지 《스토리문학》 수필부분 등단
시인학교 회원
한국스토리문인협회 회원
자작나무수필 동인

고구마엿 외 2편

김 인 숙

고구마 줄기를 따러 알미산 밭으로 걸어갔다. 고구마밭에 예쁜 사슴 한 마리가 보였다. 고구마 이파리와 줄기를 뜯어 먹고 있었다. 내가 "사슴이다!"라고 하니까 큰오빠는 "저건 노루 새끼야. 눈이 예쁘지."하며 "다리가 길어서 달리기 선수야."라고 말했다. 우리를 보더니 가늘고 긴 다리로 엄청 빠르게 산속으로 뛰어갔다. 신기했다. 좀 더 노루를 보고 싶었는데 아쉬웠다. 고구마 줄기를 연한 부분만 골라 따고 집으로 돌아와 소금물에 담가 놓았다가 껍질을 벗겼다. 어머니는 끓는 소금물에 고구마 줄기를 데친 후 꺼내서 차가운 물에 다시 씻었다. 연두색으로 변한 고구마 줄기는 물기를 꾹 짜내고 여러 가지 양념을 넣어서 나물반찬으로 만들었다.

산천초목이 초록으로 짙어지고 햇볕이 뜨겁게 내리쬐던 날들이 지속되는가 싶더니만 어느새 기온이 조석으로 선선해졌다. 나뭇잎이 알록달록 단풍이 물들었다. 완연한 가을이다. 어머니와 오빠들은 호미 하나씩 들고 고구마 고랑 사이로 들어가 흙을 파본다. 고구마가 많이 컸는지 먼저 확인을 한 후에 뿌리 쪽 줄기를 낫으로 잘라내고 고구마를 수확한다. 반그늘에 한나절 말린 후 작은방 안쪽에 고구마를 보관할 자리를 만들고 방안에 들여놓았다. 아궁이에 불을 지피는데 이틀 동안이나 방바닥이 뜨거웠다. 이렇게 해야 고구마가 겨울이 지나고 봄이 올 때까지 썩지 않고 오래 먹을 수 있다고 했다. 봄이 오면 다시 밭에 심고 모종을 키운다.

겨울에 동치미와 함께 먹는 맛있는 간식이었다.

하늘에서 함박눈이 폴폴 내린다. 오늘 밤 우리 동네 집들은 눈 속에 폭폭 빠져 동네 사람들은 나가지 못하고 잠만 잘 것 같다. 부엌 아궁이에 장작 불빛이 환하다. 어머니 손길은 일하느라 바쁘게 보이지만 포근한 느낌이다. 잘 마른 소나무와 대나무를 땔감으로 쓰는데 타닥타닥 소리를 내면서 탄다. 불꽃이 매우 강했다. 누룽지처럼 구수하게 냄새도 난다. 설날이 다가오면 자식들 입에 넣어줄 생각에 어머니는 고구마엿을 만들었다. 엿기름가루를 명주 주머니에 넣고 물에 주물러 내려앉은 물과 고구마를 큰 솥에 가득 넣고 불을 지폈다. 이렇게 하루 종일 끓였다. 몇 시간을 약 불로 졸이면 고구마엿이 되는데 거무스름한 갈색이 되었다. 진하게 조려진 엿을 조그만 항아리에 부어 놓고 뜨거운 열기가 식을 때까지 기다렸다.

나는 가래떡이 먹고 싶어서 어머니에게 말했다. 떡은 며칠 후에 할거라고 말했다.

아버지가 타고 다니는 신사용 자전거에 뒤에 쌀을 싣고 자전거 페달을 열심히 돌려서 방앗간에 도착했다. 불린 쌀은 기계가 가루로 만들었고 찜솥에 쪘다. 기계에 넣으면 길게 두 줄로 가래떡이 나왔다. 완성된 가래떡이 만들어지면 물속으로 내려오는 떡을 알맞은 크기로 잘라서 집으로 가져왔나. 전에 만들어 두었던 고구마엿을 복 복(福) 자가 새겨진 하얀 사발에 떠다가, 식구들이 모여 고구마엿에 가래떡을 찍어 먹었다. 달달한 이 맛을 안 먹어본 사람은 알 수가 없다.

외삼촌이 몇 년 만에 집에 왔다. 출가를 해서 스님이 되었는데 토굴에 들어가 공부를 할 계획이라고 말했다. 어머니는 동생 얼굴을 언제 또 볼 수 있을지 모른다며 고구마엿을 만들었다.

작은 솥에 메주콩도 볶았다. 잘 볶아진 콩을 절구에 찧어 가루로 만들었고, 제사 지낼 때 사용하는 큰 상위에 콩가루를 깔고 그 위에 엿을 부어 인절미처럼 모양을 만들어 썰었다. 콩가루와 고구마엿이 만나니 더 맛있었다. 어머니는 인절미를 외삼촌 바랑에 한가득 넣어 주었다. 외삼촌은 잘 먹겠다는 말과 "누나 건강 하세요."라고 말하며 떠났다.

외삼촌은 강원도 원주 작은 암자에서 홀로 수행 중이다.

어머니의 나이는 어느새 여든하고도 다섯이 되었다. 외삼촌이 그립고 보고 싶어서 불공을 드린다는 이유로 원주 토굴로 갔다. 날마다 부처님 전에 기도 한다. 몸이 불편해 백팔 배는 못 하고 반야심경을 읽으며 기도했다. 공양시간에 채식만 일주일하고 무언가 부족했는지 공양간 아궁이에 숯불을 꺼내고 냄비에 물과 함께 팥, 수수, 조, 보리, 귀리, 찹쌀, 기장 등 여러 가지 잡곡을 넣고 한 시간 동안 끓인 후 소금으로 간을 했다. 어머니와 스님은 아궁이 앞에서 아주 맛있게 먹었다. 이 잡곡 죽과 고구마엿은 어린 시절 외할머니가 끓여주었던 추억의 음식이다.

양철지붕 집 사람들

우리 집 앞에는 작은 미나리밭이 있다. 이른 봄이면 초록 잎새들이 싱그럽다. 미나리는 언 땅을 녹이고 가녀리지만 강하게 자랐다. 반들반들한 이파리가 햇살에 반짝반짝 빛이 났다. 파란 대문을 지나면 나무로 창을 만든 돼지우리가 있다. 돼지는 내가 지나가면 꿀꿀 꼭 강아지가 남이 오면 짓듯이 그랬다. 자기 집식구가 아닌 것을 알고 있는지 내가 지나가면 꿀꿀 소리를 냈다. 그 옆은 누렁이 집이다. 황소 한 마리가 작은 방울을 달고 목을 움직일 때마다 짤랑짤랑 소리가 울렸다.

미애네 아버지 정읍 양반이 마당에 기다란 작두와 볏짚을 가져왔다. 볏짚과 고구마 줄기를 썰어서 소에게 여물을 주고 나서 막걸리를 마셨다. 그러다가 마루에서 낮잠을 잤다. 먹다 남은 막걸리 양재기에 파리들이 먹고살겠다고 들러붙어 있었다. 정읍 양반은 막걸리가 밥이었다. 술을 안 마시는 날이 없었다. 살은 빠지고 몸은 허약해 보였다.

양철지붕이 세월을 버틴 흔적이 선명하다. 누렇게 녹이 슬었고 구멍이 났다. 비가 내리면 빗물이 방바닥 쪽으로 졸졸, 똑똑 떨어졌다. 비가 그치고 햇살이 좋은 날이다. 정읍 양반이 양철 지붕 위에 구멍을 수리를 한다고 나무 사다리를 놓고 지붕 위로 올라갔다. 뚝딱뚝딱 소리가 나더니 정읍 양반이 썰매를 타듯이 바닥으로 미끄러져 떨어졌다. 떨어질 때 충격으로 오른쪽 다리뼈에 금이 갔다. 병원 치료가 끝나고 목발을 짚고 조심스럽게 다녀야 했다. 나이가 많아서 뼈가 빨리 붙지 않고 시간이 오래 걸린다고 말했다. 육 개월 동안이나 다리를 사용하지 못하고 고생을 했다. 지붕은 수리하는 아저씨가 와서 잘 고쳤다.

장맛비가 내린다. 빗방울이 양철 지붕 위에서 '도도도, 라라라.' 신나는 음악을 연주한다. 끝났나 하면 다시 와서 두드렸고 조용하다 싶으면 또다시 두드렸다. 비 내리는 날은 양철 지붕이 비와 함께 신나게 뛰어노는 날이다.

미애와 기운이, 그리고 나. 셋이서 함께 채소를 다듬었다. 빨간색 플라스틱 바가지에 부추, 미나리, 계란, 밀가루를 넣고 소금으로 간을 한 후 전을 부쳤다. 식용유 기름 냄새가 고소하다. 일요일 오후 미나리 부침개를 셋이서 맛있게 먹고 있는데 군대에 갔던 기우 오빠가 왔다.

오빠는 그동안 잘 지냈냐며 반갑게 인사를 했다. 들에 나갔던 어른들이 집으로 돌아와 아들을 보더니 그동안 고생했다고 안아주며 면회를 한 번도 못 가서 미안하다며 울먹였다. 나는 기쁨의 눈물을 보았다. 그동안 정읍 양반과 정읍댁이 아들 걱정에 졸인 마음을 말 안 해도 알 수가 있었다.

기우 오빠가 군대에 가서 배웠다는 기타를 연주하고 있었다. 나는 기우 오빠에게 "기타 연주 한번 들려주세요."라고 했다. 미애와 기운이, 나 셋이서 기우 오빠 앞에 나란히 앉아서 기다렸다. 길고 하얀 손가락으로 기타 코드 잡는 모습이 멋져 보였다. 기타 연주는 로맨틱했다.

나는 곡이 궁금해서 "오빠 이 곡 이름이 뭐예요?"라고 물으니까 "이 곡은 로망스야."라고 했다. 곡에 대해 아는 것이 없는 나는 집으로 돌아와 오빠들에게 물어보았다. 큰오빠는 간단하게 말해주었다. 베토벤은 독일 사람이고 '로망스' 말고도 피아노 연주곡이 아주 많다고 했다. 다음에 오빠가 카세트테이프를 사다가 들려주겠다고 약속했다.

기우 오빠는 대학을 졸업했고 초등학교 교사가 되었다. 내가 다니는 학교에서 일 년 정도 근무하고 얼마 안 돼서 정근 갔는데 도시로 발령이 났다. 이후, 결혼을 했고 시골집에는 자주 오지 않았다. 미애도 큰오빠 기우를 따라서 도시로 갔다.

밀감나무

아버지는 마을에서 효자라고 소문난 사람이다. 외출하고 돌아오면 할머니 방으로 들어가서 잘 다녀왔다며 인사를 했다. 할머니 방 아랫목이 따뜻한지 이부자리는 편안한지 늘 꼼꼼히 살피는 아들이었다. 주전부리도 할머니가 좋아하는 것을 갖다 두었다. 복숭아 통조림, 엿, 곶감, 사탕, 전병 과자가 늘 할머니 옆에 있었다.

아버지가 솥에 소죽을 끓이려고 볏짚과 쌀겨, 물을 붓고 장작에 불을 붙였다. 소죽이 보글보글 끓는 소리가 나면 바가지로 떠서 소여물 통으로 옮겼다. 솥에 물을 가득 부어 할머니 목욕물을 데웠다. 어머니가 손을 넣어 물 온도를 맞춘 후 할머니의 몸을 씻겨 드렸다.

오늘은 향교에 제사가 있는 날이라며 양복을 입고 외출하셨다. 제사를 마치고 돌아올 때 내 선물도 잊지 않고 꼭 가져오셨다. 지난달에는 양복 안주머니에 쇠고기 육포를 종이에 말아서 가져왔었다. 할머니는 아마도 이가 없어서 나에게 주셨던 것 같다. 오늘도 간식거리 하나는 챙겨 오시겠지 하고 아버지가 오시기를 기다렸다.

그날은 예쁜 비단 보자기에 제사 지낸 음식들 시루떡, 가지전, 쇠고기육전, 나물 반찬 등이 담긴 삼단 찬합을 들고 오셨다. 식구들이 맛있는 육전과 떡을 먹으며 매우 행복한 밤을 보냈다.

나는 할머니의 심부름을 할 때마다 알사탕 하나를 주시기도 하고 전병 과자들을 할머니 덕분에 맛있게 먹을 수 있었다.

아버지가 초록 잎새가 파릇하게 달린 나무 한 그루를 사 오셨다. 화단에 삽으로 흙을 깊이 파고 나무를 심을 준비를 했다. 나는 "처음 보는 꽃나무네."하고 관심을 보였다. 이 나무는 추위를 많이 타서 추우면 얼어 죽는다며 대나무를 사방으로 땅에 꽂고 비닐 온실을 만들었다. 나무는 햇볕이 제일 잘 드는 곳에 자리를 잡았다. 하우스 크기는 작았지만 이중 온실이다. 가을 그리고 겨울이 지나고 봄이 왔다. 나무에서 잎새도 나오고 꽃도 피고 탱자처럼 열매도 맺었다. 그것은 밀감나무였다. 신기해서 자주 들여다보았다.

무더운 여름이 지나고, 가을이다. 모든 열매와 과일들이 익어 가는 중이다. 감나무 잎이 붉고 예쁘게 물들 때 밀감도 노랗게 물이 들었다. 아버지가 밀감을 하나 따더니 껍질을 까서 할머니 입에 넣어 드렸다. 나는 그 맛이 너무 궁금했다. 아버지에게 하나는 내 것이라고 우겨도 보았다. 다섯 개 열렸는데 할머니만 드렸다. 아버지가 "너는 나무의 키가 더 크고 많이 열리면 그때 먹어."라고 말했다.

할머니는 그리 오래 사시지 못했다. 할머니는 내가 초등학교 오학년 가을 운동회 하루 전날 돌아가셨다. 운동장에서 현대무용이라는 동작을 연습하고 점심밥을 먹으러 집에 갔다. 그날은 아버지와 어머니가 안 계셨다. "할머니 엄마가 안 계셔서 제가 밥을 챙겨 드려야 할 것 같아요." 하니까 나물과 밥을 비벼서 가져오라고 말했다. 나는 국그릇에 밥과 참기름, 나물들을 넣고 비벼서 물과 함께 가져다드렸다.

학교에 가서 오후 연습을 마치고 해거름 무렵 집에 돌아가는 길, 마을 어르신이 나를 보더니 할머니가 위독하시니 빨리 집에 가보라고 말했다. 할머니는 누워서 숨을 헐떡이고 입에서는 하얀 거품이 나오고 있었다. 의식은 없어 보였다. 죽음이라는 것을 처음으로 목도했다. 할머니의 마지막 모습이 한동안 잊히지 않았다. 내가 할머니의 마지막 식사를 챙겨 드려서 다행이라며 칭찬을 해주셨다. 그날 이후 아버지는 밀감 나무를 바라보며 눈물을 훌쩍이셨다. 육십이 넘은 아들이 아흔이 넘은 엄마를 그리워하며!

강 헌 모

경북 상주 출생, 청주 거주
2014년 ≪한국문학세상≫ 수필 등단
한국스토리문인협회 자작나무수필 동인
한국가톨릭문인회 회원
행촌수필문학회 회원
대전수필문학회 회원
충북수필문학회 회원
지방공무원 정년퇴직
2016년 한국국보문학 옥당문학 대상
저서 『고개를 들어보니 아름다운 세상』
『성경묵상, 꿈에 그리던 내 집』

E-mail : khm-338@hanmail.net

K고교에서의 긍정적인 생활 외 2편

강 헌 모

공무원으로 임용되어 퇴직할 때까지 13곳에서 근무한 나는 으뜸으로 생활했던 기억이 있다면 K고를 꼽을 것이다. 여름에 교실 선풍기가 고장 났을 때, 새 선풍기를 비치한 곳에서 꺼내어 교체하곤 하였다. 회전 안 되는 것, 날개가 부러진 것, 낡은 것들을 바꿨다. 어떨 때는 교체하는 과정에서 불꽃이 튀어서 깜짝 놀란 적이 있었다. 전기전공도 아닌 나는 위험을 무릅쓰고 천장에 있는 선풍기를 떼고 선을 까서 잇는 일을 하다 보니 그렇게 아찔할 때가 있었다. 그게 아직도 생생하게 남는다.

이는 학교를 사랑하고 학생들을 사랑하지 않으면 그런 일을 못할 것 같았다. 그래서 행정실에서 사람을 사서 처리하라고 할 것 같았다. 근데 무더위라 천정용 선풍기를 빨리 고쳐서 선풍기가 시원하게 돌아가기 위해서는 어쩔 수 없이 내가 해야 했다. 목마른 사람이 먼저 샘물을 판다더니.

교실의 쾌적한 환경을 위해 무더운 여름에 선풍기를 교체해서 시원한 바람이 나오도록 하니 선생님과 학생들이 편리하게 되었다. 그리고 복도, 교실 등 천장에 있는 파손된 텍스를 교체하였다. 어느 날 텍스를 교체하고 있는데, 여고생이 “아저씨 조심하세요.”하며 진심 어린 말을 했다. 그 말에 마음이 찌르르했다. 그 말 한마디에 나는 큰 힘이 되었다.

청순한 학생이 사려가 깊다. 사다리를 타고 천정에 있는 텍스를 교체하는 것을 보며 사다리가 흔들렸기 때문에 불안해서 그렇게 말한 것 같다.

텍스를 100개 이상 교체한 것 같다. 파손된 것들이 보기에 안 좋아 새것으로 갈으니 편리하게 되었다. 하지만 석면텍스여서 몸에 해로운 줄도 모르고 열성을 다했었다. 요즘은 석면을 제거해서 건강에는 이상이 없어서 다행이다.

어떨 때 또 여학생이 나보고 동안이라고 말해서 기분 나쁘지 않았다. 그때 나이가 40대 후반이었기에. 이렇게 생기 돌게 하는 말을 사용하고 내게 관심을 기울이는 학생이 있음에 고맙고 사랑스럽다. K고는 재활용장에 종량제 봉투에 쓰레기 담은 것이 나오면 압축을 해야 했다. 압축기가 있었기 때문이다. 그것은 다른 학교에는 없는 걸로 알고 있다. 실내에서 나온 종량제 봉투도 많이 나오는데, 그것까지 하려니 힘든 건 사실이었다.

그 외에 기숙사에서 가구로 된 물건을 옮기는 일을 하였는데, 행정실 주무관들이 힘들어했다. 시대가 많이 바뀌었는데, 그런 일은 인부에게 부탁했으면 좋았을 걸, 하는 아쉬움으로 남는다. 강당, 교실을 비롯해 외부 수목 전지작업, 잔디 깎기 등을 했고, 동사무소에서 지원 나오신 어르신들과도 함께 일을 해서 바쁜 생활의 연속이었다.

어느 날 학교로 헌혈차가 와서 나도 학생들과 함께 헌혈했다. 피를 뽑고 나니 기분이 좋아지는 것 같았다. 인문계고등학교다 보니 학생들은 대학 진학에 신경을 써야 했다. 해서 나는 어느 날 밤, 10시 정도까지 시간 외 근무를 달지 않고 근무한 적이 있었다. 대입 시험을 위해서 열심히 공부하는 학생들을 생각해서 그렇게 남아 근무했다.

여러 학교에서 교장 선생님과 함께 근무했었지만, K고에서의 남자 K

교장 선생님을 만난 것은 행운이었다. 그 교장 선생님은 온유하시고 자비하시며 선비 같은 분이신데, 내게 잘 대해 주셨고, 일체 싫은 소리 한 번 한 적이 없었다. 그런 분을 또 언제 만나랴. 그 교장 선생님 덕분에 마음 편하게 지냈던 것이 진하게 남는다.

2년 10개월 동안 교장 선생님이 세 번씩이나 바뀌었다. 행정실에서 실장인 여자 사무관님이 충북교육청에 1주일에 세 번씩 출장을 다녀오라고 해서 고마웠다. 출장비를 두둑하게 탄 것도 좋았지만, 나는 원래 어렸을 때부터 집에서 심부름을 잘했기에 도교육청에 다녀오는 것에 흡족했다. 그러고 행정실장 사무관님이 행정실 직원들과 함께 레스토랑에 가서 회식을 시켜주어 감명을 받었다. 어느 선생님은 등사를 잘한다고까지 말해주어 아직까지 고마움이 남는다. 미원중학교에서 같이 근무했던 선생님이 K고로 오셔서 생활하게 되어 반가웠다. 온순하시고 친근감이 있는 분이었다.

이곳이 금천동 주변에 있는 여러 학교보다 근무하기가 가장 힘들다고 동료들이 말해주었다. 그런데, 그런 것에 아랑곳하지 않고 나는 최선을 다해 근무해서 보람을 느꼈다. 충북교육청에서 근무하는 어떤 분이 나를 가경동에 있는 S중학교에 있었을 때 금천동 K고로 추천해주어 온 것이라 사명감을 다했다.

어느 날엔 잔디 깎기 위해 쉬는 날에 학교 가서 일도 하였다. 일이 밀리지 않기 위해서이고 학교를 사랑하기 때문이었다. 향나무가 많아서 전지가위를 사용해서 일을 하면 더뎠지만 마치고 나니 보기 좋았다. 지금 생각해보니 길다면 길고 짧다면 짧은 시간 동안에 K고에서의 아름다운 추억이 아직도 스멀스멀 나는 건 왜일까? 세월이 흘러도 좋은 기억은 남는다.

결혼하는 부부

결혼하는 부부는 하늘이 맺어준 인연이라고 합니다. 결혼하는 부부끼리의 만남은 짧기도 하고 길기도 합니다. 어떤 사람은 교제해서 속전속결로 결혼식을 마치는 경우가 있는가 하면, 오랫동안 사귀어서 느긋하게 결혼하는 사람도 있습니다. '어떤 경우가 더 좋으냐?'를 논하기 어렵지만, 서로가 좋아해서 인연을 맺고 사는 것이니 축복된 결혼생활이기를 바랍니다. 서로 모르는 남녀끼리 만나서 일생을 살아가야 하기 때문입니다.

양가 부모님 밑에서 자라서 성인이 되어 독립해서 알맞은 짝을 찾아 부부가 되는 것입니다. 그런데, 일생을 오로지 한 사람을 위해 사랑하며 살아야 하고, 어쩔 수 없이 죽을 때까지 같이 생활해야 합니다.

어떤 사람은 한평생 동안 한 사람과 사는 것이 좀 억울하게 느껴진답니다. 그래서 부정적일 수 있어, 한 사람이 아닌 두세 사람까지도 서로 좋아하면 상대방과 살고 싶은 마음을 가질 수 있습니다. 그러고 살아보고 부부가 맞으면 끝까지 갈 수 있지만, 그렇게 되지 않으면 헤어지기도 합니다. 그러니 남녀 간의 사랑이 쉽지 않습니다. 아무리 좋아해서 결혼했다지만 일생을 잘 지내며 사는 부부가 얼마나 되겠습니까?

예전에는 연세가 드신 분들이 일부다처제의 삶을 사시는 분들이 있었습니다. 본처 외에 작은 처를 두고 아이들도 낳으면서 말입니다. 그때는 지금보다 훨씬 가난했을 때인데, 어떻게 그렇게 살았는지 모르겠습니다.

어느 나라든지 혼인하고 이혼하는 사람들이 꼭 있습니다. 우리나라도 결혼하고 5년 안에 이혼하는 비율이 30퍼센트나 된다고 합니다. 이혼하는 당사자들이 사정이 있어 그렇겠지만, 각자 살아온 배경과 성격이 다르니 어떻게 살아가면 좋은 부부생활이 될는지 모르겠습니다. 그건 아마도 서로 이해하고 양보하며 부족한 면들을 상대에게 맞추어 사는 삶이 아닐까 싶습니다.

살다가 쉽게 이혼하게 되면 절차와 돈 문제가 따르니 웬만하면 잘 생각해서 서로 사랑하며 사는 것이 좋지 않을까 싶습니다. 혼인을 해서 부부로 살아간다는 것이 쉽지 않고, 자녀들의 양육비와 교육비가 만만치 않게 드는 것도 보통 신경 쓰이는 것이 아닐 겁니다.

부부 중에 이런 말을 하는 사람이 있습니다. 헤어지고 싶어도 자식 때문에 그러지 못한다고 말입니다. 해서 결혼이 축복일 수 있고, 해롭게 작용할 수도 있을 것입니다. 부부가 힘들 때 나는 당신과 다르지! 하고 곰곰이 생각하여 화목한 생활이 되도록 노력해야 할 것입니다.

요즈음 출산율도 낮아 1.3명이라고 합니다. '해서 1가구당 적어도 2명은 낳아야 되지 않겠느냐!'하는 생각을 합니다. 그런데 요즈음 젊은이들이 결혼을 안 하려고 하고, 막상 결혼을 해도 아이를 낳지 않으려는 경향이 있습니다.

예전에 아들, 딸 구별 말고 둘만 낳아 잘 기르자! 하는 정부 방침이 있었습니다. 지금은 둘 낳기도 힘들어서 정부에서 2022년부터는 다자녀 가정의 기준이 2명 이상으로 되었습니다. 아기 하나 키우는 것도 힘든 세상이 되었으니 말입니다. 임신, 출산, 양육에 조기교육 등으로 인해 부부는 신경을 써야 하니, 한 명의 아기도 소홀히 할 수 없습니다.

결혼한 부부는 아이를 낳고 생활해야 완전한 가정이 됩니다. 아이가 없으면 부부는 쓸쓸할 겁니다. 아이가 있으므로 할아버지, 할머니의 무릎에 앉혀 보기도 해서 웃음 가득한 생활이 될 겁니다.

결혼을 쉽게 생각할 수는 없습니다. 대충대충 살아갈 수 없는 겁니다. 결혼 자체만으로도 큰 축복입니다. 부부로 맺어져 한평생을 완주해야 하는 것이 맞을 겁니다. 급하게 서둘러 혼인해도 안 될 것입니다. 예전에는 어르신들의 허락이 있어야 했고, 상견례를 하며 혼인하였습니다. 요즘도 상견례를 합니다. 그러나 양가 부모가 좋아하고 반대할 것 없이 결혼할 당사자들끼리 좋으면 예식을 올리는 경우가 많은 것 같습니다.

혼인한 부부가 살면서 고통이 따를 때면 결혼하기 전의 아름답고 즐거웠던 생활을 떠 올리고, 교제했을 때의 좋은 점을 생각하고 결혼을 하면 설레고 행복했던 처음 가졌던 마음가짐으로 더 행복하지 않을까 싶습니다.

기성세대들은 젊은이들의 축복 속의 결혼을 축하하며 행복하게 잘 살도록 응원에 응원을 해주면 좋을 것입니다. 그러면 이혼율도 줄일 수도 있겠습니다. 그런데 요즘은 젊은 세대 이혼보다 20년 이상 된 황혼 이혼율이 더 높다고 합니다. 그러니 또 다른 걱정거리가 아닐 수 없습니다.

이혼 부부들이 많은 상처가 되지 않도록 헤어지는 것을 막아야겠다는 생각을 절실히 해봅니다.

결혼한 많은 사람들이 한 남자와 한 여자만 택해서 살아야 할 것입니다. 그런데 살다 보면 여러 사정으로 이혼하고, 재혼해서 살겠다는 사람도 있습니다. 제 생각에는 결혼하는 것이 안 하는 것보다 낫다고 생각합니다. 혼자 사는 것보다 한 남자와 한 여자가 결합하는 것이 지극히 아름답고 자연스러운 현상이며 좋은 일이기 때문입니다. 그것은 또 축복이자 하늘이 내려진 인연이니 서로 합의해서 결혼을 하였으면 죽을 때까지 화목한 가정이 되도록 해야 하,며 자녀들을 잘 양육하고 성장시켜 이 세상에서 생명이 다할 때까지 서로 사랑하고 행복하게 사는 것이 바람직한 삶이 아닐까 싶습니다.

수필을 대하며

수필을 쓸 때 한 문장을 이루려면 주어, 목적어, 보어, 서술어 등을 짜임새 있게 나열해야 합니다. 근데, 규칙을 엄격하게 적용하다 보면 딱딱한 글이 되기에 서정성이 배어 나오지 못합니다. 그래서 부드러운 글을 읽어야 좋을 것입니다.

영어에서는 해석이 중요할 것 같습니다. 영문 책을 읽거나 영자신문(英字新聞)을 읽을 때 몇 단어를 몰라도 무슨 뜻인지 알 수 있는 것처럼 내용을 파악할 줄 알아야 합니다. 또 외국인과 대화할 때도 모든 단어의 뜻을 몰라도 무슨 말을 하는지 알아야 할 것입니다. 그러지 않고 문법, 품사 등에 치우치며 학교 공부를 잘한다고 하더라도 외국인 앞에서 말을 못 하면 아무 소용이 없으니 대화에 자신 있도록 해야겠습니다.

수필에서 저는 줄줄 읽혀지는 글이 잘 썼다고 생각했었습니다. 해서 책을 빌릴 때도 문장이 부드럽고 편안하게 읽혀지는 것을 고릅니다.

수필 쓰기에서는 참신성, 독창성이 있어야 하고, 서론, 본론, 결론, 서정성 등과 주제와 맞게 문장을 이끌어 기야하고 어색한 것이 없어야 합니다. 또 작가가 주장하는 말과 독자들에게 재미를 주어야 합니다. 또한 글을 쓴 작가의 의도가 무언지를 알아야 하니 어려울 수 있습니다. 그런가 하면 저와 같이 책을 읽을 때 딱딱하지 않은 문장으로 된 것을 선호하는 사람은 격식을 중요하게 여기지 않고, 제 생각과 일상생활에서 일어나는 것을 자유롭게 쓰는 것입니다. 그렇게 하면 신변수필에 해당될 지 몰라도 편안합니다. 너무 격식에 얽매이다 보면 그것이 스트레스가 되어 글 쓰는 데에 부담을 느끼게 됩니다. 물론 고민하며 써야 훌륭한 문장을 이룰 수 있겠지요? 그렇게 하면 독자들에게도 기쁨을 줄 수 있겠습니다. 하지만 전업 작가가 아닌 이상 너무 독자들을 의식할 필요는 없다고 생각합니다. 그렇게 하지 않으면 제 글이 아니라 독자들 것이 되는 격이니 제 주장과 쓰고 싶은 것을 담아낼 수 없을 겁니다.

수필을 쓰는 목적은 제 생각엔 기분 좋게 편안한 글을 줄줄 쓰고 싶은 것에 있다고 생각합니다. 누구나 글쓴이마다 성격과 독창성이 다르니 누가 잘 썼다 못 썼다 를 논하기에 앞서 글쓴이가 어느 정도 만족하면 되지 않나 싶습니다. 남이 이렇게 저렇게 쓰라 하더라도 참고할 뿐이지 그것에 휘말리지 않고, 작가 스스로 터득해서 좋은 글을 빚어내면 되는 것입니다. 왜? '수필 쓰기에 정답은 없다'고 흔히 말하지 않습니까? 그것은 많은 수필들이 나름대로의 의미를 둔다는 말이 아니겠습니까?

글쓰기가 만만치 않은 일이니 웬만하면 글 쓴 사람을 생각해서 긍정적인 평가를 하고 상대방의 마음을 상하지 않도록 조심하는 것도 필요하리라 봅니다. 글 쓰는 사람들은 공통분모를 가지고 있을 수도 있으니 너그럽게 이해하는 면이 타인보다 넓다고 생각합니다. 즐거운 수필 쓰기로 참맛을 나누는 행복한 시간이 되어야 할 것입니다.

글을 써와서 나눌 때는 글쓴이가 낭독한 뒤에 5분 정도 후에 모든 선생님들이 생각해서 의견을 내는 것이 적당하다고 봅니다. 지적할 때는 그렇게 하고, 칭찬해 줄 때도 그렇게 하면 좋겠습니다. 신중하게 생각하지 않고 서둘러 합평을 하는 것은 부담이 될 수 있습니다. 몇 사람만 평을 하지 말고 모임에 모인 사람들이 각자 한마디씩 하는 게 낫지 않을까 싶습니다.

수필을 잘 쓰려면 책을 많이 읽고, 써야 한다는 것은 누구나 다 아는 것입니다. 수필 1편을 써놓고 초고에서 퇴고까지 마치려면 힘이 들 것입니다. 고쳐야 할 부분이 많이 나오니 말입니다. 그러고 다른 사람들의 마음에 들게 해야 하니까요. 어쩌면 수필 1편을 써놓고 나서 지적사항을 1달간 고민해도 80~90%로 끌어올릴지 미지수라 어려울지 모르겠습니다. 아니 1년을 고민해도 반짝반짝 빛나는 작품이 탄생되지 못할 수 있을지 모르겠습니다. 상대방의 글을 평하면서 저 사람은 나와 다르니 저렇게 글을 썼구나! 하고 이해한다면 마음 편할 것입니다.

수필창작교실 선생님 중에 수필 1편도 써 오지 않은 사람을 이해해야겠습니다. 나름대로 사정이 있을지 모릅니다. 그러니 그냥 수업시간에 남이 써온 것을 받아서 글쓴이가 낭독하면 그것을 잘 들어도 공부가 될 수 있을 것입니다. 저도 처음에 수필 공부할 때 집에서 각자 1주일에 1편씩 써와서 발표를 해야 된다는 것을 몰랐습니다.

그냥 수필을 배우러 다니니까 교수님이 판서하면서 학교 다니는 학생처럼 가르치는 줄 알았습니다. 그런데 그게 아니어서 수필공부에 어려움이 많이 따랐습니다. 해서 저는 1달에 1편씩 내면 안 되겠느냐고 교수님께 말씀드렸었습니다. 처음 접하는 수필쓰기라 모르는 것이 많기에 당황도 되었습니다. 그러니 한 번도 수필쓰기를 하지 않은 사람은 경험자보다 더 힘이 드는 것은 자명한 일입니다. 그래서 교수님이 칠판에 몇 문장을 써놓고, 주어, 목적어, 보어, 서술어와 관련지어 설명하고 비교법, 서정성, 간결성 등을 구체적으로 가르쳐 주시면 처음 수필 공부하는 사람들이나 집에서 써가지고 오지 못하는 분들에게 도움이 되지 않을까 싶습니다.

오늘은 서론, 다음에는 본론, 그 다음번에는 결론 등을 구체적으로 예문을 들면서 가르쳐 주신다면 도움이 될 것입니다. 그러고 잘못 쓰는 사람들을 위하여 첨삭해야 할 부분을 이러저러하게 써야 한다고 잠깐이라도 대신해주면 좋겠다는 생각을 했습니다.

단순히 "어색하다. 글에 대한 핵심이 없다. 원인, 동기 등 수필작법이 서투르다"를 지적하기에 앞서 한 학기 3개월가량 수필 공부하는 중에 1달간은 예문을 들어 설명해주시면 감사하겠다는 생각입니다.

저는 다독과 다작 위주로 수필을 대했기에 서론, 본론, 결론 등이 많이 부족합니다. 더 나은 글을 쓰려면 국문과나 문예창작과를 전공한 사람이 유리할 것 같습니다. 하지만 그런 사람들을 너무 염두에 두지 않은 나는 서정적인 글을 대하도록 하였기에 제 성격과 마음이 온유해지는 듯해서 만족합니다.

박하

1947년 대구 출생. 신명여고 졸업, 계명대학보육학과 졸업
≪한국 크리스천문학≫(1998 등단), ≪수필과 비평≫(1999 등단), ≪현대수필≫(2000 봄호 등단), ≪지구문학≫ 소설 신인상 (2008년 여름호), ≪지구문학≫ 시 신인상 (2011년)
한국문인협회 · 국제펜한국본부 · 대구문인협회 · 한국크리스천문학회 · 지구문학회 · 한국크리스천문학회 · 산문과시학회 · 대구기독문학회 회원, 농민문학 이사.
전 대구펜 사무국장. 현재 산문과 시학 사무국장, 대구기독문학 부회장, 영호남수필대구지회회장
농민문학 작가상 - 에세이「초록 웃음」(2008),한국크리스천문학상(수필부문 2014), 스토리문학상(수필부문 2015), 제31회 순리문학상(2020). 제1회 팔거문학상 대상(2020) 등 수상
수필집 : 『파랑새가 있는 동촌 금호강』(2000년 문학관), 『인생』(2002년 문학관), 『멘토의 기쁨』(2007년 문학관)『초록 웃음』(2008년 문학관), 『퓨전 밥상』 (2010년 문학관)

큰언니와 모란꽃 외 1편

박 하

유년의 어느 따뜻한 봄날이었다.

큰언니가 여섯 살 내 귀에 대고 기막힌 보물이 있는 장소를 발견했다고 나직이 귀띔했다. 이 일은 비밀이니 절대로 누구한테 입도 벙긋하지 말라고 다시 한번 간곡히 당부했다. 기쁨에 들뜬 큰언니는 다른 아이들이 손 타기 전에 내일 우리가 보물을 집에 갖고 오자고 했다. 옆집에 사는 작은언니의 친구 행자 언니는 입이 자물통처럼 무거워 비밀이 보장됨으로 함께 데리고 간단다. 보물이 무엇인지 궁금하여 밤새 잠을 설쳤다.

다음 날 아침, 우리는 큰언니의 분부대로 호미를 마대자루에 넣고 금호강으로 달려갔다. 보물은 강 건너편 산언덕에 있단다. 시퍼런 금호강 강물이 우리 앞을 가로막고 있었다. 벚꽃이 봉오리를 톡톡 터뜨리는 계절인데도 나룻배는 어디에 숨었는지 보이지 않았다. 우리는 강물을 헤엄쳐서 건너가기로 하고 겉옷을 훌랑훌랑 벗어 무명 보자기에 쌌다.

큰언니는 집에서 미리 준비해온 질긴 광목천의 띠로 어린 나를 단단히 동여매어 업고는 강물 속으로 첨벙거리며 들어갔다. 강물이 어찌나 차가운지 콩알만한 간이 놀라서 도망가려고 했다. 작은언니와 행자 언니는 옷 보따리와 호미가 든 자루를 머리에 이고 강물을 건너는 모습이 마치 6.25동란 때 피난민 같다고나 할까. 헤엄 잘 치기로 소문 난 큰언니는 강물 위에 얼굴을 내밀고 자유자재로 헤엄치건만, 큰언니 등에 매미처럼 찰싹 달라붙은 나는 요지부동 도무지 움직일 수 없어, 불행하게도 얼굴이 강물 속에 폭 잠겨 괴롭기 끝이 없다. 이럴 때는 차라리 붕어 새끼라면 좋을 텐데…. 염치없는 강물이 코와 입으로 인정사정없이 들어와 질식해서 죽을 것만 같아 살려달라고 울부짖지만, 큰언니는 야속하게도 조금만 참으면 다 왔다며 앞만 보고 계속 헤엄쳐가는 게 아닌가. "큰언니야 나 죽을 것만 같다. 제발 살려다오" 말하고는 나는 강물에 떠밀려 고개가 물속 깊이 떨어트리고 말았다.

이윽고 큰언니가 강가 자갈밭에 나를 내려놓았을 때, 내 몸은 젖은 무명빨래처럼 축 늘어진 채 숨이 멎은 상태였다. 그제야 겁에 질린 큰언니가 내 몸을 마구 흔들었지만, 나무토막처럼 아무런 반응이 없자, 죽은 줄 알고 언니들은 대성통곡했다. 그래도 동생을 살리려는 한 가닥 희망으로 셋은 번갈아 가며 인공호흡을 시도하며 내 작고 납작한 코를 빨기 시작했다. 어찌나 세게 불며 빨았는지 내 납작한 콧등이 양딸기처럼 도톰하게 부풀어 올랐다고 한다. 언니들의 지성에 하늘이 감복한 걸까. 내가 힘없이 눈을 뜨며 의식을 되찾았다. 언니들은 죽었던 동생이 살아났다며 좋아했다. 하지만 이곳에서 마냥 좋아하며 지체할 시간의 여유가 없었다. 보물을 찾는 게 중요했다.

우리는 산언덕을 기어오르기 시작했다. 산비탈을 기어오르며 마른 칡덩굴과 찔레 가시에 따끔따끔 찔려서 아팠지만 참고 참았다. 마침내 산언덕에 이르자, 큰언니가 환호성을 질렀다. "야! 보물을 찾았다!"라고……! 우리 동생들도 보물을 보자 반가워 큰언니처럼 소리쳤다. "야! 보물이다"라고 말하자 산언덕 아래 강물이 깜짝 놀라 크게 요동치며 출렁거렸다. 양지바른 곳에 새빨간 새순이 소복이 돋아나 있었다. 이 사랑스러운 새빨간 새순이 우리가 찾는 귀한 보물이었다. 우리는 보물-모란꽃 새순을 호미로 조심스레 캐어 자루 속에 차곡차곡 담았다.

집으로 올 때는 지름길인 금호강을 건너지 않고 일부러 안전한 먼 길을 택했다. 산언덕을 넘고 아양교를 지나고, 강둑을 걸으며, 우리 종아리가 못생긴 조선무처럼 통통 부어올랐다. 그 이유를 금호강물도 양심이 있다면 알리라.

집에 오는 즉시 우리 동생들은 지쳐버린 나머지 대청마루에 벌렁 나자빠진 채 양철 처마 구멍 뚫린 사이로 하늘의 흰 구름을 볼 여유가 있었지만, 큰언니는 잠시도 쉬지 않고 꽃밭에 모란꽃 새순을 심기에 바빴다. 아마도 이런 생각을 했을 것 같다. 머잖아 우리 집 꽃밭에 모란꽃이 소담스럽게 피어날 봄을 상상하면서…….

저녁 무렵, 과수원 일을 마치고 아버지가 집에 돌아오셨다. 우리는 산에 가서 보물을 캐온 일을 숨 쉴 틈 없이 조잘조잘 자랑했다. 딸들의 얘기를 다 듣고 난 아버지께서 꽃밭을 한 바퀴 둘러보고 오시더니 껄껄껄 웃으셨다. 우리가 힘들게 캐온 빨간 새순은 모란꽃 새순이 아니라, 산에 가면 흔히 볼 수 있는 가죽나무 새순이었다. 봄이면 모란꽃과 가죽나무의 새순이 둘 다 빨간색으로 움트기 때문에 큰언니가 착각한 것이다. 우리의 실망도 컸지만, 큰언니는 눈물을 글썽이며 속상해했다. 어린 딸들의 섭섭한 마음을 달래주려고 아버지가 후생원에서 모란꽃을 구해 와서 꽃밭 한가운데 심어주었다. 해마다 5월이면 우리 집 꽃밭에 사발만한 모란꽃이 가득했다. 우리는 모란꽃처럼 활짝 웃으며 티 없이 맑게 자랐다.

내 금호강 물결이 흘러가듯 세월이 수없이 흘러 흘러갔다.

청명한 오월, 무심코 시골집 뜰을 거닐다가 나는 걸음을 뚝 멈추었다. 새빨간 비단옷으로 단장한 우아한 자태의 귀부인이 반겨주는 게 아닌가. 사랑스러운 모란꽃!

불현듯 흘러간 유년시절이 흑백영화로 떠오른다. 스란치마처럼 감돌며 흐르던 금호강과 빨간 새순의 보물을 찾으러 가던 날의 산언덕이……. 추억어린 그리움으로 잔물결 친다.

예나 지금이나 봄은 변함없이 찾아오지만, 나의 가버린 유년의 봄은 어디쯤 흘러가고 있을까.

탑리의 봄

탑리의 봄은 어디서 올까.

연둣빛 마늘밭에서 온다.

정이월 다 가고 삼월이 오면, 농촌에서는 일손이 바빠진다.

의성군 탑리는 우리나라에서 토종 '의성육쪽마늘'로 전국에서 가장 유명한 곳이다. 농사 중에 마늘 농사는 손이 많이 가는 작물 중에 하나다. 추운 겨울 동안 비닐 속에 갇혀 있던 마늘의 연초록 싹들을 3월이면, 세상 구경하고 꽃샘바람과 친하도록 해주는 작업을 한다. 비닐 이불 속에 있는 마늘 새싹을 쇠갈고리로 하나하나 끄집어 올리는 일이다. 여린 생명을 다루는 아낙들의 손길이 재바르다. 지난날, 마늘 농사의 초보자이었던 나는 마늘 싹을 쇠갈고리로 끄집어올리는 과정에서 아까운 마늘 싹을 수없이 뚝뚝 분질러버리는 실수를 수 차례 했다. 실패는 성공의 어머니라고 실패 끝에 성공적으로 마늘 싹을 끄집어올리는 일을 달인처럼 잘할 수 있게 되었다.

마늘 싹은 꽃샘추위에도 불구하고 하루가 다르게 쑥쑥 자란다. 봄비가 서너 차례 다녀가면 새아씨의 머릿결처럼 초록 마늘잎과 줄기에 생기가 넘쳐흐른다. 해님이 숨바꼭질하기를 반복하면 어느새 마늘밭은 초록 물결을 이룬다. 저녁 무렵, 마늘밭 사잇길로 걸어가노라면 누군가 부르는 소리가 있는 것 같아 발을 멈추고 뒤돌아보곤 한다. 가곡 '보리밭' 노래를 부르며 봄날의 그리움을 하늘 멀리 보냈다. 논두렁 가에 붉은 자줏빛 자운영꽃이 꽃밭을 이루며 자기를 보아달라고 손짓하기에 다가가 꽃향기를 맡는다.

유월이면 마늘밭이 황갈색으로 물든다. 조생종 햇마늘인 '올마늘'을 캐내는 시기다. 깨끗이 손질한 마늘을 반 접씩이나 한 접씩 묶어 바람이 잘 통하는 창고에 나란히 쭉 걸어두면 마늘 다발이 '드라이플라워'처럼 멋스럽다.

마늘을 캐낸 빈 논에는 물꼬를 뚫고 논물을 그득히 채워서 모를 심는다. 이때쯤 우리 집 앞마당에 살구나무는 노랗게 익어 탐스럽다. 어느 날 만삭인 평주 엄마가 입을 다시며 지나가기에 나는 얼른 살구를 한 소쿠리 건네주었다. 고마워하는 그녀 얼굴이 함박꽃처럼 피어나기에 내 마음도 꽃처럼 화짝 피어났다.

벼 추수가 끝나는 가을이면, 동네 아낙들이 양지바른 우리 집 뜰에 앉아 정겨운 이바구 나누면서 마늘씨 종자를 한 톨 한 톨 깐다. 이따금 아낙들의 웃음소리가 코스모스꽃밭에 전해져 꽃들이 허리를 하늘거리며 키득거린다.

퇴비를 뿌린 늦가을 논에 마늘 심을 만반의 준비를 한다. 이른 아침부터 남편과 나, 심상 아재와 끝수 아지매 우리 넷은 이랑을 파고 연보라색 얇은 명주로 감싼 마늘씨를 적당한 간격으로 누이며 부드러운 흙으로 살포시 덮어준다. 종일 등 구부리고 마늘씨를 심노라면 허리가 뻐근하지만, 추수의 기쁨을 소망하며 기꺼이 감수한다. 마늘씨가 겨울의 추위와 폭설에 얼지 않게 비닐을 살며시 덮어준다. 이날 휘몰아치는 바람은 불청객이다. 바람은 언제나 그랬듯이, 우리 인생에 예고 없이 갑자기 불어 닥치지 않는가. 쌀쌀해진 날씨라, 마늘밭에도 염치없이 찾아오기에 휘몰아치는 세찬 바람이 불어오더라도 피해 없도록 대비해야 한다. 마늘밭에서 비닐을 덮으려다가, 길게 펼쳐진 비닐이 때아닌 강풍으로 공중으로 휙 날아 올라가 위태로운 곡예를 부린다. 제발 제자리로 돌아와달라는 기도를 들었는지 제자리로 돌아와주기에 안도의 숨을 내쉰다. 혹시나 잘못 젖혀지면 찢어지는 낭패를 당하기에 비닐 펼 적에 지혜로운 요령이 필요하다. 우는 아기 달래듯 살살 다루어야 한다. 비닐을 덮은 후, 비닐 가 흙을 덮은 곳에 우리 네 사람은 발로 꾹꾹 밟아주며 깔끔하게 뒷마무리한다.

겨울 동안 마늘씨는 땅속에서 겨울잠을 자고 농부는 한 해 농사를 감사하며 다가올 새봄을 기다린다. 눈보라가 휘몰아치고 함박눈이 푹푹 쌓이는 엄동설한이 와도 마늘은 비닐 보온이불을 덮고 있어 얼 걱정이 없다.

마늘은 햇빛과 비, 바람의 친구도 필요하지만, 농부가 애정과 관심을 주어야지 튼실하게 자란다. 기후와 토질이 마늘 농사에 적합한 이곳 의성군 탑리는 겨울철이 타지방보다 춥다. 이러한 혹독한 추위와 비바람을 이겨낸 마늘이라서 맛과 향이 진하다.

요즈음은 웰빙(well-bing)시대라 건강 열풍이 대단하다. 마늘은 각종 성인병과 항암효과에 좋으며 만병의 원인인 피로를 예방해주며 양념에도 두루 쓰인다. 우리 식탁에 빼놓을 수 없는 김치에는 마늘이 약방의 감초처럼 들어가야지 제대로의 깊은 맛이 우러난다. 연한 마늘잎을 콩가루에 묻혀 찜통에 쪄서 갖은양념으로 버무린 반찬은 맛깔스럽다. 통마늘 장아찌는 스페인품종이 좋고 마늘종 장아찌는 신토불이 토종마늘이 좋다. 마늘장아찌는 장마철에 먹으면 개운하다. 전국적으로 유명한 이곳 마늘은 값이 비싸도 날개 돋친 듯 팔린다.

해 질 무렵, 마늘밭에서 마늘종을 뽑는 재미가 쏠쏠하다. 마치 바다에서 대어를 낚아 건져 올리는 통쾌한 기분이랄까. 이제는 마늘 농사를 짓지 않지만, 주말이면 시골집에 와서 이웃 아무개 밭에서 마늘종을 쏙쏙 뽑는다. 마늘밭 주인의 입장에서는 이웃이 마늘종을 뽑아주면 마늘이 굵어지고 품삯도 버는 일이라 환영한다. 또 마늘종 뽑는 나는 마늘종으로 졸임 반찬도 하고 장아찌도 담그니 밭주인과 나의 관계는 마치 누이 좋고 매부 좋은 격이다. 먼발치에서라도 보면 우리는 서로 반가워 손을 춤추듯 흔든다. 종일토록 알싸한 냄새 맡으며 뽑은 마늘종을 마대자루에 가득 담아서 대구 집에 갖고 오면 친정과 이웃에 나누어 먹으며 인정의 꽃을 피운다. 마늘종은 적당한 크기로 썰어 팬에 볶은 반찬도 하고 졸임 반찬도 하고 튀겨 먹으면 별미다.

마늘은 하나도 버릴 게 없다. 잎, 줄기, 뿌리는 물론 다 말라버린 마늘껍질도 논과 밭에 거름으로 재활용한다.

주말이면 시골집으로 달려간다. 넓게 펼쳐진 마늘밭에서 푸른 정기를 흠뻑 들이마시니 도시의 획일화된 아파트 생활에서의 답답함이 순식간에 사라진다.

오늘도 나는 마늘 향 넘실거리는 바다에서 초록 희망을 건져 올린다.

이옥순

전남 여수 출생, 한국방송통신대학교 국어국문학과 졸업
《한국문인》 시부문 등단, 《스토리문학》 수필부문 등단
2018년 새한국문학회 회원, 한국스토리문인협회 회원
강북문인협회 회원, 문학공원 시동인, 자작나무 수필동인
이야기보따리 동인, 수용미학연구회 회원
시집 『통 큰 여자』
수필집 『어머니의 겨울나기』

E-mail : Ios9107@naver,com

봄이 찾아왔구나 외 2편

이 옥 순

2019년에 시작한 반갑지 않은 손님이 아직도 우리 곁을 떠나지 않고 있다. 변이종이 된 오미크론, 오미크론 스텔스 이름도 가지가지. 기후의 변화로 자연은 자연대로 몸살을 앓고 있다. 잠시 다니러온 새들도 눌러앉아 섬 속에 푸르른 나무들은 말라서 죽고 앙상한 가지로 남아 봄이 와도 싹이 나지 않았다. 벌거숭이 섬으로 남아있는 모습을 TV를 통해 보고 마음이 아팠다. 외래종인 개구리도 고유종인 우리 고유의 법칙을 송두리째 흔들어 놓았다. 그리고 골짜기에 가재도 이름 모를 거인 가재로부터 자리를 내어주는 형편이다. 어디 동식물뿐이겠는가. 농촌은 젊은 사람들은 도시로 도시로 지역 불균형으로 대도시만 과분수로 지역적 균형을 잃어버리고 있다. 이제는 물도 사서 먹는 인구가 점차 적으로 늘어난다. 어디서부터 풀어내야 하는지 심히 걱정된다. 대동강 물도 팔아먹는다는 봉이 김선달이라는 역사 속의 인물이 현실로 등장한 셈이다. 모든 것이 풍족한 사람들은 다 가능한 일이지만 그렇지 못한 사람들은 불가능한 일이다.

시대가 바뀌고 인공지능이 사람의 역할을 하는 시대에 살아가는 현실에 어떻게 발맞추어 지혜롭게 사느냐가 큰 과제인 것은 분명한 사실이다.

러시아가 우크라이나를 침공해 지금 세계는 전쟁의 분위기에 휩싸여 있다. 언제까지 전쟁이 이어질지 걱정이다. 전쟁은 모든 것을 빼앗아 가는 일이다. 어서 속히 평화가 찾아오기를 지구촌에 살고 있는 사람들은 원하고 바라는 일이다. 먼 나라지만 TV나 휴대폰, 컴퓨터 등에 들어있어서 정보를 알 수가 있다. 좋은 세상은 분명하나 장단점이 있다. 알고 싶지 않은 일들도 알 수가 있으니 말이다.

다문화 시대에 살아가고 있고 이제는 다 이웃이고 형제다. 2019 코로나19로 인해 온 지구촌이 원치 않는 병균으로 바이러스를 예방하기 위해서 아스트라, 제네카, 화이자, 모더나 1차, 2차, 3차까지 접종을 했다. 그러함에도 아직도 바이러스는 소멸되지 않고 있다. 우리 교회도 여러 명이 오미크론으로 인해 고생을 했다. 지금 금요일 우리 아들도 양성이 나와서 열은 나지 않았으나 격리되어 고생을 했다. 어제 격리가 풀리는 날이었다. 내가 겪지 않아서 대수롭지 않게 여겼는데 참으로 힘든 일이 분명했다. 다행히 아직까지 우리 부부는 괜찮다. 조심하고 또 조심해야 하는 현실이다. 올해만 해도 강 권사님이 돌아가시고 또 백 권사 어머니가 돌아가시고 했다. 장례를 치르는 것도 정상적으로 진행을 못 하는 실정이라고 한다.

정말로 올해는 코로나19가 끝이 나기를 간절히 소망한다. 어서어서 아들이 결혼도 하고 자유롭게 가정을 이루고 살아갔으면 좋겠다. 우리 가정만 원하고 바라는 일이겠는가? 모두가 마음은 똑같을 것이라 여겨진다. 올해도 봄은 어김없이 찾아왔다. 옥상에는 상추도 심고 백합도 심었다. 날씨가 풀리면 고추 모종도 심을 계획이다. 감자도 심었는데 싹이 뾰족 올라오고 있었다. 흙은 우리에게 보물 중에 보물이다. 손자들이 외가댁이라고 찾아오면 할머니가 심도 가꾸어 놓은 선물을 듬뿍 받을 것이다. 여름이 되면 토마토, 고추 등 주렁주렁 탐스럽게 열려 유혹할 것이다. 어디서 날아왔는지 씀바귀꽃, 노랑 맨드라미, 도라지꽃, 복숭아꽃 등 여름을 풍성하게 맞이할 것이다.

어느덧 봄이 왔고 복사꽃, 개나리, 목련, 진달래꽃이 봄이 왔다는 신호를 보낸다. 올해는 『신약』을 통톡 중에 있다. 담임 목사, 부목사, 전도사 네 분이 돌아가면서 읽어주는 성경이다. 따라가며 읽으며 듣는다. 한 번도 통톡을 못했는데 좋은 기회로 인해 부활절까지 목표이니 꼭 실천해볼 것이다. 『통감』도 조금 맛을 보았고 이제는 『사기 영선』을 배우는 중인데 아직도 많이 어렵다. 영어도 배우고 싶은데 그 역시 어렵다. 우리 글 말도 어렵다. 그래도 다문화시대에 발맞추어 조금씩 실천하고 알아갈 것이다. 봄이 지나고 사계를 지나서 봄이 또 찾아올 것이라는 희망으로 잘 살아낼 것이다.

강산이 한 번 넘어가려 한다

엊그제 같은 세월이 십 년이 지나려 한다. 2012년도에 여수 엑스포를 하던 해 모두들 한 마음으로 엑스포를 유치하기에 분주한 모습들이었다.

4월쯤으로 기억한다. 어느 날 전화가 한 통 걸려 왔다. 막내 새언니다. 오빠와 함께 아산 병원에 왔단다. 놀란 가슴으로 달려갔다. 그런데 검사를 하던 중이었다. 논현동으로 오가며 협력 병원에서 머물렀다. 오빠는 검사 중이라 아직 희망을 품고 있다. 내가 해줄 것은 아무것도 없었다. 얼굴 보고 위로해주고 웃어주는 것이 최선의 길이다. 미아에서 논현동으로 새언니 먹일 밥을 해 나르는 일이 위로라 생각하고 실천하였다. 검사가 끝나고 아산 병원에서 수술을 하고 난 후에 큰딸 큰사위와 우리 부부가 병문안을 갔다. 큰 조카가 다녀갔고, 고향에 살고 있는 이웃집 오빠도 다녀갔다고 한다. 안부도 묻지 않고 무심이 살다가 찾는 셈이다.

어디 우리만 그러하겠는가? 잘 지내는 사람들도 있지 팍팍하고 여유가 없어서 그럴 수도 있다. 우리 부모님들은 한동네에 살고 이웃하고 살았으니 늘 얼굴 보고 살았겠지만, 점점 정을 잃어가는 것은 아닌가 하는 생각이 든다. 집성촌을 이루고 살아가는 곳도 아직 남아있겠지만 나이 든 부모 형제가 떠나고 나면 그 흔적마저 사라지는 것은 아닐까 하는 마음이 든다. 고향을 지키고 있는 친정집 큰 형님이 아직 계시니 든든하다. 자주 전화를 드리지는 못해도 살아계신다고 생각하니 기쁘고 의지가 된다. 얼마 전에 전화를 했을 때는 큰조카딸 아들이 결혼할 거라는 소식을 전해주어 많이 축하를 해주었다. 결혼을 하면 연락을 해달라고 했다. 큰조카딸은 우리 큰딸 결혼식에도 참석을 했었다. 지금은 하늘나라에서 다 지켜보고 있겠지만 조카딸들도 많이 커서 결혼할 나이가 되었다.

막내 오빠는 치료를 다하고 고향 여수에서 여객선 선장으로 조금 활동하다가 2018년도에 하늘의 부름을 받아 가셨다. 새언니는 아직도 아쉬워하고 못 잊어 하나 세월이 약이다. 요양보호사 자격증을 따서 일하면서 잘 지내고 있다. 아들도 보내고 딸하고 힘차게 잘 산다. 막내 오빠가 계실 때 엑스포를 구경 갔을 때가 생각이 난다. 우리 가족이 구경 갔을 때 좋아하던 모습이 어제 본 듯하다. 형제의 정이었다.

고향 해산물이며, 갓김치, 문어, 짭쪼름한 서대찜, 회, 멸치조림, 수박, 복숭아, 참외, 풍성한 밥상을 내주셨다. 집은 경도 앞바다와 장군도를 감싸고 있고 시원한 바람은 선풍기는 필요하지 않았다. 편안하게 숙식을 하고 엑스포 구경도 이틀을 했다. 지금은 자유롭게 구경을 하지만 많은 사람들이 모여들었던 때라 사람 구경이 더 많이 기억에 남는다. 작은 도시에 많은 사람들이 축하해주러 왔기 때문이다. 부모님들이 살아계셨더라면 더없이 기뻐했을 것인데 아쉬움은 남았지만 참으로 귀한 일이었다. 돌아보니 추억이 추억을 낳는다.

강산이 한 번 변하려고 한다. 큰오빠도 가고 부모님들도 가고 막내오빠도 떠나고 이제는 둘째 오빠만 남아있다. 둘째 오빠도 자주 병원 신세를 져서 걱정이 된다. 큰아들이 사십이 넘었는데 아직 결혼을 못 하고 있으니 말이다. 어서 결혼해서 부모의 걱정을 덜어주었으면 한다. 작은아들은 결혼을 해서 아들만 셋이다. 딸도 결혼을 해서 딸 둘을 낳았다. 큰아들만 결혼하면 할 일은 다한 셈이다. 사람 사는 게 마음 먹은대로 다 되면 얼마나 좋을까. 그래도 부모 마음은 늘 걱정이다. 올해는 그 소원이 이루어졌으면 한다. 코로나19도 물러가고 결혼도 하고 좋은 일만 있었으면 좋겠다. 백신도 아스트라 제네카를 맞았다. 접종하라는 문자 메시지를 받고 걱정을 많이 했다. 남편하고 같은 날 2021년 6월 18일 오후 2시에 받았다. 그런데 주사 맞은 부분만 조금 따끔할 정도고 열도 없고 괜찮았다. 남편은 약간 힘이 없고 잠을 자는 정도였다. 2차는 2021년 9월 초란다.

올해는 걱정도 하나 있었으나 해결이 되었다. 세들어 일하던 공간이 수리를 한다고 비워주라고 했다. 작지만 공간이 있어 소일거리라도 했는데 무엇을 해야 하나 걱정을 했다. 다른 집을 구하기 위해 발품을 팔고 해도 재개발로 인해 살던 집들이 헐리고 해서 그런지 수요가 없다. 주인 권사님이 갑자기 아파서 '수리를 안 하고 그냥 살아도 된다.'는 말을 해주었다. 불행 중 다행이라는 단어가 적절한지는 몰라도 세만 십만원 올려주는 것으로 해결이 되었다. 9월부터 다시 시작을 한다. 이사를 온지도 십 년이 다 되어간다. 2012년도 8월 15일에 들어왔으니 말이다. 십 년이면 우리네 삶도 인생도 변화를 맞는가 보다.

서울살이

2007년도 9월에 가을 농사를 다 지어놓고 눈물을 머금고 왔다. 시골에서 나서 시골에서 터를 잡고 자녀들 키우며 타향이 고향이 되어 살았다. 평생 살 것 같이 땅을 일구고 호호 불며 티끌 하나 없이 풀을 뽑고 또 뽑고 곡식을 길렀다. 언덕이 무너지면 기초를 다지고 돌을 놓고 담을 쌓고, 아버지가 땅을 일구고 농사를 짓는 모습을 보면서 몸이 반응을 했나 보다. 아버지는 농사일이 천직이고 자녀들 먹거리를 다 충당하셨다. 어머니는 베를 짜고 길쌈을 하고 아버지와 함께 밭을 일구고 김매고 호미가 친구였다. 부모님들의 모습을 보고 자라서 농사 일이 힘든 줄도 모르고 일을 했었다.

강산이 또 한 번 변했다. 타향에서 겨우 정이 들 무렵에 떠나오고 또 다시 낯선 곳에서 적응을 하려고 애쓰고 있다. 유년에 못다한 공부를 하고 일과 병행해서 주경야독으로 열심히 살았다. 잠을 줄여가며 고등교육을 마쳤다. 조금 젊은 나이에 공부를 했다면 지금쯤은 중 고등학교 국어 선생님으로 꿈을 꾸었을 것이다. 하지만 시인으로 등단을 하고 시인이 되었다. 시집도 발간을 했다. 그리고 수필로 등단을 했고 수필집도 냈다. 꿈이 어디까지 일지는 모르지만 아직도 꿈을 꾸고 있다.

오늘은 이수문학관에 다녀왔다. 문학을 원하고 꿈꾸는 이들에게 꿈을 펼칠 수 있는 시간을 갖고자 애쓰는 문우들에게 응원을 보내고 왔다.

시, 수필, 운문, 산문 등 그리고 시 낭송 대회까지 연다고 한다. 학생들, 일반인들이 참여해서 문인들이 배출될 것이다. 누군가가 그 길을 안내해주어야 하는 일이다. 그리하여 자신의 재능대로 성장할 것이다. 내가 꿈을 향해 달렸듯이 그들도 더 큰 꿈을 향해서 달려갈 것이다.

현충원에서 백일장을 했을 때 일이 생각이 났다. 6월 23일이었다. 덥지도 춥지도 않은 날이었다. 그때는 마스크도 없이 편안한 마음으로 임했다. 지금은 벤치마다 줄을 쳐놓고 들어가지 못하게 해놓았다. 어쩌다 코로나19라는 바이러스가 물러가지 않고 있는지 마음이 아프다. 어서 속히 바이러스가 소멸되어져서 마음 놓고 형제자매를 만났으면 좋겠다.

사람이 모이는 장소는 먼저 열 체크, 손 소독, 마스크는 필수품이다. 날씨가 더워지니까 마스크 쓰는 일이 힘들다. 그래도 써야 한다. 2020년도 1년을 코로나19와 싸우고 올해도 벌써 5월 19일이다. 오늘이 석가탄신일이다. 부처님을 믿는 사람들은 부처님께 빌고 예수님을 믿는 사람들은 예수님께 빌 것이다. 어서 바이러스가 소멸되어져서 평화롭고 행복한 날이 오기를 빌고 또 빌어본다. 오늘 수요반 문우들과 만나서 백일장 할 장소를 답사하고 돌아왔다. 수요반 총무님은 릴레이 기도 모임을 가고 반장은 절에 가고 용기 님도 부인과 절에 간다고 급하게 갔다. 시낭송가님도 4호선 이수역에서 헤어졌다.

그날 시낭송 심사위원으로 위촉되어 있었다. 그리고 우리 학교 후배님이신 경희 님도 7호선으로 인천 집으로 갔다. 토요반 황 문우님도 자가용 봉사를 마치고 자녀들과 보낼 예정이라며 갔다. 관장님도 바쁘다. 이리저리 신경쓸 일이 만다. 교수님은 손님이 오시고 편집장님도 분주하다. 토요일에 행사를 하니 마음이 바쁘다. 무사히 행사를 잘하리라 믿는다.

나는 나들이 하는 일이 쉽지가 않아서 약속을 하면서 살아갈 수가 없다. 그래서 집 밖으로 나오면 만나고 싶은 지인들이 많다. 지난번에 참여 작가들이 책을 냈다. 스토리문학 전하라 편집장님이 애써주셔서 책이 나온 셈이다. 그래서 나 지금 이수인데 혹시 미아역으로 오실 수 있으면 만나자고 했다. 한참 있다가 문자가 왔다. 오늘은 빨간 날이라 집에 있다고 한다. 그리고 어제 퇴근할 때나 미리 톡을 주셨으면 만날 수가 있었을 것이란다. 몇 번을 약속을 하려고 했지만 서로가 타이밍이 잘 맞추어지지 않아서 못 만나고 있다. 혹시나 했는데 역시나 오늘도 만날 인연이 아니었나보다 했다. 다음 기회로 미루기로 하고, 정민 시낭송가님께 책을 선물했다. '차 한 잔 하자.'고 했다. 그러지 말고 점심때가 가까워서 점심을 먹자고 했다. 그럼 방금 인천으로 간 문우도 걸리고 수고한 문우들에게도 모두에게 미안한 마음이 들어서 그 또한 다음 기회로 미루고 왔다.

미아역에 내려서 햇양파 한 망을 샀다. 만 원이다. 만천 원에서 천원이 내렸다. 혼자 들고 가려고 하니 겁도 없이 사서 무거웠다. 남편에게 전화를 했다. 아들이 대신 나왔다. 아들도 석가탄신일이라 쉬는 날이라 집에 있었다. 밥을 차려주려고 하니 아들이 중국집에서 시켜서 아들과 함께 점심을 먹었다. 밥을 챙겨주지 않으니 마음이 편했다. 외출한 옷을 빨아서 옥상에 널고 혼자서 만찬을 즐겼다. 마스크는 쓰고 밖으로 갔다가 와도 기분은 좋다. 시골에 있었으면 요즘 마늘쫑을 뽑느라 한창일 텐데 몸은 호강한다. 서울 살아도 괜찮다는 생각이 들었다.

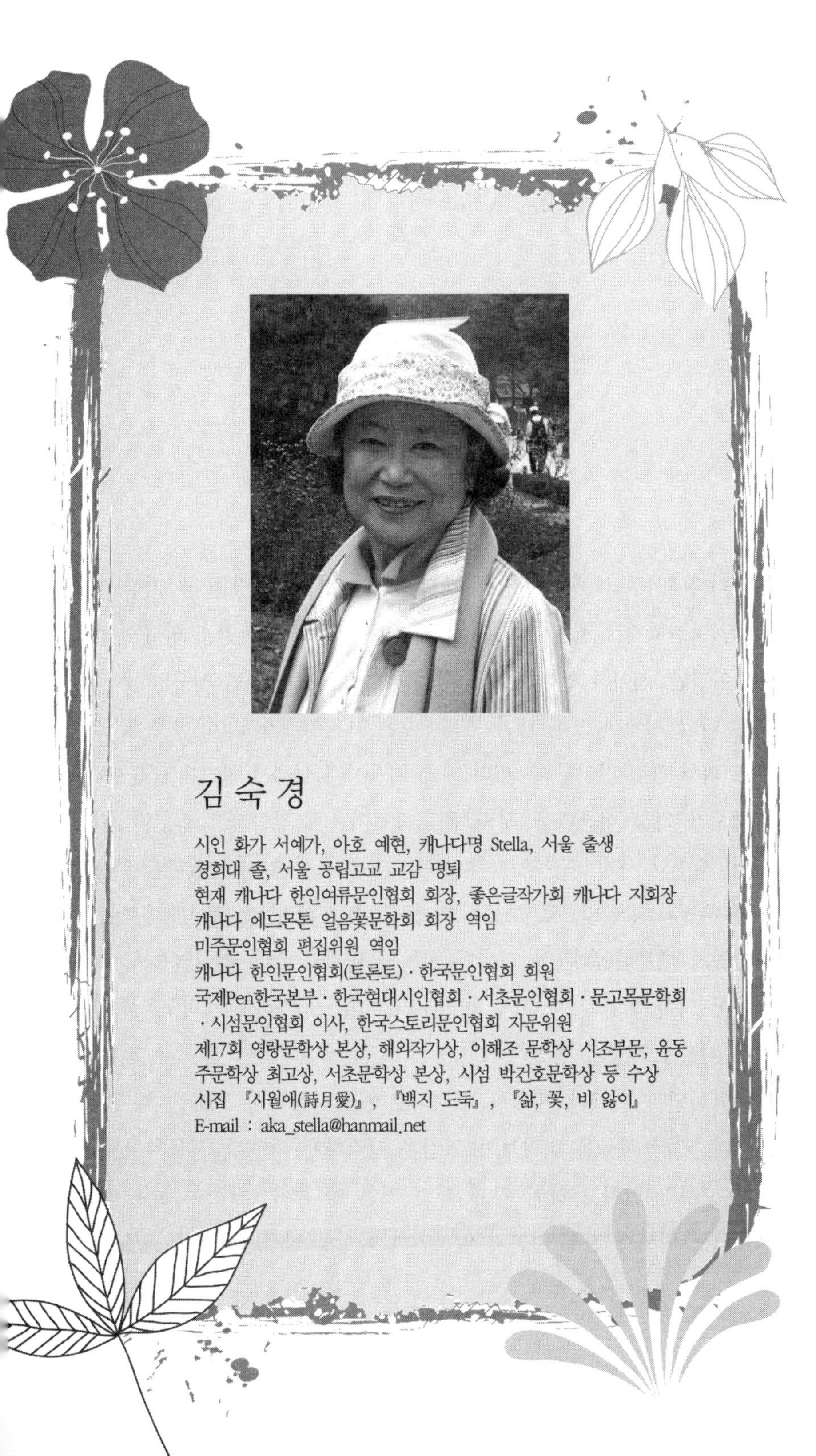

김숙경

시인 화가 서예가, 아호 예현, 캐나다명 Stella, 서울 출생
경희대 졸, 서울 공립고교 교감 명퇴
현재 캐나다 한인여류문인협회 회장, 좋은글작가회 캐나다 지회장
캐나다 에드몬톤 얼음꽃문학회 회장 역임
미주문인협회 편집위원 역임
캐나다 한인문인협회(토론토) · 한국문인협회 회원
국제Pen한국본부 · 한국현대시인협회 · 서초문인협회 · 문고목문학회 · 시섬문인협회 이사, 한국스토리문인협회 자문위원
제17회 영랑문학상 본상, 해외작가상, 이해조 문학상 시조부문, 윤동주문학상 최고상, 서초문학상 본상, 시섬 박건호문학상 등 수상
시집 『시월애(詩月愛)』, 『백지 도둑』, 『삶, 꽃, 비 앓이』
E-mail : aka_stella@hanmail.net

설화의 고장, 신들의 땅 제주를 찾아서

김숙경(Stella)

1.

캐나다에서부터 제주 관광을 계획했다. 이번 고국 방문 중 가장 가보고 싶은 관광지로 꼽았다 아끼는 친구와 몇 분의 문학인을 만나는 것도 기쁨이지만, 책이나 인터넷을 통해 막연하게 알고 있었던 제주의 몇 지역들은 나의 시에 중요한 테마가 되어주었거나 소재가 되어주었는데 고국으로 와서 직접 찾아갈 수 있다는 게 마음까지 설레게 하기에 충분했다.

제주가 가장 아름다울 것 같은 늦은 가을에 찾아가고 싶었다. 왜냐하면, 제주의 사계 중 무엇 하나 빠질 것은 사실 없지만 들판을 억새가 온통 은빛과 황금빛으로 물들이고 춤을 추는 때가 강렬한 메시지로 남아있었기 때문이었다. 꼭 가야만 하는 운명과도 같은 것이었을까. 많은 일들이 남아 있었지만 11월 26일부터 11월 30일까지, 4박5일 동안을 제주 여행 스케줄로 잡았다.

이륙하면서 비행기 내에서 내려다보이는 사람들의 모습은 개미처럼 보였다. 가끔 사물을 바라보는 관점을 생각하게 되는데, 사물의 본질은 꼭 손으로만 만지고 해야 알게 되는 것은 아니라는 생각이 들곤 했다. 베네딕트 여사가 전후 일본과 일본인의 특성을 말하면서 일본 열도에는 한 번도 가지 않고 멀리서 그들을 보려고 했다고 한다. 그렇게 바라본 일본과 일본인을 '국화와 칼'이라는 저서로 남겼는데, 어쩌면 이는 동굴의 오류에 빠지지 않기 위한 그분의 고심이 아니었을까. 본질을 제대로 파악하려는 그분의 겸손한 마음은 아니었을까.

비행기를 타고 하늘 높이 날고 있을 때면, 종종 우주의 무한함을 생각하곤 했었다. 이 우주 안에 있는 모든 것들이 신비하지 않은 것이 없다. 신비한 느낌만으로도 나를 자극하고 마치 동심으로 돌아간 것처럼 모든 것들을 호기심으로 바라보게 된다. 언제 지인과 시에 대해서 얘기하다가 '포에지'에 대해 서로의 생각을 나눌 수가 있었는데, 우주에 무한히 널려있는 그 포에지를 잡아낼 수 있는 안테나를 제대로 가지고 싶다는 말을 전하기도 했었다. 귀 기울이면, 지그시 바라보면, 눈을 감고 모든 육감을 동원해서 자연의 기운을 느끼다 보면 무한한 그 포에지의 미세한 자극까지도 감지해낼 수 있으리란 생각이 들었던 것이다. 그걸 붙잡아 시로 형상화해보려는 마음이 있다고도 전했던 기억이 난다. 그렇게 하늘을 날아가는 동안 무엇인지 알 수 없는 우주의 자극을 나는 느끼는 것만 같았다.

김포공항에서 초조했던 마음은 다 어디 가고, 잠시 눈을 감고 생각에 잠겼을 뿐인데, 제주 공항에 도착한다는 기내 안내 방송을 해주었다. 12시쯤 도착하였다. 어느 곳보다 청정한 제주의 공기를 마음껏 마시고도 싶었는데 공항을 빠져나와서 크게 심호흡을 해보았다. 공기가 맛난 경우가 있을까. 제주의 공기는 녹차를 처음 마실 때 느꼈던 그 그윽한 향기처럼 생각이 들었다.

2. 첫날 (11월 6일) - 1100고지, 산록도로, 용수성지를 찾아서

처음 코스는 금강산도 식후경이라고 했으므로, 제주시에 있는 진주식당에서 식사를 먼저 하기로 했다. 이름도 처음 듣는 성게미역국을 먹었다. 생소하기는 했어도 이게 제주의 향토음식이라면 제주를 맛으로 먼저 알아보고 싶은 마음이었을 것이다. 머물고 있는 동안은 제주의 모든 것에 취해 보리란 생각까지 들기도 했다. 보는 것이든 흙의 내음이며 꽃의 향기든, 그리고 만지는 것들까지 취해보고 싶었다.

동행하는 친구에게는 자세하게 알리지는 못했지만, 제주에 내려오면 만나고 싶은 사람이 있었다. 전화를 해서 제주에 잘 도착했음을 알렸다. 그녀는 나를 공항에서 마중하고 싶어서 기다리고 있었다고 했다. 미안하면서도 그 따뜻한 마음이 참으로 고마웠다. 그녀는 내가 머문 식당으로 이내 찾아왔고 우리는 초면인데도 서로 오랫동안 편지와 글을 주고받아서인지 오랜만에 다시 만나는 친구 같았다.

맛난 향토음식으로 식사도 했고 보고 싶은 이도 만났으므로 '설화의 고장이며 신들의 땅'이라는 제주를 알아보기 위해 달렸다. 처음 찾아간 곳은 한라산을 넘어 제주에서 서귀포로 갈 수 있는 길, 제1횡단도로를 달리기 시작했다. 한라산 자락의 산록도로를 드라이브하는데 곳곳마다 억새들의 금빛 춤사위가 제주의 풍광과 어우러져 제주는 이 계절에 억새들의 천국과도 같았다. 길을 통해 갈 수 있는 가장 높은 곳에 위치한 1,100고지는 겨울철 설경으로도 유명하다고 했다. 눈이 온 뒤에 피는 눈꽃은 보는 이로 하여금 감탄을 자아내게 하고 마음을 순화시켜준다고 한다. 1,100고지에서 어리목까지 걸어가면서 겨울 한라산의 깊은 숨소리와 주위 경치를 구경하는 것도 일품이라고 한다.

그러나 제주에서 한라산을 빼고는 눈을 보기는 쉽지 않다고 한다. 하지만, 1100고지 휴게소에서 하얗게 눈 덮인 세상을 보며 마시는 한 잔의 차는 더욱 분위기를 고조하기에 부족함이 없었다. 마주하면 이런 곳에서 마음을 열지 않을 사람이 어디 있을까. 김 시인과 마주앉아 시를 얘기했을까, 아니면 삶을 얘기했을까, 아니면 먼 추억의 연애담을 얘기했을까. 그날을 떠올리면 고운 미소만이 지금은 남아 그리움이 쌓이기만 했다. 이곳은 연인들의 데이트코스나 관광객들의 드라이브코스로 유명한 곳이라 한다. 지금 이 글을 쓰고 있는 12월에 제주에 눈이 무척 많이 내렸다고 하니 이 고지가 또 얼마나 많은 아름다운 추억을 만들어 낼지…….

1,100도로는 한라산 남쪽과 북쪽을 잇는 최단거리의 횡단도로로서 제주시와 중문을 거쳐 서귀포를 연결하고 있으며 비경을 간직한 영실과도 이어지는 도로이다. 1,100고지엔 조선 건축 양식인 팔각정 휴게소가 있는데, 우리는 그곳에서 따뜻한 오미자차를 마시며 마주 앉아 시간 가는 줄 모르게 얘기의 꽃을 피웠다. 친구는 운전하느라 피곤했음에도, 사진으로 기록을 남기랴, 우리의 모습들을 옮기는 장소마다, 달라지는 표정마다 담아보려고 하는 것 같았다. 오랜 시간이 지나면 내가 남기는 이 기록과 그 사진이 또 추억을 불러오는 매체가 될 것이고 그 추억으로 나는 몇 날이고 웃음으로 일상을 쓸어내는 힘이 된다는 것을 알고 있다. 문득 행복을 생각하며, 남편과 아들에게도 그리고 주위의 모든 사람에게도 감사의 마음을 느끼곤 했다. 이렇게 자유롭게 내가 가고 싶은 곳을 찾아갈 수 있는 여유가 아무에게나 주어지겠는가. 이제 나의 기도의 반은 감사의 기도가 될 것 같다.

김 시인과 헤어지고 친구가 살고 있는 고향, 가톨릭 용수성지로 향했다. 가는 길이 모두 관광지처럼 아름다웠다. 친구가 태어난 곳 바로 근처에 용수성지가 있었다. 그곳엔 김대건 안드리아 신부님의 일생이 기록되어 있고 그가 친구의 고향인 용수에 표착하기까지의 과정이 소개되었다. 포교 활동 중 고통을 받는 이야기며 사형당할 때의 모든 상황들이 모형으로 재현되어 있었다. 가톨릭 신자인 나로서는 정말 귀한 자료들을 보게 되었다고 속으로 생각하며 감탄이 절로 나왔다. 용수라는 마을이 친구의 고향이기도 하지만, 이런 성지를 가지고 있는 것만으로도 더욱 소중하고 친근하게 느껴졌다. 바다는 멀리서 온 나를 환영하는 듯 잔잔하게 노래를 불러주고 스러지는 저녁놀은 한 폭의 인상파 화가들이 그린 그림처럼 빛의 조화를 보는 것 같았다.

황홀한 풍경에 매혹되어 바다를 바라보는데 멀리 보이는 섬이 눈에 꽂혔다. 그 섬이 꿈에서도 그리던 내가 꼭 가고 싶었던 차귀섬이라고 한다. 더욱이 이 용수에서 바라볼 수 있는 차귀섬은 무척이나 신비해 보였고 아름다웠다. 그 섬으로부터 오랜 설화가 비롯되었음직한 느낌을 받지 않을 수 없었다. 그리고 마치 그 황혼 속에서 바라보는 차귀섬에는 어떤 신이든 살고 있을 것만 같았다. 제주는 신들의 땅이라고도 하지 않았던가. 몇 천이나 되는 신들이 살고 있는 설화의 땅이라고 하지 않았던가.

아 그대를 볼 수 있을 줄이야 꿈엔들 알았을까 그대를 보러 이렇게 태평양을 건너왔던 것일까, 차귀도 그대여! 땅거미가 져도 차귀도는 눈에 선했다. 그 옆에는 눈섬이 함께하고 있었다. 아름다운 노을이 내린 차귀도는 나를 부르며 어서 오라고 손짓을 하는 것 같았다. 차귀섬 방문은 선편 때문에 나흘이 지난 29일로 스케줄이 잡혀있었다. 차귀야 기다려다오. 어둠 속으로 모습을 감출 때까지 멍하니 바라보다가 다시 찾을 날만을 생각하며 돌아섰다.

밤바다의 짜운 향기(청정한 제주이기도 했지만, 그리던 차귀를 만났으므로 분명 향기였을 것이다)를 안고 해변을 드라이브하며 등대를 향해 걸었다. 밤이 깊었음에도 낚시를 하는 사람이 있었다. '무슨 낚시를 하느냐?'고 물었더니 오징어 낚시라고 한다. 오징어 낚시를 하는 것을 나는 처음 속초에서 보았다. 배 위에 집어등을 주렁주렁 매달고 불을 대낮처럼 환하게 밝혀야만 잘 잡힌다고 했다. 그 출항하는 배들의 행렬은 출렁이는 바다와 함께 장관을 연출했다. 한 폭의 그림이었다. 그때 본 아름다운 광경을 잊을 수가 없다. 우리가 즐겨 먹는 오징어가 그렇게 잡히는 것을 보고 신기했다. 그런데, 이곳에서는 방파제 끝에서 그 어둠 속에서도 오징어가 잡힌다는 말이다. 나중에 알게 된 것이지만 오징어 사촌쯤 되는 '한치오징어'라는 것을 알게 되었다. '제주는 오징어도 그렇게 이쁘구나.'하고 속으로 생각하며 그냥 웃었다. 숙소를 가기 위해 서부해안도로를 미끄러지며 밤 풍경까지도 눈에 담았다. 운전을 하면서도 친구는 옛이야기를 들려주었는데 고운 미소를 지으며 제주 첫날을 설렘도 진정하지 못하고 잠 속으로 빠져들고 말았다.

3. 11월 27일, 둘째 날, 제주는 나와 처음부터 인연이었다. 난산리, 성산포, 산굼부리, 삼나무숲, 제주 영상미디어센타 방문

둘째 날은 전형적인 늦가을 맑은 날씨였다. 성산으로 가는 길에서 만난 억새와 띠의 물결은 춤과 노래의 축제였다. 바다와 들판과 작은 오름들과 함께 풍차는 또 다른 장관이었다. 오전 스케줄은 근 30년 전에 우연히 사 놓은 서귀포시 성산읍 난산리에 있는 내 소유의 밭을 가 보기로 했다. 그러니까 제주는 나와 영 인연이 없는 것이 아니라 처음부터 인연이 있던 것처럼 지금은 생각이 드는 것이다.

18년 전 아들이 6살 때에 남편과 아들, 우리 세 식구가 제주로 왔었다. 그때 제주 오라골프장 관리책임자가 남편 친구여서 비행장에 기사와 함께 차를 보내주었던 기억이 난다. 그때 그 기사의 안내로 그 땅을 답사하였다. 그때는 그곳이 내 키만큼 잡초가 무성하였고, 땅은 온통 돌뿐인 곳이었다. 그때 나는 그 척박한 땅이 마음에 들지 않았는데 남편은 '그 돌들이 언젠가는 더욱 가치를 가지게 될 것이다.'라고 말해 웃기만 했다. 그런데 지금 내 소유의 밭은 물론이고 주변 모두가 잘 가꾸어진 무밭으로 변해 있었다. 누군지도 알 수 없는 이가 그 척박한 땅을 모두 개간하고 경작할 수 있는 땅으로 만들어 놓았다. 반듯한 모습으로 변한 그 땅이 보기는 좋았으나 경작을 누가 하는지 알 수가 없어 한편으로는 걱정이 되었다. 마을 이장을 찾아가 알아보았지만, 시간이 걸릴 것 같아서 밭과 관련된 모든 것을 친구한테 위임하고 잘 되기만 기도했다.

차는 다시 성산포로 미끄러져 갔다. 시원하고 아름다운 곳에서 사진을 담고 유채꽃이 피면 너무 아름다운 곳이라기에 그때 다시 오고 싶다는 생각을 해보았다. 성산포는 일출이 환상적이라고 해서 제주 10가지의 경승(景勝)으로 알려진 영주십경(瀛洲十景)의 첫 번째로 꼽는다는 것은 알고 있었다.

여기 제주에서 시간의 역모로 소녀가 되어 이리저리 뛰어다니며 제1횡단도로인 5.16도로를 드라이브하면서 서귀포로 넘어가서 정방폭포 등 몇 군데를 보고 그곳에서 숙박을 하며 바다의 야경을 보며 자연과 멋진 데이트를 하려고 했던 계획마저 미루고 시낭송을 하기로 했다. 에드몬톤으로 돌아가면 그곳에서 긴 겨울 동안 고국에 대한 그리움과 제주에 대한 그리움이, 그런 날이 오면 이곳에서 녹음을 한, 시낭송의 CD를 차를 운전하면서 들으며 고국의 것을 대신하리라는 생각에 김 시인과 낭송을 하기로 약속을 한 장소인 영상미디어센타를 찾았다.

입구에서부터 건물양식과 주변 가꾸어진 조경부터 눈길을 끌었다. 안으로 들어가니 제법 큰 규모의 영상미디어센타였다. 낭송실이 어디인지 찾기가 쉽지 않을 정도로 작지 않은 규모에 놀라기도 했다. 김 시인은 시낭송과 관련된 단체의 회장으로 처음 만났을 때는 의식하지 못했지만, 그곳에서 듣게 된 목소리는 참으로 정돈된 목소리라는 것을 느낄 수가 있었다. 조금 압도가 되었던 탓이었을까.

김 시인은 '에드몬톤 제1회 문학의 밤' 개최를 위해 낭송시를 잘 할 수 있도록 도움을 준 적이 있고 그로 인해 우리 에드몬톤 문학의 밤은 교민들의 사랑을 흠뻑 받을 수 있었다. 시낭송도 처음 들어본다며 음악처럼 아름다웠다고 좋아들 하셨다. 내년 제2회 문학의 밤이 기다려진다는 말을 들었을 땐 무척 보람을 느꼈다. 제2문학의 밤을 보다 잘 할 수 있도록 시낭송을 하여 CD로 만들어 캐나다 회원들과 함께 들으며 연습하련다. 그날 낭송은 미리 연습을 하지 않아 감정처리가 어려웠다. 두 시간 반을 약속했는데 세 시간 반이나 걸려 낭송을 10편이나 했다.

저녁은 김 시인께서 내가 제주를 찾아온 걸 환영한다고 싱싱한 횟집으로 안내를 하였다. 제주에서의 지인들과 함께한 싱싱한 횟집에서의 회 맛은 일미였다. 매운탕 역시 시원하고 달았으며 메뉴 특징 중 전복내장으로 요리한 볶음밥은 뭐라고 말할 수 없이 독특하고 맛있었다. 즐거운 대화가 빛으로 왔기에 더욱 기분이 고조되었다.

4. 11월 28일 셋째 날 - 마라도 편

10시경 차를 가지고 친구가 왔다. 우리나라 최남단에 있는 마라도 바닷길을 가야 하므로 옷을 든든히 입으라고 해서 캐나다 밴쿠버 동계올림픽 기념 마크가 새겨진 재킷을 입었다. 기분이 산뜻해지고 흥미로운 마라도로 출발이다. 차는 어느 틈에 초겨울 해안 도로를 질주한다. 볼수록 아름다운 바다 풍광을 차창으로 바라보면서, 송악산 아래에 있는 모슬포항 선착장에서 선편을 예매하려고 하니 모두 매진되었다고 한다. 초겨울에 들어선 듯 쌀쌀한 날씨인데도 불구하고 관광객들이 제법 많다. 출발을 몇 분 남겨두고 겨우 승선할 수가 있었다. 마라도를 왕래하는 유람선은 꽤 큰 규모로 보였다. 아래, 위층으로 선실이 있었다. 난 선실에 있지 않고 갑판에서 바다를 가르며 뱃머리에 부딪히는 물결을 바라보며 짜릿한 쾌감을 느꼈다. 에드몬톤은 산도 바다도 없는 곳이기에 더욱 짭조름한 해풍에 머리를 나풀거리며 바람이 뺨을 스치는 느낌은 무한한 자유로움을 주기에 충분했다.

한 시간가량 물길을 달려 유람선은 마라도 해안에 닿았다. 그런데 그곳에는 내가 골프를 칠 때 타는 전동 카트가 있었다. 이것을 빌려 타고 시간을 절약하며 많은 것을 보기로 했다. 억새가 나풀대는 띠들의 춤사위와 하얗게 부서지면서 스러지는 파도가 어우러진 풍경은 너무 아름다워 세상에 없는 다른 세상처럼 보였다. 아마 '이어도가 그런 모습일까?'라고 생각이 들기도 했다.

마라도의 상징인 우리나라 '국토 최남단'이란 표비가 있는 곳에서 사진 몇 장을 담았다. 바로 앞에 펼쳐진 기암과 함께 펼쳐진 남태평양을 향해서도 촬영을 하였다. 곳곳에 관광객을 위한 행정적 정성을 볼 수 있었고 특히 각 나라의 유명한 등대가 모형으로 세워져 있었는데, 인생이란 항로에서 등대란 무엇일까를 잠시 생각하게 되었다. 등대는 바다를 껴안고 선박의 수호신으로 늘 희망을 안겨준다. 누구에게라도, 혹은 내 아들에게라도 가끔은 등대처럼 어둠을 밝히는 빛이 되고 싶다는 마음으로 혼자 웃었다.

등대를 지나면 특이한 건축양식으로 마라도 성당이 있었다. 성당 밖에는 언제나 친근한 성모님상도 깨끗하게 정리된 자리에 모셔져 있었다. 천천히 둘러보는데 조그만 섬에 교회도 있었고 절도 있었다. 믿음의 상징이 국토 최남단까지 전파되었다고 생각하며 형식이 아닌 진정한 믿음으로 서로의 행복을 나누며 아름답게 살아갈 수 있기를 기원해 본다. 이곳저곳을 구경하고 다니는데 태양열 발전소까지 있었다. 이런 동력을 얻기 위해 작은 섬이지만 태양열이나 풍력 혹은 조력을 이용한 에너지 수급은 미래의 마라도가 해결해야 할 중요한 과제라고 생각이 들었다.

어딜 가나 아름다운 경관과는 달리 눈살을 찌푸리게 하는 것들이 있게 마련이다. TV매체를 통해 갑자기 유명해진 마라도 자장면도 보였는데, 마라도의 그 풍경들은 오일장 풍경에서나 볼 수 있는 장삿속이라는 걸 지울 수가 없다. 사람과 자연이 아름답게 어우러져 한 폭의 수채화처럼 보존하는 캐나다의 자연과 인간의 조화로운 삶은 제주도가, 마라도가 궁극적으로 지향해야 할 과제라는 생각이 들었다.

멀리 산방산이 흐뭇한 모습으로 나를 바라보고 있는 것 같았다. 다음 코스로 보게 될 산방산이 마라도에서 바라보니 전설처럼 한라산 천지를 뚝 퍼내어 옮겨놓았다는 게 실감이 난다. 오름이 바다와 함께 둥둥 떠내려가는 느낌이다.

그러나 한 시간 반가량 이렇게 아름다운 우리나라 최남단에 있는 섬을 돌아볼 수 있게 해준 모든 것에 감사하며 최남단에 자연 그대로 홀로 우뚝 솟아있는 바위를 향해 한없는 연민을 보냈다. 바람은 차디차지만 가슴 속으로는 따뜻한 기운이 스며들었다. 어느 틈에 머무를 수 있는 시간이 지나버렸다. 선착장으로 돌아가는 길에 여운을 남겨두고 다시 찾아올 수 있기를 바라면서 선착장으로 향했다

모슬포항에서 산방산으로 가는 곳에서 점심을 먹었다. 싱싱한 전복회와 전복죽을 먹으며 제주의 향긋한 바다냄새를 혀로 녹여보았다. 꼬들꼬들 씹히는 전복회의 맛, 처녀 때 제주에 처음 왔을 때가 1976년쯤이다. 동료 여교사가 고향이 제주여서 이곳에서 결혼식을 했었는데 결혼풍습도 특이하였고 그때 제주의 첫인상은 한국 아닌 이국적인 느낌, 때묻지 않은 풍경, 그 순수한 아름다움에 반했다. 더욱이 서귀포 정방폭포, 천지연폭포는 말할 것도 없고 한라산 제2횡단 도로를 지날 때의 풍경 등은 너무 아름다워 몇 번이나 멈추면서 사진에 담았다. 얼마나 좋았던지 제주의 모든 것에 반해 서울의 학교를 두고 제주여상으로 전근을 하려고 마음 먹기도 했었다. 처녀 시절이라 아버님의 반대로 내 뜻대로 할 수가 없었지만 지금 생각하니 그때 아버님을 설득하고 이곳에 왔으면 제주 여인이 되어 인생이 많이 바뀌어 있었을 것이다. 삶에는 정답이 없지만 스스로 후회 없이 살기를 희망한다.

제주의 풍경들이 그 옛날 처녀 시절로 거꾸로 가는 시간의 열차를 탄 듯한 착각을 하면서 알 수 없는 그 무엇이 내 발목을 잡는 듯하다. 여

기에 '머물라고 머물라'고 붙잡는 소리에 자꾸 뒤를 돌아본다. 해 떨어지기 전에 산방산을 향해 바삐 움직였다.

5. 셋째 날, 오후 산방산, 용머리해안, 송악산 관광

바람은 조금 불지만 걸어서 다니기에 참으로 좋은 늦가을 날씨다. 모슬포항을 뒤로 하고 마라도에서 바라보던 산방산이 코앞에서 보니 바위가 꽤 높게 형성되어 있다. 동양화를 그리면 좋겠다는 생각을 잠시 하면서 전설에 의하면 옛날 한 포수가 사냥을 하다가 활시위를 잘못 당겨 그 화살이 옥황상제의 옆구리를 건드렸는데 노한 옥황상제가 홧김에 한라산 정상을 뽑아 던져서 그게 산방산이 되었다는 것이다.

또 하나의 전설은 제주섬을 창조한 설문대할망이 빨래를 하다가 방망이를 잘못 휘둘러 한라산 꼭대기를 쳐서 그것이 날아와 떨어진 것이 산방산이 되었다는 전설이다. 제주는 오름과 신화를 간직한 신들의 섬이다. 산방산은 서귀포시 안덕면 사계리에 있는 종 모양의 화산이다. 직경 1,200m에 높이 395m의 산방산은 분화구가 없는 모양을 하고 희귀식물들이 서식하고 있고 원추형 오름의 남쪽 중간쯤에 해식동굴이 있다해서 산방(山房)산이다. 천장암벽에서는 맑은 물방울이 떨어지는데 이는 산방산을 지키는 산방덕이 여신이 흘리는 사랑의 눈물이라는 전설이 전해오고 있으며 자식을 낳지 못하는 사람들이 찾아와 비는 곳이라고도 했다. 진즉 알았다면 나도 여기서 빌고 딸아이 하나 낳았으면 좋았을 것을 하며 혼자 웃어보았다.

오름의 북쪽에서 가파른 산방산 정상에 다다르면 선인들이 앉아서 풍수를 바라보는 선입탑이라 불리는 바위가 두 곳이 있다. 산방산에서 바라보는 절경과 산방굴사에서 바라보는 아름다움이 합쳐져 이곳은 제주에서 경치가 아주 뛰어난 영주십경의 하나가 되었다. 여기서 바라보는 바닷가 절경은 경이롭고 자신도 모르게 신선이 되어 버린다.

또한 산방산 주위에는 제주의 유일한 탄산온천이 있다. 오래전부터 물이 좋아 많은 이들이 찾고 있는 명소라 한다. 그리고 스카이힐 제주 골프장이 근방에 있어 봄이나 여름에 남편과 함께 다시 와야겠다고 생각하며 자연의 아름다움에 눈이 부셔 눈을 감는다. 내가 자연의 일부가 되어 풍경에 끌려든다. 바다로 힘차게 뻗어 나간 용머리해안이 펼쳐진다. 전설에 의하면 제주도에 장차 왕이 태어날 것을 안 중국의 진시황제가 호종단을 보내 제주도의 혈을 끊을 것을 명했고 이곳에서 혈맥을 찾아내 용의 꼬리와 등 부분을 칼로 내리쳐 끊자 시뻘건 피가 솟아나 지금의 모습이 되었으며, 호종단은 임무를 마치고 차귀도에서 섬을 빠져 나가려다 이를 안 한라산신의 노여움을 받아 죽었다고 한다. 차귀(遮歸)도라는 이름이 이때 생긴 것이라 한다. 차귀도는 내일 마지막 코스로 관광하기로 했다.

산방산 해안에 있는 이 오름은 용의 머리를 닮았다 해서 붙여진 이름이다. 겉으로는 평범해 보이지만 좁은 통로를 따라 내려가 보면 수천만 년의 시간 동안 파도의 침식에 의해 깎여진 바위는 그 자체로도 인간에게 시간의 의미가 무엇인지 되묻곤 한다. 시간이 녹아 있는 바위의 결 속에 파도의 힘찬 몸부림과 자연이 만든 최대 걸작의 조각품을 보는듯하다. 바닷가 절벽을 걷다 보니 우주의 포에지가 내 몸을 휘감으며 날 얽어매는 듯하다.

1653년 네덜란드인 핸드릭 하멜이 표류하다 처음 상륙한 곳이라 하멜기념비가 있다. 13년을 살다 탈출한 하멜의 『하멜표류기』라는 책을 통해서 제주와 우리나라는 유럽에 알려졌고, 하멜기념비 위쪽에는 조선시대에 쌓았던 산방산연대가 복원되었다. 연대(煙臺)란 횃불과 연기를 이용해 정치, 군사적으로 급한 소식을 전하던 통신수단이다. 이 연대에서 바라보는 전망이 예사롭지 않다. 신이 빚어 놓은 이 아름다운 경관을 보존하는 것이 우리들의 몫이다. 하멜 동상이 꼭 살아있는 생명을 느끼게 한다.

하멜이 표류했을 당시의 모습을 재현한 볼거리들이 관광객 눈길을 끈다. 그리고 승마체험장에 갔다. 말의 고장인 데 한 번쯤 타보고 싶었었기에 주저 없이 말을 탔다. 처음 안내인이 고삐를 잡고 이끌어주었지만 혼자서 고삐를 잡고 달려 보았다. 조금 겁도 났지만 제법 잘 타서 기분이 좋았다.

송악산은 104m밖에 안 되는 낮은 오름이지만, 동·서·남 3면이 해안가로 불거져 나와 곧추선 10~14m의 기암절벽이다. 송악산 밑 기암절벽 바닷가에는 수준급 낚시꾼들이 자주 찾는 곳으로 개바위 낚시의 스릴을 맛보기도 한다. 송악산은 주변경관이 뛰어난 관광명소이고 지질학적으로 세계적으로 유례가 없는 이중분화구로 된 독특한 화산지형이다. 일제강점기에는 일본군들이 소형 잠수함을 숨기기 위해 인공적으로 파놓은 군용동굴이 15개나 있어 지난날의 아픔이 서려 있다. 또한 4·3사건 당시 이곳의 '섯알오름'에서 무고한 사람을 모아서 죽이기도 했다. 잠시 슬픈 역사에 묻힌 사람들의 혼을 위해 묵념을 해본다.

전망대에서 바라보는 형제섬, 산방산, 송악산 바닷가 기암절벽의 경관은 저절로 탄성을 자아내게 한다. 날씨가 맑은 날이면 멀리 마라도가 손에 잡힐 듯 보이고, 또한 송악산에 한라산을 바라보면 자신이 마치 섬이나 바다 한가운데서 한라산을 바라보는 듯한 신비한 느낌이 들곤 한다. 제주도는 지질학의 산교육장이나 다름없다.

6. 11월 29일 넷째 날 - 올레길 12코스와 용수리 포구

오늘은 올레길 12코스를 걷고 오후에는 제주 최고의 무인도인 차귀섬에 가기로 하였다. 아침 햇살 내리는 용수 성지에서 내려다보는 해안이 참으로 곱다. 더욱이 친환경 에너지 사업이 한창인 듯 풍력발전기가 돌아가는 풍차 바람개비가 아주 예쁘게 바다와 어우러져 아름다웠다.

올레길은 제주 토박이도 잘 모르는 길이 있을 정도로 제주의 감춰진 속살이다. 아름다운 제주의 풍경도 좋지만, 마을에서 만난 촌로의 따스한 인사나, 방목된 말들을 가까이에서 볼 수 있는 즐거움도 올레길 도보여행의 매력이다. 올레란 제주방언으로 도로에서 집 앞까지 이어지는 좁은 골목길을 뜻한다.

제주 올레 12코스는 무릉2리 제주자연생태문화체험골에서 용수포구(절부암)까지 총 17.6 km, 5시간 55분 소요되는 곳이다. 해지기 전까지 차귀섬을 보아야 했기 때문에 위의 길 중 우리가 걸었던 길은 [자구내포구 → 당산봉 → 생이기정 바당길(속칭 화상물) → 용수포구(절부암)]이다.

올레 12코스 중 자구내포구를 비롯해 당산봉, 생이기정 바당길, 용수포구가 너무 아름다운 곳이다. 한폭의 동양화를 보는 것 같았다. 자연에 맘껏 취하며 자연에 동화되어 길 따라가다 보면 알 수 없는 들풀이 빠끔히 인사하며 반겨준다. 억새와 띠들의 춤사위에 덩실덩실 춤추고 노래 부르며 마냥 소녀가 된다.

매우 아름다운 바다 풍경이 나를 사로잡는다. 파도가 부서지는 바위로 내려가 멋진 풍경을 배경으로 사진도 찍고 흥겹게 올레길을 걸었다. 올레길이 참으로 고요하다. 이같이 호젓이 자연을 마음껏 즐기며 걸을 수 있는 이 시간이 특별히 축복을 받은 기분이다. 한 시간 반쯤 걷고 용수포구에 도착하여 가슴 아픈 사연을 갖고 있는 절부암으로 향했다.

용수리 포구에 들어서면 조그만 어항 동백 숲속에는 사철나무, 후박나무, 동백나무, 포나무 등 난대식물 군락을 이룬 곳에 절부암이란 바위가 있다. 1981년 8월 26일 제주도 기념물 제9호로 지정되었다.

이 바위는 고기잡이를 나갔다가 조난당한 남편을 기다리다 못하여 마침내 스스로 목숨을 끊었다는 비통한 사연이 전해오는 곳이다. 해마다 음력 3월 15일에 열녀제를 지낸다고 한다. 차귀도를 바라보며 고즈넉하게 자리를 지키는 절부암을 보면서 이별한 사랑을 이루려는 그 여인의 애절한 사랑이 안타깝다.

아름다운 바다를 끼고 올레길을 걷다 보면 이곳이 그저 아름다운 풍경이 아니라 제주민들의 삶의 터전이며 애환이 담겨 있음을 느끼게 된다. 참고로, 제주에서 가장 아름다운 드라이브 코스 중 하나를 꼽으라면 신창리에서 시작해 용수리를 거쳐 고산리로 가는 해안도로라고 소개하고 싶다. 분위기 있는 신창등대를 거쳐 차귀도를 바라보며 달리는 해안도로 드라이브 코스다. 특히 일출과 일몰을 바라보며 달리는 감흥은 이루 말로 표현할 수가 없다.

7. 11월 29일 넷째 날-차귀도 (遮歸島)와 협재 에너벨리 찻집

캐나다에서부터 제주방문의 첫째 목표가 이 차귀섬(遮歸島)을 방문하는 것이었다. 이곳을 소재로 시를 썼기 때문이다. 어느 작곡가의 영혼을 맑게 하는 아름다운 음악에 취하여 난 몇 밤을 설쳤는지 모른다. 그 시가 바로 차귀섬을 무대로 한 '비나리 하늘이여'이다. 차귀섬은 제주에 있는 가장 큰 무인도이다.

차귀섬 3개 중 가장 큰섬인 죽도에 도착하여 없는 길을 헤치며 걸을 때도 대나무들이 합창을 하는 것 같았고 억새와 띠들이 너울너울 춤을 추면서 반겨주었다. 드러누워 하늘을 보니 천국이 따로 없었다. 침대보다 폭신한 느낌의 띠들이 얼마나 무성하였던지, 차귀도는 파도가 없는 날에는 멀리 떠 있는 것 같은 착각을 불러일으키고, 파도가 치는 날에는 아주 가깝게 떠 있는 것처럼 요술을 부린다. 전설과 신화를 금방이라도 잉태하듯 고적하기만 했다.

차귀도에 대한 전설 또한 흥미롭다. 고려 16대 예종 때 중국 송나라 복주 사람 호종단이 이 섬에서 중국에 맞서는 큰 인물이 나올 곳이라고 해서 이 섬의 지맥과 수맥을 끊고 고산 앞 바다로 돌아가는 길에 날쌘 매를 만나 그 매가 돛대 위에 앉아 갑자기 돌풍이 일어 배가 가라앉았다고 한다. 이 매는 바로 한라산의 수호신이고, 지맥을 끊은 호종단이 돌아가는 것을 막았다고 해서 대섬과 지실이섬을 합쳐 차귀도(遮歸島)라 불렀다고 한다.

또 다른 전설은 차귀도 동남쪽에 있는 장군석에 대한 이야기다. 전설에 의하면 장군석은 한라산 영실의 오백장군의 막내라 한다. 오백장군이 어머니와 함께 살 때, 어머니가 큰솥에서 죽을 쑤다 그만 가마솥에 빠져 죽었다 한다. 아들들을 위해 자신의 몸을 희생했다고 전한다. 막내를 제외한 모든 아들들은 어머니인 줄 모르고 죽을 맛있게 먹고 그 자리에서 돌이 되었다. 그러나 막내는 어머니를 생각하며 그걸 먹지 않고 차귀도 앞 바다에 와서 슬픔을 토해내며 장군석이 되었다고 한다.

따라서 한라산의 오백장군석을 헤아려 보면 499개가 남아있고, 나머지 하나는 차귀도 앞 바다에 떨어져 있다는 장군석이 되었다는 그럴듯한 전설이다. 비록 전설이지만 어머니의 넓은 마음을 생각하는 막내의 마음이 잘 나타나 있는 전설이기도 하다.

그런데 이상하게도 우리 일행은 장군석 뒤에 두 봉우리가 있는 바위를 보았다. 그 두 봉우리가 꼭 어머니 젖가슴 같아서 제주말로 '어멍가심'이라 명명하였다. 우리 일행은 정말 어울린다고 박수를 치며 앞으로 그리 부르자고 하였다. 난 이 봉우리 어멍가심 바위가 꼭 장군석을 보호하고 있는 듯한 느낌을 받았다. 어머니의 넓은 사랑이 억겁의 세월에도 아들을 지키는 그 마음를 기리도록 하고 싶었다. 어멍가심 바위와 장군 바위의 전설이 다시 새롭게 태어나길 기대하면서…….

용수리 포구에서 바라본 차귀도는 마치 커다란 거인이 바다 위에 누워 있는 모습을 하고 있었다. 실제로 바다 위에 떠 있는 차귀도의 모습을 사진에 담아보니 그 모습은 가운데가 쑥 들어간 기다란 섬으로 '눕은섬' 또는 '눈섬'이라 부른다. 즉 해면 위에 누워있는 여자 거인 모습이었다. 그래서 마을 사람들은 용수리에 과부가 많은 것에 대해 수면 위에 떠 있는 '눕은섬'이 어떤 한을 품은 여자 모습을 하고 있기 때문이라고 한다.

차귀도는 제주의 여러 섬 중에서도 빼어난 절경을 자랑하는 섬이다. 섬을 떠받치고 있는 절벽, 평평한 들판 그리고 주변에 있는 와도와 지실이도를 이루고 있는 기암 등이 차귀도를 인상적으로 만든다. 그러나 차귀도가 가장 아름답게 보일 때는 해 질 무렵, 노을이 바다를 물들일 때이다. 이 차귀도는 죽도라고도 불리는데 이 섬 주위는 깎아 세운 듯

한 절벽으로 이루어졌으며 장군석이라는 돌이 우뚝 솟아 있어 그 풍치를 한결 돋운다. 또한 어멍가심 바위가 일몰에 비춰는 정겨운 모습이 일미다.

섬 주변에는 낚시를 즐기는 낚시꾼들이 잘 온다고 한다. 섬주변의 갯바위에서는 고기들이 잘 낚이며 벵에돔이 씨알 굵게 낚여 시원한 갯바위 낚시를 즐길 수 있다고 들었다. 자연 그대로의 아름다움에 취해 시간가는 줄도 모르고 시도 낭송하고 노래도 부르며 무인도의 고적을 끌어안았다. 오늘은 하늘, 바람, 억새와 띠, 그리고 대나무의 합창이 모두 시가 되어 가슴에 안기는 것만 같다. 무량으로 시주머니를 채우면서 행복하였다.

돌아오는 길에 일몰을 바라보며그 아름다움을 어찌 표현해야 할지 언어가 생각나지 않는다. 가슴으로만 느끼는 황홀함이었다. 해변을 드라이브하며 협재에 있는 에너벨리(Annabel Lee)라는 멋진 레스토랑에 갔다. 저물어가는 노을빛 제주에 취하며 제주 옥돔구이와 해물탕을 맛있게 먹고 헤즐넛 커피에 더욱 분위기에 취하여 제주의 마지막을 아쉬워하면서 정담을 나누었다. 창밖엔 땅거미가 진 바다 저편에 비양도가 멋지게 보인다.

제주는 모두가 아름다워 떠나고 싶지 않다. 내일 아침 비행기로 서울로 올라가는 일이 아까운 것을 놓고 가는 기분이다. 적어도 사계절 모두를 보고 싶다는 생각을 하면서 4박 5일의 짧은 여행을 기록해본다.

비양도를 바라보며 쓴 시 한 편 올려본다.

에너벨 리1) 제주 찻집에서

비양도 바닷가에 그윽한 차향 퍼진다 해서
겨울 바다에 녹아내리는 산록나무 아래
노을의 노래를 따라 불렀네
파도의 반주는 슬펐네
제주 물기둥에 묻는 것은 포우의 슬픔
거친 풍난 이겨내고 떠밀려 온 사금파리 한 조각
어둠에 아픔을 감추고
고뇌로 깎인 태고의 모체를 꿈꾸네
회한의 모진 삶을 드러내며
맨발로 걸어온 나는
엄동설한 따뜻함이 그리웠던지
차가운 바위의 심장에 귀를 대어보네
우윳빛 연정으로 데운 국화차 잔 속 꽃의 여백이
산록나무 흔들고 온 바람이 수채화를 그리더니
노을 물감은 찻집 안쪽
구석진 자리까지 온기로 스미네.

---

1) * 에너벨 리(Annabel Lee): 에드거 앨랜포우(Edgar Allen Poe)의 서정이 넘치는 사랑시의 詩題. 에너벨 리 詩는 포우가 아내 버지니아가 결핵으로 세상을 떠나자 그 슬픔을 표현한 것이다

박 찬 란

1962년 경북 영풍 출생. 아호는 호청(號靑)
결혼으로 인해 충북 청주에서 40여 년을 제2고향에서 5남매의 어머니로서 살면서 현재 지역 통장으로서 10여 년째 봉사하고 있음.
안동여고, 행정학과, 한국방송통신대 국어국문학과(국문학사) 졸업
2004년 월간 ≪시사문단≫으로 신인상 수상(등단)
2005년 스토리문학관 올해의 작가상 수상
2006년 황진이문학상 수상
2008년 박화목문학상 수상
2011년 제6회 부부의 날 다자녀 부부 모범상 수상(이시종 도지사)
수필집 : 『찬란한 아침』 1, 2, 3권 외 동인지 다수
E-mail : pcn1311@hanmail. net

어머니란 이름으로 외 2편

박 찬 란

우수, 경칩(驚蟄)이 지나면 고향 마을에서는 서서히 봄 농사를 준비한다. 각종 씨앗을 심고 모판에다 고운 흙을 쳐서 평편하게 손질한 뒤에 싹을 틔운 볍씨를 뿌리고, 곱디고운 흙을 마지막으로 덮는다. 삼사일 정도 지나면 파릇파릇한 새싹이 얼굴을 내민다. 생명의 신비다. 심는 대로 정직하게 돌아온다. 어린 모가 한 뼘 정도 자라면 뿌리를 내릴 논에 이사를 가야 한다. 더 이상 모판에서 자랄 수 없기에 순리(順理)처럼 어린 모가 시집을 가야 한다. 그리고 새로운 환경인 모내기로 뿌리를 내려 벼의 일생을 살아갈 수밖에 없다.

시어머니도 어린 모로 시아버지에게 낯설고 물선 타향으로 시집왔다. 가난의 어둠은 집안 곳곳에 감돌았고, 꼿꼿한 남편의 성정(性情)에 익숙해질 무렵, 두 사람을 이어주는 동아줄 같은 자식들이 하나둘 태어나기 시작하더니 어느새 칠 남매를 둔 어미가 되었다. 그럼에도 가난은 버선목처럼 늘 따라다녔다. 이젠 따돌릴 생각 없이 친구처럼 편하게 벗하며 지내게 되었다. 힘들고 고단할 때마다 어머닌 노랫가락으로 풀어내셨다. 하지만 자식은 어머니 주름보다 더 빠르게 자라났다.

이제 처마 밑의 제비 새끼들처럼 둥지를 떠나 창공(蒼空)을 향해 하나, 둘씩 날아가게 되었다. 칠 남매 모두 자신의 둥지를 틀어 산 지 십

오 년이 강물처럼 흘러갔다. 나 역시 장남에게 시집왔기에 언젠가는 어머님이 나의 둥지로 옮겨 올 날을 늘 생각하며 살았다. 그러던 어느 날, 시골로 들어간 날 시어머니가 방에서 마루를 나갈 수 없다 하셨다. 이게 무슨 일인가 하고 방에 들어가 보니, '아뿔싸, 드디어 올 것이 왔구나!' 시어머니께서 거동을 못 하시는 것이었다. 혼자 지내게 할 수 없어 내 둥지로 모셔 왔다. 나 역시 흥부처럼 언젠가는 원하던 박을 고대하며 자식을 낳다 보니, 흥부 못지않은 자식이 넷이 되었다. 거기다 시어머니마저 나의 아이가 되니, 참으로 난감한 현실이었다.

'여자는 높이 놀고, 낮이 논다.'라는 속담처럼, 여자는 시집가기에 따라 귀해지기도 하고 또한, 천해지기도 한다는 말이 곧 나를 얘기하는 듯했다. 하지만 이 노릇을 어찌하랴! 나의 십자가인 것을. 그 누구에게 전가할 수 있단 말인가. 그때부터 시어머닌 내 일에서 가장 우선이자 충실해야 할 환자였다. 24시간을 더듬이처럼 촉수를 세우며 살아야 했다. 하지만 네 명의 자식들은 아직도 하나같이 엄마의 손길을 필요한지라, 참으로 고단한 하루하루의 연속이었다. '궁하면 통한다.'라고 하듯이 할 수 없이 아이들을 불러 놓고, 우리 집 현재 상황을 조곤조곤 설명하며 도움을 요청했다. "할머니도 우리와 함께 사시게 되었으니, 너희도 틈나는 대로 돌봐드려야 한다."라고 말이다.

그때 나는 생활이 어려워 남편과 함께 부업으로 유산으로 물려받은 논농사를 짓고 있었다. 혹여 엄마가 바빠서 할머니를 미처 못 돌봐드릴 땐 너희들이 형편껏 식사와 용변을 도와주라고 했다. 처음엔 아이들도 조금 싫어하는 눈치기에 내가 꾀를 냈다. 공무원 월급날이면, 천 원짜리로 오만 원을 은행에서 바꾸어 시어머니 요 밑에 감추어 두고 아이들이 심부름을 잘할 때마다, 천 원씩 주시라고 시켰다. 그랬더니 처음엔 할 수 없이 하던 아이들이 몇 달이 지나자, 돈 받는 재미로 냄새난다고 잘 들어가지 않던 방을 쥐방울처럼 드나드는 것이 아니겠는가. 눈치가 더 빠른 아이는 "할머니, 심부름시킬 것 없으세요?"하면서 즐겁게 하는 것이 아닌가. 그렇게 해서 시어머니와 함께하는 온전한 식구가 되었다.

가을이었다. 추석을 며칠 앞두고 '태풍 매미'가 심하게 불었다. 많은 비를 동반한 바람으로 인해 전국에 피해가 속출했다. 우리 집도 예외 없이 다 자란 벼가 많이 쓰러졌다. 여름 내내 힘들게 농사지은 것이 한 순간에 무너졌으니 억장이 무너졌다. 하지만 어떻게 하겠는가. 하늘이 한 짓이니 오뚝이처럼 일어서는 길밖에 다른 도리가 없었다. 그래서 남편과 온종일 벼를 세우고 집으로 돌아왔다. 허리가 끊어지는 고통이었다. 밤이 되니 끙끙 소리가 날 만큼 아파 왔다. 그것도 모르시는 시어머니는 깊은 밤에 "에미야?"하여 달려가 보면, "물 좀 주어!" 하신다. 또 누워서 잠들 무렵이면 어김없이 또 부르신다.

몸이 천금 만금 늘어지면서 나도 서서히 짜증이 나기 시작했다. 두 번을 부를 때까지 못 이긴 척하다가 할 수 없이 안방에 가봤더니, 이게 웬일인가. 며칠 동안 변을 못 보셔서 변비약을 드렸더니, 이번에는 한꺼번에 설사하셨다. 가슴이 '쿵'하고 내려앉았다. 참을 인(忍)이 목을 조여 왔다. "어머님, 아들은 금쪽같이 귀하게 생각하시면서, 저는 왜 이렇게 고생시키세요. 정말 너무 힘들어요."하면서 방바닥에 털썩 주저앉아 엉엉 소리 내어 울었다. 거실에서 자던 남편이 놀라 안방으로 뛰어왔다. 자기가 방을 치운다면서 내 등을 밀친다. 하지만 시어머니가 여자인지라 불편해하실까 봐, 고무장갑을 낀 채 방바닥을 울면서 치우고 나오니 날이 밝았다. 이것이 어머니의 삶이고, 여자의 삶이란 생각이 들자 인생이 너무나 서글퍼졌다.

"미안해, 나도 이럴 줄 몰랐어. 알았다면 조금만 일했을 텐데……."

병든 육신 때문에 자기 의지와 무관한 며느리의 희생을 속수무책 바라보며 미안해하는 시어머니의 얼굴을 보자, 참으로 말로 할 수 없는 여자로서의 동병상련(同病相憐)이 느껴졌다. 육신의 안타까움이 밀물처럼 몰려온다. 세월이 흐르면 저 모습은 결국 내 모습이 아니겠는가. 동병상련은 『오월 춘추』의 합려 내전에 나오는 말로, 어려운 처지에 있는 사람끼리 동정하고 돕는다는 뜻이 아니겠는가. 시어머니가 철없이 시집온 나에게 봄 햇살처럼 포근히 감싸 주었듯이, 자식 위해 한평생 희생하다 병든 육신을 어린 아기처럼 안타까운 마음으로 돌봐드리는 것 또한, 은혜를 아는 인간의 아름답고 선(善)한 행동이 아닌가 싶다.

"효도하고 순종하는 사람은 또한 효도하고 순종하는 자식을 낳을 것이며, 어버이의 뜻을 거스르는 사람은 또한 어버이의 뜻을 거스르는 자식을 낳을 것이다. 믿기지 않는다면 저 처마 끝의 낙숫물을 보라. 방울방울 떨어져 내림이 조금도 어긋남이 없다."라고 『효순(孝順)』에서 자식에게 부모의 본보기가 얼마나 중요한 교육임을 일찍이 갈파하지 않았는가. 자식을 둔 부모이기에 함부로 말하고 행동할 수가 더욱더 없었다. 네 명의 자식이 부모가 어떤 생각을 하며 어떤 행동을 하는지, 속속들이 지켜보는 거울 같은 삶을 살고 있기 때문이다. 그래서 더욱더 조심조심 살얼음판 디디듯이 살아가야 함을 나 자신에게 끝없이 주문하면서 산다. 하지만 쉽지 않은 길이다. 부모가 자식을 위하는 정성은 참으로 끝이 없다.

그것은 거의 맹목적이기까지 하다. 자식을 위해서라면 많은 부모는 목숨을 담보하는 일도 서슴지 않는다. 그러나 자식은 그렇지 못한 경우가 많은 걸 주위에서 본다. '긴 병에 효자 없다.'라고 하는 속담을 봐도 그렇지 않겠는가. 하지만 부모가 자식을 목숨처럼 키웠듯이, 나 또한 자식을 목숨처럼 키운다. 그러니 내가 자식이자 부모가 아니던가. 내 아들이 금쪽같듯이, 시어머니도 남편을 금쪽같이 여기며 사셨을 것이란 생각이 미치자, 남편을 함부로 대할 수가 없었다. 누구나 귀한 것은 다 같기 때문이 아닌가.

처음엔 조금 억울한 생각이 들었는데, 아들을 키우면서 시어머니를 진정으로 이해하게 되었다. 생각을 바꾸니 시어머니의 삶이 한없이 불쌍하게 여겨졌다. 3년을 아기처럼 누워서 내 눈물과 회한으로 보낸 세월 동안, 좋아하는 먹을거리 부침, 백숙, 수육을 아낌없이 해드렸다. 그것이 내가 할 수 있는 것 중에 가장 쉬운 일이었다. 내가 해줄 수 있는 마지막 노력이라 생각하고 최선을 다했더니, 같은 여자로서의 측은지심이 들기 시작하자마자 시어머니는 또 다른 길인 저승길로 여행을 가셨다.

안타깝고 슬펐다. 많은 사랑을 깨우쳐주고 떠나신 시어머니는 언제나 가슴에 그믐달같이 아픈 사랑으로 남아있다. 나 또한 그 길을 따라가기 전에, 자식들에게 어머니의 따뜻한 사랑을 나눠주고 가고 싶다. 무엇보다도 남은 생을 헛되지 않게 보낼 수 있도록 깨달음을 주신 시어머니가 지금은 오히려 고마운 마음이 든다. 시어머니의 삶을 자식에게 물려주었듯이, 끝없이 쉬지 않고 돌아가는 물레방아의 물처럼 나의 삶도 그렇게 세월과 함께 사랑의 대물림으로 그렇게 흘러갈 것이다. 오이를 심으면 오이를 얻고, 콩을 심으면 콩을 얻는다. 무엇을 심을지는 살면서 두고두고 곱씹어 볼 화두가 아닌가 한다.

지난주에는 남편과 함께 고향 산소를 찾아갔다. '산천은 의구한데 인걸은 간 곳 없네.'라는 노랫가락이 뒷동산에서 나무하시던 그때의 목소리가 바람결에 들려오는 듯하다. 시어머니가 가신 지 5년이 지났지만, 잘해드린 기억보다 못 해드린 기억이 더 많아 죄송하다. 특히 한겨울에 수박이 먹고 싶다고 하셨는데, 키위로 대신한 것이 두고두고 회한으로 남는 것은 무슨 이유인가. 버스는 흙바람을 날리고 흔적조차 없건만 …….

그런데 이번 어버이날 맏딸이 사다 준 카네이션 꽃바구니를 받고 보니 가슴이 체한 듯 목이 멘다. 어머니란 이름은 이처럼 자식의 작은 마음 씀씀이 하나에도 보람의 꽃이 핀다. 또한, 자식이 전해주는 소소한 행복으로 감동하는 일상이지만, 마음만은 언제나 화수분이 되지 못해 애면글면하는 인생이지 싶다. 이 자리는 사랑과 헌신으로 점철된 이 땅의 어머니만이 할 수 있는 위대한 신의 소명(召命)이자 십자가의 길로써 지난한 소풍이야기이기에 더욱더 의미 있고 아름답다고 하겠다. 어머니란 영광된 이름은 이 땅을 지배하는 또 다른 신의 대역이 아닌가 한다.

전쟁 속에 꽃핀 사랑

2020년 3월의 봄은 검은색이었다. 작년 12월쯤 중국 우한시에서 발생한 신종 코로나19로 전 세계는 신종 감염 바이러스로 인해 보이지 않는 세계 3차 전쟁을 치르고 있다. 미·중국 무역 전쟁이 불씨다. 박쥐에서 기생하는 바이러스가 사람의 포말을 통해 감염되는 이 바이러스는 전파력이 아주 빠르고 강하다. 그래서 중국에서는 길을 걷던 사람이 푹푹 쓰러지면서 죽어갔다. 이 무서운 역병이 이웃 나랏일이라고 넋 놓고 있을 때, 우한을 다녀온 우리 국민과 중국 입국자들이, 파리처럼 그 역병을 퍼트리고 다녔다. 몇 달 만에 만 명이 넘는 확진자가 나오더니, 현재는 사망자만 백 명이 넘어가고 있다.

이젠 그 먹구름이 전 세계를 덮쳤다. 발원지인 중국뿐 아니라, 미국 · 이탈리아 · 스페인 · 일본 등 감염되지 않는 나라가 없다고 하니 이게 세계 전쟁이 아니고 무엇인가. 전쟁에서 살아남을 수 있는 길은 간단하면서도 매우 어려운 일이다. 마스크 착용, 손 자주 씻기, 사회적 거리두기 등등 간편한 것들이지만, 가장 힘든 것은 외출을 제한적으로 해야 하는 것이 가장 큰 어려움이 아니겠는가. 인간은 사회적인 동물인데 사람을 접촉하지 말아야 하니, 제한적 경제 활동도 하지 못하니 경제적 타격이 이만저만이 아니었다. 생명뿐 아니라 사회 활동을 '일단정지!'해야 하니, 이 무슨 난리인가.

어미로서 가장 가슴 아픈 일은 고3인 막내아들이 신학기부터 휴교령이 내려 집에서 자가 격리해야 하니, 이 노릇을 어이할 것인가. 감염력이 무엇보다도 강하다 보니 두문불출의 생활이 현실적으로 가장 어렵다고 하겠다. 산 사람이나 죽은 사람이나 숨쉬기도 어려우니 이보다 딱한 노릇이 어디 있단 말인가. 한 번도 경험해 보지 못한 전쟁을 현재 치르고 있으니, 모두가 이 위기를 잘 극복해야 할 국방 의무 앞에 서 있는 기분이다. 전쟁 중에도 일상은 계속된다. 봄 햇살이 거실을 비집고 들어오니 밖을 나가지 않을 수 없다. 남편과 둘이 인적이 드문 요일을 택해 진천 뜰을 걸었다.

봄이 오는 경쾌한 물소리가 둑 아래서 들려 온다. 물길을 따라 걷는 일은 마음에 평화가 깃든다. 물에서 태어난 생명이라서 그런지 물은 나에게 고요한 안정감을 준다. 보련산에서 내려오는 시냇물이 물길을 따라 야심 차게 흘러간다. 저 물도 흐르고 흘러서 결국에는 바다에 이르겠지. 우리 인생처럼. 이 넓디넓은 들판을 따라 둑길을 우리 부부는 나란히 걷는다. 불어오는 산들바람은 실비단을 감은 듯 감미롭고, 여기저기 봄꽃들이 얼굴을 붉히며 반기는 길목이다. 1시간을 걸었을까 다리가 뻐근할 즈음, 남편이 여기서 좀 쉬었다 가자고 말한다. 양지바른 곳에 우리는 밥상의 수저처럼 나란히 앉는다. 봄 햇살이 병아리 솜털처럼 따사로운 오후다. 남편은 휴대전화로 음악 버튼을 누른다.

"여보, 노래 한 곡 듣고 가요"

그때 흘러나온 노래가 고(故) 김광석 가수가 부른 '어느 60대 노부부 이야기'다. 마치 우리 부부가 걸어온 길을 조곤조곤 독백하듯 서사적인 사연이 애절하게 흘러나온다.

"곱고 희던 그 손으로 넥타이를 매어주던 때 / 어렴풋이 생각나오. 여보 그때를 기억하오 // 막내아들 대학 시험 뜬 눈으로 지새우던 밤들/ 어렴풋이 생각나오. 여보 그때를 기억하오 // 세월은 그렇게 흘러 여기까지 왔는데 / 인생은 그렇게 흘러 황혼에 기우는 데 // 큰 딸아이 결혼식 날 흘리던 눈물방울이/ 이제는 모두 말라 여보 그 때를 기억하오 // 세월은 그렇게 흘러 황혼에 기우는 데/ 세월은 그렇게 흘러 여기까지 왔는데 // 인생은 그렇게 흘러 황혼에 기우는 데/ 다시 못 올 그 먼 길을 어찌 혼자 가려 하오 // 여기 날 홀로 두고 여보 왜 한마디 말이 없소 / 여보 안녕히 잘 가시게, 여보 안녕히…"

무(無)에서 시작한 결혼 생활, 그래도 함께 할 수 있어서 행복했다. 우리를 하나로 묶은 끈은 사랑과 믿음뿐이었다. 그것만으로도 족했다. 다른 사람들이 방해만 하지 않는다면, 그것이 우리를 돕는 일이라고 생각한 결혼 생활. 현실은 고달프고 미래는 불투명하였다. 하지만 자신 있었다. 둘이서 한마음이라면 못 할 것이 없었다. 그렇게 30여 년 세월을 살다 보니 2남 3녀는 성인이 되었지만, 남편의 머리엔 어느새 하얗게 서리가 내렸다. 일곱 식구를 거느리는 가장으로서 막중했던 책임이, 그에겐 늘 마음의 짐이 되었으리라. 난 그것도 모르고 당연하다고만 생각했다.

나 역시 누구 도움 없이 육아와 가사를 해결했으니, 당신도 마땅히 감당해야 할 그의 몫이라고, 애써 외면하였다. 사정이 이러하니 나의 불만족도 커져만 갔다. 간신히 생활할 만큼만 기름을 주니, 나도 마음 놓고 운전할 수가 없었다. 돈 가뭄은 도무지 해결될 기미가 보이지 않았다. 그러던 어느 날 나는 하늘을 올려보게 되었다. 인생 무지개도 비가 그친 뒤 나타나듯이, 장대비와 폭우도 때가 되니 어느 순간 그치게 되었다. 폭염과 함께 온 가뭄도 때가 되니 멈췄다. 우리가 겪는 이 광풍도, 머지않아 인연이 다하면 끝날 것이다.

모든 것은 때가 되면 다 지나가는 바람에 불과하다. 어떤 경우에도 준비하고 참고 견디는 세월을 보내다 보니, 우연을 가장한 기적이 우리 집에도 황금 들녘처럼 곳간을 채워 주었다. 시련과 가난이 그리고 아이들의 좌절이 우리 가족을 더욱 강하게 뿌리 내리게 했다. 생각해보니…….

남편이 돌아오는 길에 잠깐 소피 보겠다며 산으로 올라갔다. 나는 강둑에 앉아 '이제 오려나~'하고 해맑게 흐르는 강물을 보며 노래 몇 자락을 다 불렀음에도 그는 오지 않았다. 갑자기 무섬증이 들었다. '나 혼자 두고 어디 가셨나? 혹시 발을 헛디뎌 강물에 빠지지는 않았을까?' 엄마 잃은 아이처럼 남편을 거듭 불렀다. 그래도 대답이 없다. 안 되겠다고 싶어, 나는 산으로 올라갔다.

한참을 소리 높여 찾다 보니 저 멀리서 웃으면서 대답한다. "어디 갔었어. 놀랬잖아요?" 남편은 혹시 길이 있나 하고, 산으로 올라갔다고 한다. 그 찰나 동안 나는 많은 생각이 피고 졌다. '만일에 준비 없이 남편이 전쟁 중에 갑자기 사라진다면 나는 어떻게 살아갈까?'라는 생각이 두려웠던 것은 아니었을까.

30여 년을 떨어져 살아보지 않아서 그런지, 남들은 껌딱지처럼 붙어 다닌다고 부러움 반 놀림 반으로 곧잘 얘기하곤 한다. 그래서 그랬을까. 그 짧은 시간 동안 남편의 부재를 통해 나는 남편의 소중함을 새삼 발견했다. 이만큼 사는 것도 내 덕보다 남편 덕이란 생각 말이다. 나를 나답게 살 수 있게 하는 것도 남편의 울타리가 있어 가능한 일이지 싶다.

그렇게 생각해 보니 고마운 것이 한둘이 아니었다. 운전도 못 하는 내가 이토록 아름다운 봄 구경을, 남편이 아니라면 어떻게 자연 속속들이 음미할 수 있겠는가. 또한, 나의 수다를 누가 다 받아줄 것인가. 아이들이 아무리 효자라고 하지만, 제 갈 길 가느라 바쁘니 엄마 얘기를 10분 이상 들어줄 여유가 있겠는가. 뭐니 뭐니 해도 오래 살아 서로에게 길든 남편이 최고라는 생각이 문득 들었다.

어느 날 남편에게 물어보았다. “나는 당신에게 어떤 존재예요.”라고 물으니, “당신은 내게 보석이지요.”라고 한다. 그렇다면 남편은 나에게 과연 어떤 존재일까? 생각해보니 ‘내 몸과 같은 존재였다.’ 그런 깨달음을 얻으니 남편이 한없이 소중하게 느껴졌다. 마치 숨겨 놓았던 보물을 찾은 기분이다. ‘앞으로 더 잘해주어야지…….’라는 생각에 미치자 마음에 꽃비가 내린다. 부부의 인연은 “서로 빚 갚기”라고 법구경에서 말했듯이, 오늘부터 전생에 진 빚 모두 다 갚고 가겠다는 마음을 가지니, 앞으론 더욱더 아름다운 동행이 될 것이다. 투정이나 보답은 장대비처럼 쏟아버리고, 보슬보슬 내리는 봄비처럼 만물을 살리는 생명의 비로 나는 살아가리.

전쟁의 위기 속에서도 마음먹기에 따라 부부가 키우는 사랑 나무는 성장을 멈추지 않는다. 그뿐 아니라 행복 열매도 함께 익어 간다는 사실이 새삼 놀라웠다. 우리가 무심코 누리는 이 평범한 일상이 행복을 가져다주는 기적 같은 삶이 될 수 있다는 것을 신종 바이러스 전쟁을 통해 나는 알게 되었다. 이처럼 우리가 꿈꾸는 행복의 조건인 일, 사랑하는 사람 그리고 희망은 위기와 시련을 통해 성장하는 사랑 나무와 같다. 하여 늘 관심과 정성으로 보살펴야 하는 게 아니겠는가. 부부 사랑의 연가는 이처럼 전우애 그 너머 서로를 존중하고 아끼며, 지극히 배려하는 그 마음에 있지 않을까. 우리 부부애(夫婦愛)가 전쟁 속에서도 더욱더 굳건하게 꽃 필 수 있던 씨앗은, 무엇보다도 상대를 향한 무한한 신뢰가 그 시원(始原)이 아닐까.

진천 어느 들길의 모습

- 열등생

자연은 인간의 감정을 순화시키는 위대한 묵언 스승이다. 은행잎이 눈발 같이 우수수 흩날리던 어느 가을날, 천안독립기념관 앞 작은 연못가에서 나는 넋을 놓고 서 있다. 그 연못에는 다른 곳에서는 잘 볼 수 없는 진기한 풍경 하나가 내 시선을 사로잡고 있기 때문이다. 고즈넉한 연못가에는 다양한 물고기들이 저마다 온갖 기예를 뽐내며 활보하고 있었다. 하지만 이 작은 물체는 어찌 된 영문인지 몰라도 물 위를 엉금엉금 기어 다닐 뿐, 어떤 경주에도 관심 없는 눈치였다.

그는 다름 아닌 느림의 미학을 실천하는 거북이로 십장생(十長生) 가운데 하나이다. 거북이는 민간 신앙이나 도교에서 불로장생을 상징하는 열 가지 사물 가운데 그중 하나로, 지혜와 장수의 동물이 아니겠는가. 시선을 사로잡는 오늘의 주인공은 바로 거북이다. 그는 온통 세상 호기심에 넋이 나간 듯 묵언 수행 중이었다. 연못 속의 거북이는 우리 집에도 있지 않은가. 나는 지금 그로 인해 세상 어머니의 한결같은 관심사인 교육병에 신음하고 있다. 우리의 삶이 마치 종합예술 같다는 생각이 요즘 부쩍 든다.

이 세상에 여자로 살기도 힘들지만, 다자녀를 둔 어머니로 한세상 살기도 절대 녹록지 않은 수행이기 때문이다. 여자라면 누구나 어머니가 될 수는 있다. 하지만 좋은 엄마로 산다는 것은 매우 힘든 일 아니겠는

가. 그래서 나는 어떻게 하면 훗날, 좋은 어머니, 자식들에게 현명한 어머니로, 남을 수 있을까. 밤낮으로 목하(目下) 고민 중이다. 흔히 자식을 농사에 비유하지 않는가. 자식을 키우면서 어리석은 어머니로 인해 교육의 때를 놓쳤다고 훗날 자식에게 핀잔 들을까 봐, 그것이 솔직히 내 근심이었다.

장남의 직업은 학생이건만, 공부에는 관심이 전혀 없으니 엄마로서 걱정이 이만저만이 아닐 수 없다. 고입 선발 고사가 코앞인데, 공부는 관심이 없으니 어미로서 애가 마른다. 방에 들어가 보면 컴퓨터 게임과 오락 프로그램은, 한 달 전까지 예습 · 복습을 반복하고 있는 게 아닌가. 이런 그가 너무나 안타까워서 달래보기도 하고, 혼을 내보기도 하지만, 백약이 무효이다. 소를 강으로 끌고 갈 수는 있어도 물을 먹일 수는 없는 것처럼, 천하제일인 명의 화타(華陀)[2]가 와도 울고 갈 일이 아니겠는가.

---

2) 화타(華陀) : 동한(東漢) 말의 걸출한 의사

이걸 어찌한담. 물론 공부가 인생의 전부는 아니지만, 학생 때 공부보다 더 가치 있는 일이 어디 있을까. 그것을 깨닫지 못하고 저렇게 천하태평인 아이를 바라보고 있자니, 보통 난감한 일이 아닐 수 없다. 요즘은 자신이 좋아하고 잘하는 것을 찾아 매진하면 그 창의성 하나로 세상을 바꾸는 시대가 아닌가. 세상 정보를 스마트폰 기기 하나에 모두 저장하는 놀랍고도 기적 같은 세상임은 틀림없다. 스티브 잡스 또한, 정상적이고 상식적인 길을 가지 않았다.

사물 하나를 보더라도 '다르게 생각하라.' 발상의 전환이, 세상 변화시키지 않았는가. 그 생각을 하면 조금은 마음이 놓이나, 그래도 사회 기초지식이나 정체성을 찾을 때까지는 공부에 몰입할 중요한 시간이건만, 쓸데없는 시간에 아까운 시간을 다 보내고 있으니 어미 속이 어찌 타지 않겠는가. 천하태평인 그 녀석을 보고 있노라면, '분명 저 아이는 도인(道人) 아니면 바보가 틀림 없다.'고 생각했다.

중학교 3학년이 되기까지 그 녀석이 집에서 공부하는 꼴을 나는 보지 못했다. 더욱 이상한 것은 그래도 중하위권을 유지하는 것이 참으로 이상했다. 우리 집 식구는 저마다 꿈과 희망을 품고 부단히 노력하는 개미형 군단이지 않은가. 그런데 유독 저 아들만 저렇게 아직 목표 하나 없이 사니, 내 마음만 숯검정이 된다. 학교는 매일 지각하기 일쑤고, 시험이 다가와도 책 한 자 들여다보지 않으니, 그 배짱이 보통은 아닌 듯싶다. 아무리 공부를 안 하는 학생도 시험 때가 되면 불안해하거나 공부하는 시늉은 보이거늘, 저 아이에게는 그것조차 없으니 말이다.

다 좋다. 공부도 좋고 느린 것도 다 이유가 있겠지만, 이 녀석의 천하태평이 그야말로 가관이다. 그는 무엇이 그리 좋은지 항상 싱글벙글 도인처럼 웃고 다닌다. 엄마의 타박이나 선생님의 꾸지람에도 괘념치 않는다. 분명 바보는 아닌 것 같은데, 옆에서 그 모습을 지켜보는 선생님이나 가족이 저를 대신해 걱정이 깊으니, 이 무슨 해괴한 입장이란 말인가.

내가 가끔은 어르고 달래거나 협박을 해도 그 녀석은 조금도 바뀌지 않는다. 그러하니 토끼같이 조급한 나만, 마음 병이 깊어만 간다. 많은 시간 동안 생각해 보았다. 무엇이 문제인가? 그러다가 생각해 낸 묘안이 즐겁다. 문제점을 보지 말고 해결책을 보자는 결론이 났다. 공자의 교육 방법처럼, 제자의 성격과 능력에 따라 맞춤식 교육이, 필요하다는 것을 깨달았다. 우리 집 장남은 대기만성(大器晩成)형 같다. 아들은 아버지를 닮는다고 하지 않던가. 남편도 40세가 넘어서 철이 들었으니 기다려 볼 수밖에 없지 않겠는가. 그런 남편이 지금은 세상 스승처럼 홍익인간을 실천하며 살고 있다. 부모는 평생 기다려야 할까 보다. 때가 돼야 익는 것을 알지 못하고, 재촉한다고 과일이 익는 법은 없기 때문이다.

이런저런 생각을 하다가 세계 인물 중 우리 아들이 누구와 닮은 모델이 있을까 찾아보았다. 세계 2차 대전을 승리로 이끈 20세기 가장 위대한 지도자였던 영국의 윈스턴 처칠이 문득 떠오른다. 그의 파란만장한 가정환경을 제외하면, 비슷한 구석이 어디 한두 군데가 아니다.

처칠의 가정환경은 그야말로 최악이었다. 정신병을 숨기고 국회의장까지 당선되었던 유명한 정치가였던 아버지는 어느 날, 국회에서 연설하다가 발작이 나서 사망했다. 그 일로 청년이었던 처칠이 그토록 숨기고 싶던 아버지의 정신병을 온 세상 사람들이 알게 되는 비운을 겪었다. 어머니는 유명한 바람둥이였다. 아버지가 성병에 걸린 순간부터, 어머니는 집에 들어오지 않았다. 대신 아버지에 대한 복수의 일념으로 남자들과 염문을 뿌려대기 시작했다. 얼마나 심하게 바람을 피웠던지 도색잡지의 가십난에 단골 스캔들 기사로 오를 지경이었다. 아버지의 정신적 학대와 어머니의 철저한 무관심 속에서 어린 시절을 보낸 처칠에게는, 이런 불명예스러운 오점들과 부끄러운 일화들로 가득 차 있었다.

청년 처칠은 학창 시절 낙제만 무려 세 번을 했고, 선생님들과 친구들은 어린 처칠을 "학교의 수치 덩어리", "인간말종"이라는 별명까지 붙었다. 심지어는 전교생이 모인 가운데서 교장은 "우리 학교에서 가장 멍청한 녀석"이라며 창피를 주기도 했다. 도무지 그 수렁과 나락 같은 절망에서 청년 처칠은 혼자서 빠져나올 출구를 찾지 못했다. 그래서 늘 혼자서 세상 고민이라는 고민은 다 짊어진 듯한 얼굴을 하고, 자살 충동까지 느꼈다고 한다.

그러던 그가 어느 날, 도로를 하염없이 걷다가 햇살 같은 지혜가 문득 떠올랐다. 이제까지 문제만 보니 방법이 보이지 않았는데 그 문제점을 알았으니, 해결책을 찾자는 결론이 나자, 가슴이 진정 원하는 길을 가고 싶다는 생각이 혜성처럼 문득 뇌리를 스쳤다. '바로 이것이다.' 절망의 밧줄을 모두 버리고, 희망의 밧줄을 잡고 하늘로 오르기로 했다. 바꿀 수 없는 운명은 그대로 두고, 자신이 바꿀 수 있는 운명에 매진하기로 했다. 그러자 세상은 달라 보이기 시작했다. 청년 처칠은 노력하는 인생으로 방향을 선회한 것이다.

하여 자신을 변화시키기 위한 눈물겨운 노력을 기울이기 시작하자, 청년의 인생이 조금씩 바뀌기 시작했다. 꼴찌 · 멍청이라는 소리는 어느새, 우등생 · 명석한 두뇌의 소유자라는 소리로 바뀌게 되었다. 처칠은 수학을 못 하였다. 그런데 공군사관학교를 들어가니 수학 과목이 없었기에 더욱 열심히 하니, 열등생이 우등생이 되었다. 처칠은 또한 역사와 글쓰기를 좋아했다. 우리 아들도 또한, 그렇다. 뛰어난 연설가였던 아버지의 연설문을 글자 하나 남김없이 모조리 외운 덕분에, 자기표현 능력이 탁월한 사람이라는 평가를 받아, 각종 단체에서 경쟁적으로 모셔가려는 인기 만점의 사나이가 되었다.

하루 독서 5시간, 2시간의 운동이라는 원칙을 수년간 하루도 빠짐없이 한 결과, 청년은 최연소 국회의원에 당선되어 화려한 정치 인생을 시작하게 되었다. 그는 졸업하자 종군기자로 쿠바 · 수단 등에서 활약하였다. 남아프리카에서 "보아니 전쟁"이 일어나자, 종군기자로 갔다가 포로가 되었지만, 극적으로 탈출하여 영웅이 되었다. 처칠은 자유당에서 정치 생활을 하다가 영국 보수당으로 옮겨 제2차 세계대전에서, 연합군의 승리를 이끈 주역이었다.

1953년 "제2차 세계대전 회고록"에서 보여준 탁월함과 고양된 인간 가치를 수호하기 위해 행한 훌륭한 기록을 책으로 발간하여 노벨문학상도 받았다. 어린 시절 그는 언어장애로 곤란을 겪었지만, 이후 수많은 연설로, 영국 국민들에게 희망을 안겨주었다. 그는 언어장애를 이기기 위해 좋은 문장을 큰소리로 읽고 또 읽었다고 한다. 자신의 단점을 극복하기 위해 수없이 반복하면서, 삶의 전략을 세워나갔던 것이다.

세계 2차 대전은 독일· 이탈리아 · 일본이 한 팀이었고, 영국 ·프랑스 · 미국 · 소련 등이 연합국으로 벌어진 세계 규모의 전쟁이었다. 이 전쟁으로 인해, 일본과 독일은 전 세계의 사상 유례없는 패망국이 되었다. 그로 인해 일본은 유일하게 피폭국으로 치명적인 상처를 입었다. 세계 2차 대전 때 비로소 처칠의 인성과 능력이 가장 빛나는 보석으로 빛을 발하게 되었다. 독일 히틀러는 영국 상공에서 무차별적으로 집중 포격하였다.

광란의 살인 포격이었다. 성질이 아주 급하고 다혈질인 히틀러는, 이른 시일 내 이 전쟁을 끝내고 싶어 집중적으로 포화를 가했다. 하지만 처칠은 영국 국민에게 안전한 장소로 피할 것을 종용했다. 땅속 깊이 숨어 있던 처칠은 공습이 멈추자, 적국의 무기가 다 떨어진 것을 알고 그때서야 지상으로 나와, 집중 공습을 전군에게 명령했다. 토끼 같던 히틀러는 거북이 전략을 쓰던 처칠에게 완전히 대패했다. 싸움이든 전쟁이든 경쟁에서는 성질 느긋한 사람이 이기게 되는가 보다. 이것을 보더라도 성공 요소는 기질과 근성이 핵심 무기가 아닌가 한다. 이처럼 처칠은 자신의 단점을 오히려 장점으로 역이용할 줄 아는 지혜로운 사람이자, 상황에 맞게 그때그때 변화를 추구하는 큰 그릇이었다.

처칠이 처음 하원의원에 후보로 나오자, 상대 후보가 인신공격을 가했다. "처칠은 늦잠 말썽꾸러기다. 저런 사람을 어찌 의회에 보내야 하겠습니까?"라고 하자, 처칠은 천연덕스럽게 웃으며 여유 있게 대답했다.

"저 후보도 저처럼 예쁜 아내를 데리고 산다면, 아침 일찍 일어날 수 없을 겁니다."

한번은 처칠이 제2차 세계대전 초기에 미국 32대 루스벨트 대통령과 회담을 하기 위해 호텔에 묵게 되었다. 회담 장소에 나가기 전에 목욕하던 중이었다. 그때 호텔로 루스벨트 대통령이 갑자기 찾아왔다. 방문을 열자 공교롭게도, 그때 급하게 허리에 두른 수건이 스르르 흘러내렸다. 이 모습을 본 미국 대통령이 당황해하자, 오히려 웃으면서 처칠은 팔을 크게 벌리면서 "보시다시피 영국은 미국과 미국 대통령에게 아무것도 감추는 것이 없습니다."라고 하였다.

또 다른 일화로는, 처칠이 정계에서 은퇴한 뒤 80세의 나이로 어느 한 호텔의 만찬회에 참석하였다. 인사를 나누던 어느 한 부인이 "어머,

남대문이 열렸어요!"라며 호들갑을 떨며 소리치자, 그곳에 있던 많은 사람의 시선이 처칠에게 쏠렸다. 그러자 처칠은 싱긋 웃으며 천연덕스럽게 대답했다. "걱정하지 마십시오, 부인! 이미 '죽은 새'는 바지 밖으로 날아가지 못하니까요." 이처럼 처칠은 모든 것을 초월한 듯, 세상 이치와 순리를 알고 실천한 사람이 아닌가 싶다. 그의 유머에는 훈훈함과 너그러움, 그리고 따스한 온유가 배어 있었다.

나는 그동안 하나만 알고 둘은 몰랐다. 내가 자라온 환경과 고정된 기존의 교육 틀 속에 갇혀, 원칙과 흑백 논리만 적용하며 살아왔다. 그 편협된 지식의 한계가 장남 교육에서 크게 부딪쳤다. 그것이 그 아이와 나를 더욱더 힘들게 했던 원인 같다. 동서양 고전을 보면서, 내 아이 유형은 어떤 것에 속할까? 깊이 고민하지 않을 수 없었다. 세상 어머니에게 자식 교육보다 더 중요하고 절박한 것은 없기 때문이다. 사람은 누구나 저마다 다른 환경 속에서 살아간다. 그리고 타고난 능력과 인품도 다를 수밖에 없다.

하지만 그런 악조건 속에서도 문제의 강에 익사하는 사람도 있지만, 처칠처럼 그 문제의 강에서 난파된 배를 수리하여 다시 타고 유유히 빠져나올 수 있는 지혜로운 방법을 찾는 이들은 많지 않다. 오히려 그는 그런 세상 밑바닥을 일찍이 모두 겪었기에, 그 시련과 고통이 오히려 특별한 지혜로, 승화된 것이 아닌가 한다. 어린 시절 눈물 젖은 빵을 먹은 것이, 오히려 그에겐 춘화현상(春化現象)으로 나타나 훗날, 인간 향기로 승화되었는지도 모르겠다. 큰 인물일수록 혹독한 겨울을 겪는다. 혹독한 겨울이 없다면, 매화는 향기가 없을뿐더러 군자의 꽃이 될 수 없지 않겠는가.

시련과 역경이 없는 자가 어떻게 한 나라의 훌륭한 지도자가 될 수 있단 말인가. 그런 그였기에 남의 시선이나 입방아는 그에겐 아무런 장애가 되지 않았다. 오히려 그에겐 겸손과 유머가, 팍팍한 현실 정치의 지팡이가 되지 않았을까 싶다. 이런 모든 것들이 있었기에, 자신이 하고 싶은 일을 좇아 포기하지 않고 매진할 수 있었던 무한한 발전소로 작용했던 것이리라. 그것이 영국을 절체절명의 위기에서 구했고, 한 사람의 위대한 정치인이자 노벨문학상 작가로 우뚝 선, 거인의 기록으로 역사에 길이 남을 수 있었다. 이것이 천상천하 유아독존의 처칠 인생 아니겠는가!

큰 인물은 최악의 조건이 발목을 잡더라도, 툭툭 털고 일어나는 긍정적인 에너지를 가진 타고난 씨앗이었다. 어둠이 깊을수록 새벽이 가까워진다는 진리를 그들은 알기에, 포기하지 않고 즐겁게 기다릴 줄 아는 현명한 선지자들이 아닌가 한다. 세상 이치를 아는 자는 모두 때를 기다리는 여유 있는 자였다. 처칠 또한 전무후무한 20세기 가장 위대한 지도자로 손꼽힌다. 남들이 도저히 빠져나올 수 없다고 생각하는 그곳에서, 오히려 문제의 열쇠를 발견했다. 오히려 위기 때마다 절체절명의 기회로 회생할 수 있는 원리를 자연의 섭리에서 그 문제의 해답을 찾은 것이, 성공한 인생이 아닌가 한다. 그 절대 긍정은 자연의 마음이요, 하늘의 마음이기에 가능한 성공이지 싶다.

우리 집 장남도 분명 거북이걸음이다. 어찌 보면 시대에 뒤떨어진 행보일지도 모른다. 하지만 그가 다른 우리 가족 구성원보다 분명히 잘하는 씨앗이 하나 있다. 역사와 기발한 아이디어, 글쓰기 음식 등등 그것이다. 나는 믿는다. 부모가 믿는 만큼 자식은 자란다고 했다. 나는 그동안 어떻게 하면 이 아이에게 이 시기에 엄마로서 더 잘해 줄 수 있을까, 늘 그것만 걱정했다. 그런 애착이 그 아이의 발걸음을 붙잡는 끈적

끈적한 접착제는 아니었을까, 깊이 반성해본다. 어느 은자의 충고처럼, 그 아이의 장점을 크게 보고 칭찬해주기로 마음을 굳혔다. 이 아이가 나중에 처칠처럼 큰 인물이 되지 말라는 법도 또한 없지 않기 때문이다. 장남이 지금처럼 언제까지나 긍정적인 마인드와 웃는 미소로 세상 소임을 다해 주길 바란다. 그도 역사와 정치에 관심이 무척 많지 않은가. 그 긴 단상이 끝나는 시간까지도 독립기념관 연못 속의 거북이는 세상을 향한 경주는 1m도 나아가지 못하고, 한 자리에서 저렇게 두리번거리고 있지 않은가.

세상은 지금 속도 전쟁이라고 야단이다. 하지만 세상 성공은 기술과 지식의 성공자를 말하지 않는다. 세상 인물은 정신적 풍요와 나눔에 이바지하는 사람들을 말한다. 그들은 개미 떼처럼 몰려다니는 인작(人爵)에 동요하지 않고, 오직 자신이 세운 신념을 완성하는데, 도공처럼 몰입하여 완성해 내는 천작(天爵)에 부끄럼이 없기를 바라는 자라 하겠다.

어머니란 자리는 죽어서도 자식을 향해 꿈과 희망을 버리지 않는 존재이다. 고향에는 어머니가 있다. 어머니 가슴속에는 언제나 자식의 안위가 안개처럼 서려 있다. 어머니는 또한, 어떠한 상황과 환경 속에서도 자식에 대한 희망의 끈을 놓지 않는 사람들이다. 평생 자식 하나를 위해 정성과 희생을 감수하면서, 자식이 어디서 무엇을 하든 한결같은 위로와 격려를 보내 줄 사람이, 나의 어머니 말고 세상 어디에 있단 말인가. 그런 어머니를 나는 그리워하고, 존경하고, 사랑한다. 나 또한, 자식의 그런 기대와 믿음의 어머니가 되고 싶을 뿐이다.

호숫가의 거북이가 내 곁으로 엉금엉금 다가오는 태몽을 꾸고 태어난 장남이다. 그래서 그런지 오늘 독립기념관 앞 연못에서, 천재일우(千載一遇)처럼 만난 거북이가 내게 예지몽처럼 다가온다. '서두르지 말고 참고 기다리면…….' 머지않아 그만의 세계에 몰두할 날이 반드시 오리라! 그때는 나의 아들도 세상 고지(高志)를 향해 뚜벅뚜벅 앞으로 걸어가다 보면, 언젠가는 세상을 밝히는 고마운 등대가 될 것이다. 왜냐하면 그 아이를 가졌을 때 태몽(胎夢)이 알려준 십장생의 기질을 어미의 깊은 사랑으로 이해하고, 신성(神聖)으로 받아들였기 때문이다.

조성복

아호는 화담(和談), 보석디자이너, 보석감정사
2017년 《창조문학》 시부문 등단
2018년 《창조문학》 수필부문 등단
창조문학회 회원, 한여울문학회 이사
한국스토리문인협회 회원, 문학공원 시동인, 자작나무수필 동인
시집 『아침을 여는 소리』, 『물푸레나무처럼』
시수필집 『추억, 너에게로』, 『시인의 마을』
수필집 『양말 꿰매는 남자』

유미 외 2편

조 성 복

가게 문이 열린다.

"언니!"

"내 가락지 언제까지 해줄 수 있어?"

"다 돼가……, 저녁까지 해놓을게."

"저녁엔 예약 손님이 올 시간이야."

"나 가야하니 직접 가져다주면 좋겠어."

유미는 미용실에 가야 한다며 프르륵 사라진다.

해 질 녘, 인사동 어두운 거리로 불빛이 쏟아진다. 불야성이 된 골목은 갑자기 분주해진다. 세탁소에 걸려있는 한복들이 바람결에 춤을 추고 머리를 틀어 올린 여인들이 버선발로 길을 누빈다.

뒤쪽으로는 경복궁이 풍경처럼 서 있고 인왕산의 위엄을 뒤로 업은 푸른 기와집이 버티고 있다. 담장 높은 미군 사택이 주요 자리를 차지하고 있고 재동을 따라 내려오면 현대기업이 있는 곳이다. 왕보다 높다는 서슬 퍼런 신문사와 대사관들과 경찰청이 있는 곳. 인사동의 밤을 환하게 비추는 요인들이 있는 곳이다.

낮엔 고즈넉했던 낮은 기와집들은 밤이 되면 불빛이 화려한 요정으로 탈바꿈을 하고 그 비밀스런 공간 안의 유미는 손님 맞을 준비로 바쁘다. 고관대작이 밤이면 모이는 곳. 대화와 회의와 작당이 이루어지는 곳, 한복의 모든 아름다움이 어우동을 만들어내는 곳, 이곳에 스무 살 유미가 있다.

굳이 시간을 거스르자면 1980년대 중반이다. 청와대 앞은 지뢰탐지기를 든 군인들로 방범망은 철저했고 동네는 고성방가하는 이 없는 동네이다. 이 조용하고 엄숙한 동네를 내려와 길을 건너면 다른 세계가 있다.

하얀 우윳빛 얼굴에 포동포동 아기 피부를 가진 유미는 '산수(山水)'라는 이름을 가진 요정의 얼굴이다. 젖가슴이 크다는 이유로 얼굴마담과 수익이 비슷할 정도로 예약 손님이 많다.

매실, 죽실, 난실, 국실. 붉은 카펫을 따라 들어간 곳은 여인들의 대기실이었다. 자욱한 담배연기가 맵고 퀴퀴한 입구에는 붉은 동백 화분이 놓여 있다. 빛도 없이 건조하게 매달린 꽃망울을 살짝 스쳤을 뿐인데 동백꽃 송이가 맥없이 굴러떨어진다. 이곳의 꽃도 하루 인생인 듯 마음이 저려온다.

한복 속곳을 입고 앉은 여인들은 손놀림이 바쁘다. 화투장이 날아가고 돈들이 흩어져 오가고 있다. 화장을 곱게 한 여인들은 입실 대기 순서를 기다리고 있었고, 손님방에서 웨이터를 따라나온 유미가 나를 보고 반색을 한다.

"언니 어서 와."

"어머, 생각보다 예쁘다!"

전해 받은 춘천옥가락지를 장지로 밀어 넣으며 너스레를 떨고 있는 유미에게 대기하던 여인들은 서로 끼어보자고 아우성이다.

"떨어지면 깨져. 조심해."

"우리도 하자"

"할부는 안 될까?"

"일수 이자는 비싸니 계로 하는 건 어때?"

"그래 한 달에 한 번씩 돌아가며 타는 걸로 하자."

유미가 거든다.

"애들아, 순 번 정해."

"가위 바위 보로 할까? 아님 화투장 잡는 걸로……."

"오 케이."

"높은 순으로 뽑는 사람이 먼저 하기."

대기실 여인들이 신이 났다. 치던 화투를 뒤집고 뽑기에 들어갔다. 그 사이 어느 내실인지 시끌시끌 색소폰이 울리고 마이크에서 전해지는 구성진 노랫소리와 다른 내실의 장구소리에 서로의 말소리가 제대로 전해지지 않았다. 유미는 내 손을 이끌고 나간다. 귀에 대고 소근댄다.

"언니. 저 언니들 절대 외상주지 마."

"어느 날 소리 없이 날면 찾을 수도 없어."

구석진 방의 문을 여니 주방이 나왔다. 하얀 캡을 쓴 요리사가 한정식 상을 보고 있었고 달큰한 소갈비가 지친 내 장을 요동치게 만들었다.

"언니 밥 먹고 가."

평생을 먹어보지도 들어보지도 못했던 떡 벌어진 한정식 밥상 앞에서 주춤대고 있는 나를 주방바닥으로 끌고 내려갔다. 옥색 타일이 반질대고 놋그릇은 금빛보다 밝게 보여 눈이 부시던 그때, 구워 올리고 남은 소갈비를 석쇠째 들고 와 한 쪽 구석으로 나를 잡아끌었다. 잘 담근 보쌈김치와 꿀이 뚝뚝 떨어지는 인삼정과도 맛볼 수 있었다.

찬모 아주머니의 손길로 후식으로 커피도 대접받는다. 설탕 두 스푼,

맥스웰 커피 두 스푼, 프리마 두 스푼을 양푼으로 섞어 놋숟가락으로 휘휘 저으며 주신다. 흰 와이셔츠를 입은 웨이터 두 명이 파장이 된 내실에서 교자상을 들고 나온다. 반도 비우지 않은 맛깔스런 안주가 켜켜이 쌓인다. 새 주안상을 보는 빈자리로 접시만을 다시 옮기며 갈아탄다.

"난 들어가봐야 해, "언니 먹고 가……."

고운 한복 자락을 나풀대며 계단을 오르는 유미는 첩첩산골에서 상경한 아이 같지 않았다. 본명은 알지 못한다. 알고 싶지도 않았고 알려고 하지도 않았다. 다만 유미라는 이름으로 장녀 역할을 감당하는 것 외에는 비밀이었다.

시끌벅적했던 인사동에 불이 꺼지기 시작하고 하나둘 구둣발소리가 사라지면, 함께 사라지는 유미는 다음 날이 돼서야 종로 미용실에 나타나곤 했다. 그런 날이면 어김없이 얼굴색이 어둡다.

미용실 원장인 노 여사는 "술을 눈치껏 마셔야지! 그러다 죽는다." 걱정스런 엄마의 눈빛으로 핀잔한다.

"방석에다 조금씩 버렸지."

"어제는 방마다 돌아다니다 보니 피할 수가 없었어."

"에구, 그 비싼 양주를 버리다니 부럽다."

노 여사는 비아냥거리며 웃는다. 옆에 앉은 영희 언니가 거든다.

"버리는 것도 잘 버려야지 들키면 죽음이다. 얼마 전 윗 가게 수련에서 난리가 났잖아."

"미친 새끼 상을 뒤집어엎고 돈도 안 내고 줄행랑쳤어!"

박장대소가 터진다.

"뺀드 아저씨는 색소폰 망가질까 두려워 끌어안고 도망가고, 웨이타 김 씨는 망나니 진정시키느라 허리 끌어안았다가 팔꿈치로 얻어맞아 코뼈 부러졌다네.”

담배를 어금니로 문, 팽 언니가 거든다.

“김 씨가 동네북이네. 허구헌날 맞아서 어디 제명까지 살겠나, 쯔쯔.”

“신고하면 후한이 두렵고……, 우짜스까…….”

“개 같은 세상, 티비 나와서는 고고한 척 혼자 잘났다고 떠들어 대면서 술 처먹고 줄행랑이라……. 와! 날아가는 새가 웃는다.”

노 여사가 운영하는 수 미용실은 늘 시끌시끌 육두문자가 날아다닌다.

영업집마다의 웃지 못할 풍광들이 다음날이면 모두 쏟아져 나온다.

득득 양은솥에 누룽지 긁는 소리에 섞여 서로 뜯기고 뜯어 먹으며 한바탕 소란으로 하루해가 간다.

‘산수’에는 매일 햇빛 좋은 아침이면 장독대에 두꺼운 방석이 널브러져 있다. 유미 대신 마시고, 김 마담 대신 마시고……. 팽 언니 대신 마신 방석은 양주를 토해 내느라 죽음 직전이다.

어느 날, 아침에 눈을 뜨니 뉴스 속에 인사동 골목이 있다. 눈에 익은 간판들이 포지션이 되어 돌아가며 비추어지고 있었다. 가짜 양주 판매 파동으로 가게마다 홀딱 뒤집어지고 문을 닫고 간판을 내리고 일수 놓던 창수 아저씨는 도망가는 업주 잡겠다며 혈안이 되어 미용실로 우리 금방으로 가게란 가게는 몽땅 뒤지고 다녔다. 대부분의 가게들은 세금탈세의 망을 벗어나지 못했고 위생법과 사기혐의까지 뒤집어써서 빚더미에 앉으며 골목은 어두워져 갔다. 아수라장이 돼버린 도심의 환락가와 함께 유미도 사라지고 없었다.

유미는 늘 밝았다. 아픈 엄마와 어린 동생들의 학비를 보내주면서도 의무인 것처럼 아픈 소리 한번을 하지 않았다. 위경련이 새벽을 흔들어

방구석을 헤매일 망정 가족은 찾지 않았다. 어린 나이에도 심지가 굳어 묵묵히 자기 할 일만 다 했다. 응석 부리고 싶을 땐, 미용실 노 원장과 밥을 먹거나 단골손님을 따라 나가 야외를 돌고 오곤 했다.

별이 좋아 따라 걷는 그림자처럼 따사로움을 겨냥하는 눈빛으로 내게도 '언니! 언니'하며 나를 잘 따랐다. 보석 일을 하고 있던 나는 아버지와 어머니, 오빠와 동생이 모여 살고 있었고 삼청동의 숲길과 이어진 언덕 위에 기와집에 살았다. 그런 나를 유미는 무척이나 좋아했던 것 같다.

아마도 시골 소녀 유미는 봄길 같은 화사한 생활이 부러웠는지도 모른다. 밤이면 꽃처럼 피어나는 윤기 나는 공단 치마폭에 뭇 남성을 묻는 생활이 하얀 미소 속에서 검은 눈물이 있었는지도 모르겠다.

유미를 통해 흑 역사의 단면을 보고, 암과 같은 인간들의 내면을 보았었다. 지금은 사라진 필름 같은 뒤안길에서 초롱거리며 뛰어다니던 유미……. 내게는 손님으로 다가온 꾸밈없는 하얀 인연이었고, 내 청운의 시절에 심장까지 따스하게 해준 아이였다. 지금은 어디서 어떻게 살고 있는지 인사동 화랑 길을 걷노라면 골목에서 '언니'하며 뛰어나올 것만 같다.

달동네 사람들

백일홍 둥근 꽃잎이 쓰레기 더미에서 삐죽이고 있다. 초록이 성성한 잎새 틈으로 선홍 꽃잎이 수줍게 웃고 있고 재개발로 무너진 건물 수렁에서 철재와 시멘트의 엉킨 틈을 타 화사한 빛으로 서 있다. 이주민들에게 버림받은 작은 꽃밭에선 다정하고 익숙했던 사람들의 부재와 떠나버린 그들은, 기다림으로 길어진 시간들과 말을 걸어주던 그때를 기억하고 서있다. 콩콩 뛰며 나를 흔들던 꼬마 아이와 시끌시끌 왕왕 짖던 귀염둥이 강아지는 모두 떠나간 동네……. 가로등도 없는 까만 밤이 사방을 덮어 아무것도 보이지 않고, 떠나버린 이들과의 따듯했던 기억 속에 홀로 남은 백일홍은 외로움에 애가 끓는다.

달동네였던 수색으로 이사를 온 지도 어언 33년이 흘렀다. 결혼 후 이사 와서 둘째를 낳고 아이들을 키우고 모두 장성하여 떠나보낸 곳. 인생의 반을 이곳에 묻으며 터줏대감의 자리를 굳히고 떠나간 사람들을 기다리는 사랑방 같은 곳. 어느 날 나는 이곳에 귀금속가게를 앉히고 자리를 잡아갔다. 귀금속이라는 이름을 달고 자리를 잡아가고 함께 생활한 지 벌써 30년이 훅 지나고 있다.

연탄공장이 있던 곳, 비가 오면 검은 물이 흘렀고 하얀 아기 기저귀는 삶아도 빛이 나질 않았었다. 바람이 불면 길 건너 난지도 쓰레기장에서 몰려오는 오물 냄새 때문에 문을 닫고 살던 곳이었다. 바라보이는 곳에 보름이면 둥근달이 지붕 위에 걸려 있던 달동네가 있었고 그 높은 동네를 에워싼 구름산이 있었다. 화재민과 수재민이 모여 살던 이곳에는 봄이면 뒷산 아카시아 향기가 모든 악취를 덮었고 주인 없는 하얀 복숭아나무가 꽃을 하얗게 피우며 동네를 밝혔었다. 짙게 익어가는 여름 햇살 아래, 아기엉덩이의 속살 같은 뽀오얀 복숭아는 탐스럽게 사람들의 눈에 걸려 가지가 성할 날이 없었다. 한 움큼 먼저 베어 문 사람이 주인이었고 푸른 개복숭아도 광주리에 먼저 담아 가는 사람이 임자였다.

없던 시절 무른 잇몸으로 탁주 한 사발 거하게 드시고 무상무념으로 허허 대며 좋아 웃으시는 복덕방 할아버지는 동네 통장이셨다. 골 파인 이마주름, 투박한 손마디로 고달프게 사는 사람들의 대필을 해주셨고 인생사를 붓필로 쓰시며 한지 쓱쓱 문지르며 폼도 잡으셨다. 가수 이미자 씨의 '기러기아빠'를 부르시며 한 끗 세상 덧없음을 구성지게 노래하셨던 풍류를 알았던 조금 유식해 보이던 복덕방 할아버지는 지금 계시지 않는다.

서민의 풍경화 같은 동네에 해가 지고 달이 뜨기 시작하면 사람들은 하루의 몸값으로 치장을 한다. 우우우, 늑대처럼 그리움을 부른다. 사랑을 찾고 정을 주고 돈을 푼다. 식구들을 불러내 갈비를 먹이고, 옷을 사주고, 내게 금반지를 사 끼워준다. 조명등은 번뜩이며 동네를 달만큼 훤하게 밝혔고 상가 안에 걸려 있던 시계의 바늘이 돌기가 무색하리만치 늦은 밤까지 동네는 잠들지 않았다. 함께 하는 즐거움을 만끽하고 사는 그들은 그날만큼은 달 속에 그림의 토끼와 계수나무였다. 보름달 속에는 막걸리의 힘을 빌어 호탕하게 웃는 얌전이 털보 김 씨의 하루가 있었고, 피부 검은 깜상 아줌마가 있었고 굵은 금목걸이 주렁주렁 허세를 부리는 우리 가게 단골손님인 점쟁이 아줌마가 있었다.

천태만상 드렁 칡처럼 얽히고설켜 사는 사람들은 길 건너 난지도에도 있었다. 넝마 줍는 아저씨는 자기 몸에 두 배나 되는 큰 광주리망태를 어깨에 메고 오늘도 싱글벙글이다. 다이아반지나 금반지를 건진 모양새다. 주인 잃은 그것을 꼬깃꼬깃 화장지에 말아 가지고 오곤 했었다. 높은 동네를 에워싼 구름산 사이로 동이 트기 시작한다.

양철지붕 진이네 마당에도 빛이 스민다. 간밤에 무서리가 내려 언덕 오르는 계단 위로 하얗게 앉았다. 부지런하기로 소문난 진이 엄마는 문 앞에 쌓아 놓은 연탄을 사정없이 계단으로 내 던지며 잘근잘근 밟으며 짓이기기 시작한다. 언덕 제일 높은 끝집엔 눈 내리는 겨울을 제일 먼저 만났고 키 큰 산만큼이나 진이 아버지는 목소리도 컸다.

빨간 등이 칙칙하게 늘어져 있던 색시집과 포주의 걸음걸이가 동네의 진풍경이던 곳, 요란한 껌 씹는 소리와 진한 화장의 분냄새가 골목 어귀에 즐비했고, 이곳의 여인들이 오르는 길을 막아서며 막일하고 돌아가는 남정네의 주머니를 호시탐탐 노리던 곳이었다.

하루를 막노동에 지친 사람들은 유혹을 버티지 못하고 끌려 들어갔고 한 잔이 두 잔이 되고 두 잔이 석 잔이 되면서 인사불성이 되어 계단을 오른다. 누런 돈 봉투는 비어있어도 기분만큼은 천하를 모두 거머쥔 개선장군의 위상으로 계단을 오른다. 컹컹거리는 애견들의 수다가 한밤에 정적을 깬다. 어험! 꼬리를 간드러지게 흔들며 주인님의 기침소리를 냄새로 맡는다. 분신인 자식들보다 더 반기는 견공들. 주인님을 기다리는 애견들의 수다가 잠든 사람들을 모두 깨워 놓는다.

조용할 틈이라고는 없었던 곳, 우당탕탕 세숫대야 부서지는 진이네는 늘 동네사람들의 단잠을 다 깨우곤 했다. 진이 아버지는 술만 마시면

인사불성이 되어 행패와 고함이 오고 갔고 양은주전자가 마당으로 튀어 나오고 양은밥상의 세 다리는 성할 날이 없었다. 사회에서 도태되고 가정에서 무능력한 가장으로, 대우 받지 못하는 진이 아버지를 좋아해주는 사람은 없었다. 시비와 불평이 늘어진 사람, 싸움과 고성이 일상이 된 사람을 반겨주는 건 키우던 개들뿐이었다. 한 잔 거나하게 하시고 집으로 돌아오는 진이 아버지는 개들이 사랑스러우신가 보다. 안아주고 빨아주고 엉켜 마냥 행복하시다. 사람보다 낫다. 사람보다 낫다. 아마도 흰 머리칼의 주정뱅이 진이 아버지는 당신이 황제가 되어 파피옹을 시녀로 둔 것 같은 바람 같은 착각 속에서 위안을 잡으셨다.

계단을 오를수록 달빛은 더 밝아왔고 집집마다 문 앞에 세워둔, 다 타버린 연탄재가 눈에 거슬렸는지 휘적이는 다리로 마구 무너뜨리고 오른다. 길 건너 상암동 쓰레기 하치장의 똥파리만큼이나 소문의 꼬리가 사그라지지 않던 곳, 다음 날 아침은 어느 놈의 짓이냐는 육두문자가 골목을 파고들었다.

쥐 죽은 듯 골목을 뛰어 내려가며 줄행랑을 치는 진이 아버지의 뒤로 꼬리를 달며 아이들은 학교 가느라 구름떼처럼 몰려 나가고 한바탕 소동이 난 달 아래 동네는 아침햇살이 요란하다. 달의 기운을 받고 살아서일까, 아침이면 아무 일 없었던 것처럼 일상이 평온으로 돌아갔고 우르르 소나기 구름떼 몰려 나가듯 골목이 조용했다.

집집마다 개들의 나들이가 더럽고 무서웠던 골목……. 소리 없이 내려앉은 붉은 노을이 골목에 내려앉을 때면 다가와 그들을 안아주며 껌뻑이던 가로등. 어둠이 내리면 허무가 부르는 서막의 노래가 텅 빈 가슴을 메워 와 그들의 가슴에 안식을 주던 곳. 가을이 오고 능금이 익어갈 무렵이면 서걱거리는 마음 안고 태양처럼 솟아오르고 싶은 꿈이 있던 사람들. 어깨춤에 감추었던 부와 갈망의 날개를 활짝 펴며 춤을 추고 싶었던 사람들. 가진 것 없이 허상을 꿈꾸는 비구니가 되고도 교태로운 몸짓으로 처마 끝 풍경이 되어 춤을 추고 싶었던 사람들. 하얀 둥근달이 환하게 비추던 그림 같았던 동네……. 다닥다닥, 백열등들이 문창호지에 붙어 비추던 곳. 거나하게 한두 잔 걸치신 어르신들께서는 그날그날 날 일에 지친 몸과 마음을 달래기 위한 풀이였는지 모른다.

노란 봉투에 일당을 거머쥔 사람들은 품삯의 하루를 주머니에 구겨 넣고 달을 향해 오른다. 계단을 오르다 힘들어 쉬어가는 곳. 그곳에서 봉투를 열고 목을 축이고 또 오르다 아이들 마중에 봉투를 연다.

그들의 삶 속에서 달 따라 오르던 길이 올라가는 내내 소풍 길처럼 행복하다. 하루의 수고로움 그대로를 기분이 가는 대로 뿌리며 오르다 종착역에 이르러서야 달을 가슴으로 안은 채 잠이 든다. 그 시절의 삶이 그리워 부르는 노래만큼이나 풍요가 있던 곳에 여름 햇살 안고 속살 찌우던 복숭아는, 털보숭이가 되기 전 베어지고 없다. 동네는 우물 안처럼 하나였다. 공유하는 삶이 같았고 그러기에 각 가정사와 부엌살림까지 자연스럽게 알게 되어 함께 부비며 걸어왔었다. 과거가 되어버린 추억이라는 이름 아래서 인생의 반이던 그 세월만큼이나 그리움도 안타까움도 귀중한 보물만큼이나 소중한 재산이 되어 잊지 않고 간직하고 있다.

철근과 생활 폐기물이 나 뒹구는 곳. 이곳에도 봄은 오니 화분을 가득 실은 트럭이 가게 앞에서 움찔댄다. 문을 박차고 나가 그들을 안아준다. 마음으로부터 떠나간 달동네 사람들처럼 화사하지만 저렴한 향기를 반갑게 안아본다. 마음 깊은 곳까지 추억의 햇살이 스민다.

엄마의 만두

김장 김치가 익어간다. 겨우내 우리 가족들을 끼니에서 구원해줄 포기김치, 알타리, 백김치. 갓김치는 뽀글뽀글 숙성되어 방울을 만든다. 김치냉장고 속으로 모두 제 자리를 차지하고 허드레 김치만 남았다. 허드레 김치는 추운 겨울이 되면 엄마의 손길로 인해 재탄생 된다. 김치를 잘게 다지고 당면과 두부를 이겨 넣고 삶은 숙주와 돼지고기와 마늘 대파를 듬뿍 넣는다. 뜨거운 사골 국물에 손수 만드신 만두를 넣어 쫑쫑 썰어 논 대파를 고명으로 넣어 주시곤 한다.

냉장고엔 밀가루 반죽이 늘 숙성 중이고 그것을 꺼내 밀것으로 밀고 주전자 뚜껑으로 동그랗게 떼어 놓으신다. 평생 해오신 일을 어느 요리사가 따라올까. 잠이 오지 않는 새벽 시간을 온전히 도려내 만두를 만드는 장인, 어느 유명브랜드에 비교할까 싶다.

어려서부터 우리는 엄마의 사랑과 정성을 먹고 살았다. 김치가 전부였던 시절, 돼지고기 송송 썰어 끓인 김치찌개와 얼음이 서걱거리는 백김치는 빠지지 않는 겨울 식단이었다. 길게 늘어진 총각김치는 밥도둑이었고 꽁치를 넣고 푹 지져낸 김치 지짐 들은 훌륭한 식단 중 주자였다.

엄마는 맏며느리로 살아온 세월만큼이나 먹이에 철학을 가졌다. 때마다 몰리는 가족들의 먹이를 책임져야 하는 임무를 수행해야 했기에 새

해가 되면 만둣국부터 시작해 보름나물과 오곡밥, 동지팥죽은 절기마다 익숙해진 고유음식으로 등장해야 했다. 시집 식구들과 이제는 자식들 다음으로 손주 손녀의 입을 즐겁게 하시고 먹이철학을 고수하며 주고 또 주신다.

다 만들어진 만두는 행여 달라붙을까 상으로 한가득 밀가루가 뿌려졌다. 그 위에 예쁘게 오무려 진 작품들이 선택받기 위해 다소곳이 앉아 있다. 물이 끓고 만두는 피를 익히는 중간, 속이 훤히 보여지며 우리들의 침샘을 자극하고 혹여 터질세라 움츠리고 익어간다. 붉은 것도 보이고, 푸른 것도 보이고, 흰색과 함께 어우러진 모양새가 옹기종기 예쁘다.

사람들의 마음속이라면 얼마나 좋을까. 저마다 성격이 다르니 누구나 좋을 수만은 없지만 서로 맞추어 어우러져 같은 색과 맛을 낸다는 것은 서로 맞추지 않고 삐끄덕 소리를 내는 사람들의 속성이 만두 속만도 못한 건 아닐까 하는 생각을 해본다. 식구라는 이름으로 모였다. 숟가락 소리 부딪혀 가며 정성으로 빚어진 엄마의 먹이에서 우리의 정감어린 어우러짐이라는 가르침을 배운다.

홍 지 연

본명은 홍덕자
2021년 ≪스토리문학≫ 수필 등단
한국스토리문인협회 회원
자작나무수필 동인

고귀한 선물 외 2편

홍 지 연

친구 이야기를 잘 안 하는 남편이 애석해하며 병문안을 가자고 했다.

"황명 씨가 간암 말기래. 앞으로 남은 시간이 2개월뿐이래. 같이 가 보자. 위로가 필요한 친구야."

황명 씨는 편집장이며 교정을 잘 본다는 글쟁이셨다. 절망적인 환경에 처한 사람을 만난다는 것은 드릴 말이 없어 어렵고 그 앞에 서면 그냥 죄송하고 근심스러워 연민과 용기가 필요하다. 병실엔 황 선생님과 눈물 머금은 아내와 아버지 병세에 충격을 받은 격정이 폭발할 듯한 침묵 속에 화가나 보이는 큰아들이 있었다. 죽음을 베고 누운 환자에게서 전해오는 답답함이 물에 잠긴 솜이불처럼 무거워 보였다.

"가톨릭 신자시지요."

"네. 바오롭니다. 성당에 오랫동안 못 나갔어요".

나에게 미안해하는 표정이었다. 내가 할 수 있는 것은 아무것도 없었지만 모든 것을 포기한 채 누워있는 환자에게 주어야 하는 것은 신앙의 힘뿐임을 인식하고 있었다. 살아온 삶이 반듯했고 품성이 신사라고 남편이 말했다.

평범했던 일상 어느 하루 몸이 이상하다고 느껴 병원을 그때야 찾았는데 이미 시간이 너무 늦었다며 청천벽력 같은 선고를 받은 지 한 달이 되었다고 한다. 정신을 차릴 수 없는 암담함의 수렁에 빠진듯하다고 실토하면서. 두려운 것은 자기만 바라보고 살아온 50대 초반 가장의 고통인 고등학생인 두 아들과 아내의 미래가 가슴 조이는 아픔이라 했다.

이런 상황에 보탤 말은 아무것도 없었다. 마음속으로 간절히 기도 하면서 함께 울어줄 뿐이었다. 제발 환자가 자기 죽음을 자기가 주도적으로 준비해야 되고, 또 받아들여야 된다고 조심스럽게 이야기했을 때, 곁에서 눈물만 흘리던 얌전한 사모님 얼굴이 조금 편안해지는 모습이었다. 주변이 몹시 외로웠던 가족 구성이었음을 느꼈다.

놀라운 일은 황 선생님이 자기 운명에 대한 마음 준비를 천천히 들려주었다. 의사의 최후통첩을 받은 후 처음 이런 이야기를 한다며 사모님이 울면서 귀띔해주었다.

4가족이 병원비도 부족한 대책 없는 암흑 속에서 흐느끼고 있다가 우리 병문안이 숨통을 트인 듯했다. 나는 그분의 남은 날을 위하여 시간 이 허락 되는 대로 방문하면서 대화를 나누었다. 마지막이 다가오는 때쯤 마음이 편안해진다며 하느님 이야기를 듣고 싶어 했다.

사모님 슬픈 소식을 받았다. 잠실 작은 아파트 당신 집에 황 선생님 영정이 모셔져 있었다. 그분이 나에게 마지막 남긴 편지와 선물을 전해주었다. 운명하시기 3일 전 혼신의 힘으로 호수가 꼬친 채로 움직일 수 없는 환자가 휠체어를 타고 한양대 병원에서 명동 성당 성물 매점으로 가서 "이 매점에서 제일 좋은 묵주 하나 주세요." 묵주를 포장하면서 수녀님이 "이 묵주를 받는 분이 행복하시겠어요"라 했다.

수정을 깎아 만든 아름다운 묵주와 손편지를 전해주었다. 천당으로 떠나면서 떨리는 손으로 썼을 편지는 한 신사의 마지막 순수한 삶의 완성이었다. 영적 길벗을 만남에 감사의 글이 눈물겨웠고 나는 이런 고귀한 선물과 편지를 받을 자격이 없다는 것 안다. 그분께서 환자의 마음을 편안하게 바꾸시는데 나를 도구로 사용하셨던 것 같다. 이 만남은 어디에도 견줄 수 없는 거룩한 선물이었다.

빛나는 햇살 속을 거닐며

해맑은 가을 하늘이 마음에 싱그럽게 안기는 날이다.

"엄마 미사 끝나고 맛있는 밥 먹자."

"그러자."

"엄마 내가 사. 왜?"

"대한민국이 주신 돈 이십오 만원. 나라에서 준 돈 잘 써야지."

"부모님을 위해 쓰면 잘 쓰는 것이지,"

세 가족이 아주 오랜만에 미사를 참예했다. 나에게만 속하는 그분께로 향하는 감사가 마음에 뜨거웠다. 성가대에서 뒷자리를 보니 미사 책을 보고 있는 딸이 곱게 보였다. 차를 타고 산정호수 중턱을 오르는데 맑은 햇살이 나무 사이로 초록 잎사귀에 부서지는 모습이 눈부시게 아름다워 저절로 탄성이 나왔다.

산 중턱쯤에 코다리찜 전문 식당이 있었다.

"엄마 맛있지, 우리 매주 다니자. 내가 맛집 안내할게."

"그러자."

밥보다 고마운 것은 다녀온 집을 데려가려고 늘 조르는 아이의 마음 씀씀이다.

점심을 느슨하게 마치고 멋진 찻집을 안내했다.

옛날 꿈길인 듯 다녀온 그곳을 또 가보고 싶었는데 꿈인지 생시인지 아스라하여 기억 속에 접어두었던 그 집이다. 몹시 반가웠다. 이 고풍스럽던 한옥이 현대 한옥으로 개조되어 옛스러움은 사라졌고 고즈넉했던 뒤뜰도 보도블록이 깔려 있었다. 젊은이들이 좋아할 새 단장으로 말쑥한 카페는 사람들이 많이 붐벼 뒤돌아 나왔다. 그리고 호숫가 화원 카페로 갔다. 화원은 호수를 보러올 때면 언제나 들르는 집이다. 예쁜 꽃들이 얼마나 고운가? 찬찬히 즐기는 곳이다. 다육식물들이 아기자기한 화분들에 담겨 정다운 나눔들을 하는 듯하다.

"엄마 교황님 빵을 팔아 가보자."

교황님이 드셨다는 빵을 칠천 원에 샀다.

호수가 바라다보이는 지점에 앉아 아이스크림을 먹었다. 호수에 띄엄띄엄 떠 있는 오리배가 저마다 한가로이 흐르는 모습들이 그림 같았다. 평화로운 한나절 호수의 정경은 신비로운 목가적 풍경이다. 스위스를 갔을 때 호반을 보며 부러워했던 풍광이 여기 이렇게 펼쳐져 있었구나, 이 경치를 차를 타고 20여 분만 나오면 이렇게 즐길 수 있는 환경이 나에게 허락되어 있다니……. 여러 번 산정호수를 찾았지만 어떤 지점에서 어디를 보느냐가 또 계절에 따라 이토록 시각의 차이가 달라지는 자연의 아름다움이 주는 축복을 새삼 느낀다. 호숫가 잇닿은 숲 터널 산책길은 호젓하고 호반의 물결에 어리는 은파는 찬란한 별을 뿌려 놓은 듯하다. 온 가족이 누리는 산책길이 이렇듯 정신을 씻어내는 기쁨이 될 줄이야…….

"엄마 추석에 개운이 오면 또 오자."

"그래 우리 공주 오면 또 오자."

"엄마 좋지?"

"그래 참 좋구나."

아이처럼 좋아하는 딸을 보면서 마음 한 곳은 언제나 시려온다. 세월이 흘러도 모녀 관계는 늙지 않는구나.

웃음을 잃지 않는 내 딸! 좀 나은 삶을 살 줄 알고 보낸 유학생활 6년! 동강 난 아픈 삶을 겪고 있지만 제 아이들만 보면 금방 살아나는 내 딸 미소는 빗살처럼 늘 새롭다. 내 딸 자존감은 어떤 궂은일을 해도 흔들림 없이 태연하며 일의 높낮이가 없이 시간만 맞으면 주방이던 까페 던 앞치마를 두르고 나선다. 여고 시절처럼 맑은 웃음을 날리며 가을 한나절이 꽃향기가 흩날리듯 딸과 함께한 산책길이 햇살 속에 빛났다.

펜션지기 직무를 이탈하다

코로나 여파로 2년여 예약이 뜸해 맘 놓고 약속을 했는데 10월 9일 시낭송을 하는 날에 예약이 여러 집 들어왔다. 기다리던 반가운 일이 오늘은 왠지 반갑지가 않다. 예약 손님이 있으면 외출은 봐줄 사람이 없으면 안 된다. 아이마저 출장을 갔고 내 영감은 전연 도움이 안 되는 양반이다. " 어쩌지……." 개개인 전화를 드려 방 위치와 내가 집을 몇 시간 비운다는 양해를 얻었다. 마지막 한 집이 전화를 안 받는다. 소이산 자락 시와 노래로 삶이 예술로 승화되는 놓칠 수 없는 시간이 날 부른다. 내가 타야 할 차가 우리 집 앞길 건너 정차하고 있다고 전화도 왔다.

가방을 챙겨 나서려는데 통화가 안 되던 손님 전화가 울린다.

"선생님 언제 입실하시지요"

"지금 펜션 마당에 있는데요."

"아, 나갈게요?."

마음이 쫓기고 있었다.

"예약 룸이 저기 5호실 문이 열려 있어요."

"지금 점심 먹으려는데 숯불 좀 피워 주시겠어요."

다급해진 마음이 실수를 했다.

"선생님 제가 시낭송회에 가야 합니다."

펜션지기가 손님에게 해선 안 되는 인사다. 내가 지금 무슨 말을 하고 있나?

"그래요? 숯 피울 재료만 갖다 놓고 다녀오세요, 내가 할게요."

서두르는 내 모양이 딱했나 보다.

"죄송하고 고맙습니다."

요즈음 자주 생각이 순환이 안 되고 멈출 때가 많다. 나이 탓일까?

너그러운 젊은이가 천사 같다. 나는 바람처럼 자리를 떴다. 펜션손님이 걱정스러웠지만 나는 접어두고 내 일터에서 이탈했다. 녹색 나무들의 신선함과 소박한 글쟁이들 순수함이 어울려 하늘을 날은다. 웃음과 노래와 춤이 쌓이고 오카리나 연주가 명상을 불러오기도 한다. 최지연 씨 훈민정음, 태양, 바람, 불, 땅, 쌀. 리얼한 춤은 잘 모르지만 열정이 불탔고 세 악단 축하 공연은 시와 어울려 축제가 되었다. 항상 모든 것을 준비하는 정 선생님 수박색 자켓차림이 잘 어울렸다. 시낭송회가 끝나고 중국집에서 우리 모두 짜장면 한 그릇씩 비우며 행복했다. 집으로 돌아오니 정원 여기저기 손님들이 저마다 숯불을 피워 바비큐를 즐기고 있었다.

"선생님 시낭송 잘하셨어요, 궁금했어요,"

아 고마운 그분이다.

"제가 읽었던 제 시 드릴까요?"

"그래 주면 고맙지요. 글 쓰는 분이시군요"

펜션지기 주책이 묻어 넘어가고 있었다. 얻어온 동인지 한 권을 드렸다. 이틀을 예약한 부부가 고맙다고 인사를 한다. 고마운 것은 나인데…….

떠나는 날 아침 책을 들고 인사를 한다.

“「5월 22일」이란 시가 울컥했어요. 너무 슬펐어요.”

“수필도 잘 읽었어요. 양평에 와서 살 뻔하셨던 부분은 정말 아쉬웠어요. 저희는 양평에 살거든요”

“아직 글이 서툰 사람입니다.”

잘 읽어주셔서 고맙습니다.

“글들이 감동을 주었습니다. 만나게 되어 감사했습니다.”

좋은 미소와 덕담을 나누며 인사를 많이 나누었다. 직무 이탈한 죄송함을 내가 쓴 글이 공간을 메워 주었다. 이례적인 인사지만 진실은 배어나고 있었다.

이 연 직

경영지도사
전) 가천대학교 겸임교수
전) (주)삼립식품 상무이사
한국스토리문인협회 회원
자작나무수필 동인

4월 예찬, 청춘 예찬! 외 2편

- 서울 둘레길 3코스에서

이 연 직

봄, 눈부신 4월이다. 토머스 스턴스 엘리엇은 그의 시 「황무지」 에서 "4월은 가장 잔인한 달"이라고 했다. 가장 화려하고 아름다운 자연물이 가장 잔인해 보일 수도 있겠다는 시인의 시상에 동의한다. 신은 어쩌자고 4월처럼 화려하고 역동적인 계절을 창조했을까? 4월은 '계절의 여왕'이고, 인생의 4월은 청춘이다. 4월이 화려하고 역동적인 것처럼 청춘도 화려하고 싱그러우며, 4월과 청춘은 보기만 해도 눈부시다.

우리나라의 4계 중 좋지 않은 계절이 있으랴마는 그중에서도 4월은 가장 화려하다. 땅이 갈라지고 그 틈으로 파릇파릇한 새싹이 돋아나는 4월은 만물이 소생하는 계절이다. 4월 3일, 아침에 서울둘레길 3코스인 고덕・일자산 코스의 3번째 완주에 나섰다. 갈・결・봄의 3회에 걸친 세 번째의 둘레길 탐방이다. 글을 쓰다 보니 3이라는 숫자가 많이 나오는데, 또한 53년 전에 고등학교 43회 졸업생인 것도 기억나면서, 우연이 아닌 의도적으로 3코스를 택했다는 생각이 든다. 생활에 어떤 의미를 부여하는 이벤트도 재미이며, 두 다리로 걸을 수 있을 때, 실컷 걸어보는 것도 얼마나 감사한 일인가?

고덕・일자산 코스는 한강이 흐르는 풍경을 감상하면서 광진교를 건너서 한강변을 따라 걷다가 암사나들목을 통해 암사동 마을길로 들어가게 된다. 암사동은 도시와 시골이 공존하는 마을이다. 아름다운 집들과 밭이 있는 전원풍의 마을로 배추·고추·상추 등을 심고 있었다. 오래전에 내가 살던 고향의 풍경을 보는 듯, 정겹고 한가롭고 그리운 모습들이다. 나도 막걸리 한 병을 들고 가서 어울리고 싶은 사람의 냄새가 나는 풍경들이다. 그 광경을 보면서 아스팔트 보도가 아닌 아기자기한 마을길을 지나 암사동 선사유적지를 가고 싶었다. 그래서 마을길을 접어들어 한참을 걷다 보니 길이 막혀, 다시 오던 길을 되짚어 나와서 서울둘레길 표시로 리본이 달려있는 정상적인 코스로 행로를 잡았다. 이번이 세 번째로 걷는 길이어서, 가보지 않던 새로운 길을 가고 싶다는 의욕에서 선택한 길이었고 도전이었지만 좋은 결과로 이어지지는 않았다. 선사 유적지를 거치고 서원마을을 통과하여, 암사 정수장으로 접어드니, 그 길가에도 밭이 많은데 역시 사람들이 나와서 작물을 심고 있었다.

3코스에는 유난히 밭이 많다. 지난날에, 나도 이런 곳에 생활의 터전을 잡았다면 이렇게 화창한 봄날에 밭에서 일하며 평화로운 일상을 누릴 수도 있을 텐데 하는 아쉬움이 크게 일어났다. 그랬다면 이렇게 걷지 않고, 일하는 것만으로도 웰빙의 삶으로 '지금보다 더 자족적인 삶을 살 수가 있지 않았을까?'하는 상념에 잠기면서, 86m 높이의 고덕산 숲길로 접어들었다.

고덕산을 따라 걸으면서 문득 이 구간에서 첫 번째 · 두 번째에 만났던 두 사람의 기억이 떠올랐다.

첫 번째 걸을 때, 길을 알지 못해서 일자산 입구 100m 전, 지점에서 30대 초·중반의 여성에게 서울둘레길의 일자산 진입에 대하여 물었더니 이런 답이 온다.

"이 길을 따라 조금 더 가시면 숲길 아래에 4거리가 나옵니다. 4거리를 건너시고, 꽃집들을 지나서 쭉 가시면 큰 도로에 접한 3거리가 나옵니다. 그 삼거리를 건너시면서 우측으로 가세요. 꽃집들이 늘어서 있는데 우측 끝에 '일호화원'이 있고, 그 농원을 지나면서 좌측으로 올라가세요. 그러고 나서 집들이 보이시면 우측으로 가세요. 거기가 일자산입니다. 안녕히 가세요."

걸어 다니는 지도와 같았다. 그리고 자신이 아는 것을 상대방에게 남김없이 알려주는 것에 자부심을 느끼는 모습이 참 아름다웠다. 저 여성의 직업은 무엇일까? 저렇게 친절하고 상대방에게 자신이 아는 것을 세심하게 알려주고 싶어 하는 사람이 교육의 직종에 종사한다면 교육의 질이 많이 향상되지 않을까?

두 번째로 기억에 남는 사람은 원칙에 충실한 사람이었다. 프로 야구 한국시리즈 결승 1차전이 열리는 날 오후 4시 조금 전, 고덕역 이마트 앞, 스탬프 찍는 곳에서 어떤 청년이 나에게 다음 구간까지 갈 수가 있겠는지를 물었다. 본인을 소개하면서 "부산에서 출장을 왔고 주말을 이용해서 서울둘레길을 걷고 있는데, 걷기를 마치면 서울역에서 KTX를 타려는 계획입니다. 시간상으로는 가능한가요?"

여기서 수서역까지는 11km로 추정됩니다. 빠르게 걸으면 일자산을 지나서 3코스의 세 번째 스탬프가 있는 방이동 생태학습관까지는 5시 이전에 도착할 수가 있고, 거기서 수서역까지는 8.6km인데, 2시간 30분이 걸리지만 야간에 걸을 수가 있지요. 수서역에서 부산행을 타면 되겠네요. 이런 정보를 제공하니 함께 걷기를 원해서 일자산까지 안내해서 갔다. 일자산 둔굴 근처에서 나는 야구를 보기 위해 지름길을 택해서 가자고 권유했다.

그런데 그 청년은 정상적인 행로로 가겠다면서 약간의 변칙도 수용하지 않는 원칙을 고수하였다. 아마도 이틀에 걸쳐서 걸은 거리, 수서역까지 도착하는 거리를 감안하면 67km 정도는 걸을 듯하고, 객지의 불편한 잠자리와 식사로 인해 지친 상태임에도 조금의 편익도 받아들이지 않는다.

이 청년과 작별을 하고 귀가하면서, 친절한 여성과 원칙론자인 청년을 생각해 보았다. 만물이 소생하는 4월도 싱그럽고 역동적이지만, 4월처럼 청춘들도 이렇게 아름답구나.

1952년 음력 5월 25일이 나의 신분증에 표시된 생일이다. 그러나 실제로는 1년이 늦게 신고 되었다. 청년 때는 실제 나이를 선호했는데, 어느 날부터는 신분증의 생일을 더욱 귀중하게 생각하게 되었다. 덕분에 학교 강의를 1년 더 진행할 수가 있었고, 지금은 누가 나이를 물으면 자랑스럽게 60대입니다. 생일이 지나고 나면 거짓말이 될까 두렵고 올해는 생일이 오지 않으면 좋겠다는 생각을 하게 된다. 남들은 나의 세대를 '꼰대'라는 호칭으로 부른다. 만으로도 70이 가까워져 오는 것이 두렵다. 그보다 생각이 고착화하는 것이 더 두렵다.

모조품이라도 좋으니, 다시 한번 청춘으로 돌아갈 수 있다면 얼마나 좋을까 하는 공허한 공상을 하면서 쓴웃음을 허공에 날려보낸다. 나는 앞으로 2·30대를 정중하게 대우할 생각이다. 그들의 대부분은 기성세대보다 훨씬 친절하고 원칙적이다. 올바른 인성으로 잘 성장한 세대임에 틀림이 없다. 청년들과 가까운 거리에서 활동한 시기가 있었고, 그 활동을 접은 시간이 많이 흘렀지만, 요즘 둘레길을 걸으면서 만난 청년들은 신선했다. 우리나라가 4월처럼 활짝 만개할지는 올바른 청년들의 자세에 달려 있다. 역사는 흐르지만, 청년에 의해 창조되고, 역사의 동력은 청년이다. 그러므로 우리나라의 밝은 앞날이 기대된다.

魂靈들이 잠든 망우산 기슭

- 서울 둘레길 2코스에서

서울둘레길은 '숲길'·'하천길'·'마을길'로 구성되었고, 60~70대가 편히 걸을 수 있는 이점이 있다. 그러면서도 사람으로 붐비지 않아 조용히 사색하며 걸을 수 있어, 심신 단련에도 좋을 듯하다.

나는 어제, 2022년 1월 5일부터 서울둘레길을 두 번째로 걷기 시작하면서, 각 구간의 출발은 지난번과는 다르게 반대편에서 시작하기로 했다. 왜냐하면 1차 걷기에서 보지 못했던 부분, 사람이 걸으면서 볼 수 있는 시야에서 벗어난 부분들을 재차 꼼꼼하게 살펴보기 위함에서다. 그래서 모든 구간은 지난번의 출발지와 반대 방향에서 출발하는 방식을 택했다. 두 번째 걷기의 첫 출발은 2코스에서부터 시작했다. 서울둘레길 2구간은 묵동천 ~ 망우산 ~ 용마산(348m) ~ 아차산(296m)을 잇는 12.3km의 구간으로 약 5시간 30분의 시간이 소요된다.

서울둘레길에서 전망이 가장 좋은 코스로 평가받기도 하는 이 구간에는 우리나라에 큰 발자취를 남긴 한용운·방정환·박인환·이중섭·의병 등 59인의 애국지사·문인·화가 등이 잠들어 있는 망우묘지공원이 자리하고 있다. 망국의 한이 서린 암울한 시대에 이 59인은 우리 사회에 크게 기여한 인물들이다. 이들이 편히 쉴 수 있도록 이 묘지공원이 더 아늑하였으면 좋겠고, 그리고 이들이 그토록 염원하던 이상이 실현되기를 바란다. 나는 개인적으로 만해 한용운 선생을 가장 존경한다. 왜냐하면 그는 흔들리지 않는 꿋꿋한 지조로 그 시대에 휘어지지 않는 대나무처럼 푸르렀고, 이 나라의 독립이 이루어지도록 너무나 많은 눈물과 땀을 흘렸기 때문이다.

박인환 시인의 묘비에는 시인이 쓴 시 「세월이 가면」이 새겨져 있었고, 묘소 앞에 있는 앰프에서는 「목마와 숙녀」가 낭송되면서 시인의 영혼을 위로하고 있었다. 약간 떨어진 곳에는 이중섭(1916~ 1956) 화가의 묘소가 있었고, 비석에는 생전에 그리워하던 두 아들이 조각되어 있었다. 그는 소와 닭 등 한국 고유의 상징을 통해 우리의 심성을 구현하였으며, '은박지화'는 독창성을 인정받아 뉴욕현대미술관에 소장되어 있다. 그의 무덤 옆에는 소나무 한 그루가 크게 가지를 뻗으면서 그의 혼과 생전의 외로운 삶을 위로하는 듯, 조그마한 바람에 솔방울을 흔들고 있었다.

인간은 누구도 죽음을 피할 수는 없다. 사람들이 생의 마지막 순간에는 일생을 돌아보면서 자신이 이루었던 업적이나 소망 또는 추억을 묘비의 문구 또는 유언으로 남겨서 누군가가 자신을 기억해주기를 바랄 것이다. 고인들의 묘소를 참배하면서 다른 사람들은 자신의 묘비에 어떤 문구를 남겼을까 하는 호기심이 생겼다.

1925년 노벨상을 수상한 영국의 극작가 조지 버나드 쇼는 천수를 다한 95세에 죽음을 맞으면서 "우물쭈물하다가 이렇게 끝날 줄 알았다."는 묘비문구를 유언으로 남겼다. 우리가 생각하기에는 한 시대를 풍미하면서 인생을 아주 성공적으로 마무리한 사람도 이런 묘비명을 남긴 것을 보면서 나는 쓴웃음을 지었다. 70의 나이에도 불구하고 이룬 것이 없는 나와 같은 필부는 어쩌란 말인가?

미국의 문인 어니스트 헤밍웨이는 "일어나지 못해 미안하오."라는 유쾌함이 느껴지는 묘비문구를 남겼다. 또한, 김수환 추기경의 묘비문구에는 "아쉬울 것 없노라."라는 성직자다운 후회 없는 삶으로 달관한 생애의 모습을 볼 수 있었고, 시인 라퐁텐의 비석에는 "빈손으로 왔다가 빈손으로 갔노라."라는 문구가 있단다.

이렇듯 누군가는 유쾌하게, 어떤 이는 깨우침을 주는 여러 묘비문구를 볼 수 있었다. 이 묘비 문구들을 계기로 한 번쯤은 내 생의 마지막에 어떤 문구를 새길 수 있을지를 그려보는 것도 의미가 있지 않을까? 삶은 죽음을 향해 가고 있는 항해이다. 그 순간이 오기 전까지 매일을 깊이 성찰하면서 살아가는 것도 남은 생을 잘 사는 방법이 아닐까?

生老病死의 고통, 벗어나자!

- 서울둘레길 1코스에서

生老病死는 인간의 숙명인가? 불교에선 이 네 가질 인간의 근원적인 고통으로 본 듯하다. 늙는 것, 병들고 죽는 것이 고통스러운 것임은 분명하다. 그러나 태어나는 것을 왜 고통으로 보았을까? 生은 늙음, 병듦, 죽음으로 연결되는 본원적인 원인이기에 生을 고통으로 보았을 것이다. 물론 이외에도 많은 고통이 있으나, 이러한 고통은 生老病死의 四苦에 따른 부수적인 고통에 불과하며, 불교에서는 근원을 중시하였다. 이와는 반대로, 인간은 고통에서 탈피하여 행복하게 살고 싶다는 상반된 욕망이 있다. 그래서 철학이 발전하였고 특히 동양철학에서는 고통에서 탈피하려고 하는 많은 수련 이론이 발전하였다. 그러나 불행하게도 현재까지는 生老病死의 고통 중, 우리 인간이 대비할 수 있는 유일한 것은 병으로부터 벗어날 수 있는 예방이 전부이지만, 현대인은 '환지통'에 시달리고 있다. '환지통'은 실제로 통증이 있어서, 병원에 가서 진단을 받아보면 명확한 원인을 찾을 수 없는 것을 말한다.

인간은 매우 약한 존재이어서, 사람들은 더 자주 병원을 찾고 더욱 불안함을 느낀다. 이럴 때, 우리는 대범하게 생각하면서 자신의 체력에 맞는 운동에 힘쓰는 것은 어떨까? 나도 이제는 종심의 나이에 접어드니, 病死에 대해서 지난날보다 더 깊이 생각하게 되고 病의 고통이 없이 때가 오면 홀연히 떠나는 이상적인 죽음이란 없을까 고민하게 된다.

요즘 우리나라와 세계의 화두는 장수와 코로나의 팬더믹이다. 100세 시대를 어떻게 살아야 하는가? 등의 현안에 대해서 많은 얘기를 듣게 되지만, 나의 생각은 두 발로 자유롭게 걸을 수 있고 두 손으로 주변 도움이 없이 음식을 먹으면서 온전한 정신으로 합리적인 사고를 할 수 있을 때까지가 장수의 적정한 기간이라 본다.

지금까지는 살면서 병·의원을 가는 일이 많지 않았다. 한 달에 한 번 의원에 가서 혈압을 점검하고 혈압약을 처방받아 복용하는 것이 전부였기에 주변 사람들에게 걱정을 주지 않고 국가사회에도 보험료 납부 금액보다 훨씬 적은 이만 원 내외의 의료비만 지불하고 살았다. 이러한 무탈한 삶은 선천적 혜택의 건강, 어릴 적 어머니의 지극한 보살핌 및 내 자신이 건강에 대해서만은 아주 예민하게 반응하지 않는 성격 덕분이다. 이는 운명에 순응하여 장수에 대해서 지나친 욕심은 가지지 않겠다는 뜻이다. 이러한 마음에 더하여 육체의 건강은 어떻게 지켜야 할까? 평소에 많이 걷겠다는 생각을 하여 올림픽공원을 자주 산책하였으나, 같은 장소만을 걷는 데에 지루함을 느끼게 되어 서울둘레길을 걷기로 작심하였다. 둘레길은 내가 사는 집 가까이에 2·3·4코스가 있고 나머지 모든 코스는 전철로 코스의 출발지로 이동이 쉬운 장점이 있다.

또한, 다른 운동처럼 상대방이 있어야 하는 것도 아니어서 시간이 있을 때, 물 두 병과 초단백질바(40g, 215kcal)나 초코바(45g, 225kcal) 3~4개, 보온병에 커피 2~3잔을 준비해서 출발하면 된다. 혼자서 걷는 것도 좋은 방법이다. 동행자와 함께 걸어보니 보폭과 걷는 속도가 맞지 않아 적당한 자기만의 컨디션을 유지하는 것이 어려웠다. 그래서 둘레길을 걸을 때는 대부분 혼자서 걷는다. 혼자서 걸어도 위험하지 않은 지형적 편리성이 있기에 안전에 대한 염려는 하지 않아도 된다. 땀이 조금 흐르는 시점에 적당한 곳에 서 물 한 모금·커피 한 잔을 마시고 초콜릿 한 쪽을 먹는 것도 별미이고, 산행 후의 잠은 꿀잠이 된다.

2022년 1월 9일은 둘레길 1코스를 두 번째 걷기로 작정하고 아침에 기상하려는데, 체온으로 덥혀진 잠자리에서 빠져나오는 것이 그렇게 쉽지는 않았지만, 이완되는 마음을 달래면서 일어났다. 1코스는 서울둘레길 160km의 출발지이자 종착지인 서울창포원에서 출발, 수락산·불암산·화랑대역까지 가는 18.6 km로 주행하는데 걸리는 시간은 8시간이고, 노원·도봉구에 걸쳐 있다. 서울둘레길 8개 코스 중 유일하게 난이도가 '상'인 어려운 구간으로 평가받는 이 구간의 창포원은 도봉산 자락과 수락산 사이에 위치해있고 세계 4대 꽃 중의 하나로 꼽히는 붓꽃이 가득한 특수식물원이다. 또한 수락산(638m)은 거대한 화강암 암벽에서 물이 굴러떨어지는 듯하고, 채석장이 있다. 이곳에서는 1960년·70년대 개발 시대에 돌 깨는 소리에 놀라서 산새와 비둘기들이 성북동으로 피신해 갔는데 아직도 돌아오지 않아 적막하다.

수락산 근처 입구에는 수락문이 있는데 '수락'의 의미에 잠시 생각하면서, 내 인생의 四苦가 잔잔하길 빈다. 수락문은 전능한 신들이 지키는 문, '수락'은 신들 세계의 언어, 수락받은 내 생애의 四苦도 수락산의 암벽에서 떨어지는 물처럼 수려하게 흘러가게 수락하여 주시길 소망하나이다. 또한, 불암산은 산 정상에 있는 큰 바위가 부처님을 닮았다 하여 붙여진 이름이란다. 봄·가을에 어느 산인들 아름답지 않으랴마는 불암산 자락에서 당고개역으로 가는 길에는 철쭉동산이 있고, 봄에 꽃이 활짝 필 때는 붉은 파도가 장관을 이룰 것이다. 철쭉이 필 때쯤에 이 코스를 다시 걸으리라.

걷는 중, 마들역 부근의 구간에서 60대 후반이나 70대 초반으로 보이는 한 여성과 잠시 동행을 하게 되었다. 요즘은 외모로 연령을 짐작하기는 어려워서 실제로는 70대 중반인지도 모르겠다. 그런데 걸음이 빠르고 역동적이어서 '무슨 좋은 일이 있으신가요, 어찌 그렇게 걸음에 힘이 넘칩니까?'하는 물음을 던졌다. 그 아주머니가 무엇인지 자랑하고 싶은 얘기가 있을 것이란 내 짐작은 맞았고 곧바로 대답이 이어졌다. 집값이 많이 올랐단다. 재개발과 인근에 큰 병원이 유치되는 계획으로 대박이 난다는 기대에서 발걸음이 힘찼던 것이다. 상대방의 자랑거리 얘기를 듣는 것도 서로의 정신건강에 좋으리라. 그래서 집값 상승의 명·암을 얘기하려다가 그만두었다. 집값이 오르면 부작용도 있다는 나의 생각을 말해서 무엇 하랴?

고조된 기분으로 사는 것도 행복인데……. 나중에 나타나는 부작용은 겪지 않아도 될 연령일까? 부디, 겪지 않기를 바랄 뿐이다. 갈 길이 달라서 헤어진 후, 혼자서 이런저런 생각을 하면서 계곡을 건너는데 물이 반도의 형상으로 얼었다. 아름다운 우리나라 지도 모습이었다. 하나가 된 반도의 모습이 가슴을 때린다. 지금은 두 동강 난 나라로 미상의 '발사체'가 날아다니는 참담한 현실. 긴 세월을 쪼개졌다가 하나로 된 날들이 얼마 흐르지도 않고, 또다시 두 동강 난 이 나라를 조국이라고 부르는 상처 난 심정들. 나라도 지키지 못한 사람들은 아무 잘못도 없다는 듯, 따뜻하게 잠들어 있지 않은가? 이 역사를 무엇이라고 해야 하나? 그렇지만 흐르는 계곡의 물은 모든 염원을 담고 통일된 반도 모양으로 얼어서 있구나? 어지러운 마음을 어루만지듯, 어디서 음악소리가 들려온다. 선율을 따라 걸음을 옮기니, 전망대의 휴식처에서 어떤 신사가 연주복이 아닌 등산복으로 바이올린을 연주하고 있었다. 바이올린은 4옥타브 이상의 음력으로 부드럽게 연주되는 대표적인 '선율 악기'이다. 고요한 계곡에서 연주되는 음률은 어떤 화려한 공연장보다도 음색이 곱구나. 연주하는 저 신사와 감상하는 청중인 나는 충분한 힐링으로 만 가지 스트레스를 다 털어버릴 수가 있었다.

이렇듯 사람이 건강하게 살아갈 수 있는 길은 스트레스를 없애는 방안을 스스로 찾고 자연을 접하면서 걷기가 좋지 않을까? 느끼는 것과 존재하는 것은 다르다. '환지통'은 느끼는 것이지 존재하는 것은 아니다. 존재하지 않는 것에는 불안을 느낄 이유가 없고, 불안한 느낌은 좋은 습관으로 바꾸자.

"좋은 생각은 바른 행동을 만들고, 바른 행동은 좋은 습관을 만들면 좋은 습관은 좋은 운명을 만든다."라는 말처럼 생각과 느낌이 운명의 결정적 요인이다. 이는 불교에서 근원을 중시하는 것과 같은 이치이다. 길손에게 아름다운 노래 연주로 힐링을 주는 신사에게 마음의 평안함을 선사하여, 老病死가 없길 빌면서 걸음을 옮긴다.

이 종 필

성균관대 경영학사
2022년 《스토리문학》 수필부문 등단
한국스토리문인협회 회원
자작나무수필 동인
현대자동차(주) 근무 퇴직
국제그룹 국제종합건설 중동본부 및 싱가폴, 쿠알라룸프 지사장 역임
두양그룹 영흥철강(주), 베네쥬엘라 카라카스 지사장 역임
현재 (주)피앤애치글로지스 대표이사

수필집 『카르페디엠의 시간』

이어령 선생님의 별세를 애도하며 외 2편

이 종 필

2022년 2월 26일 별세하신 이어령 선생님, 진심으로 고인의 명복을 빕니다. 우리 시대의 지성인이시고 200여 권의 책을 남기시고 하늘나라로 가신 선생님은, 문학뿐만이 아니라 사회 여러 분야에서 훌륭한 족적을 남기시고 가신 분이기에, 존경스러운 시대의 석학이라 해도 지나치지 않을 것입니다.

무엇보다, 필자가 학창 시절 마주한 『흙 속에 저 바람 속에』를 읽고 난 감회는 50여 년이 지난 지금도 현란한 문체의 표상으로 기억 속에 남아있습니다. 1962년 29세의 나이에 한국인의 생활 속 문화를 동서양을 넘나드는 역사, 문화 등을 섭렵하며 날카롭고 비상한 통찰력, 그리고 화려한 문체로 표현한 글들은 산업화 초기의 시대에, 과거 우리의 삶을 돌아보게 하는 충격적인 책이었습니다. 1963년 발간 1년 만에 30만 부가 팔린 베스트셀러 기록이 이를 증명하고 있습니다. 선생님이 책 후기에 하신 말씀은 죽음을 맞기 전까지 지니고 계셨던 저자로서의 신념이라 아닌가 합니다.

"우리들의 성장은 밤 속에서 그리고 폭풍 속에서 역리의 거센 환경 속에서만 이루어진다는 것을 나는 부정하지 않습니다. 그러니 먼저 아파 해야 된다는 것, 그 아픔의 감각이 있어야 한다는 것, 그것이 이 책에서 내가 말하고 싶었던 내용의 전부입니다. 이 구차스러운 변명을 청산하기 위해서 나는 앞으로 또 글을 쓸 것입니다."

글을 쓰는 사람으로 가슴에 간직하고픈 성찰의 죽비 같은 말씀입니다. 근래에 읽어본 『젊음의 탄생』도 힘든 시대를 살아가며, 방황하는 젊은 청춘들에게 필요한 사고의 깊이를 일깨우는 매우 좋은 책입니다. 9가지의 창조아이콘을 제시해놓고 젊은이들에게 건네는 지혜는 지성인의 멘토로 충분합니다. 기호학자이기도 한 저자는 아이콘으로 삶의 의미를 분석해가는 독보적 메타포는 저자의 창조적 지혜를 이해하고 공감하기에 충분합니다.

"젊음은 물음표와 느낌표 사이에서 매일 죽고 매일 태어납니다."와 "젊음은 나이가 만드는 것이 아니라 생각이 만드는 것입니다."라고 책 속에서 하신 말씀은 나이가 들어도 늘 새겨보고 싶은 문장입니다.

추억의 한국시 32편을 저자의 시각으로 소개한 『언어로 세운 집』 저서도 다시 한번 책장을 넘기며 곁에 두고 싶은 책입니다. 학창시절 많이 접하고 시 구절을 기억할 수 있는 친근한 시 속으로 들어가, 시인의 표현을 시인의 시상보다 더 새롭게 소개해주는 이 책 또한, 시문학에 대한 이어령 석학의 지성을 발견하게 해줍니다.

"시는 언어로 세운 집이다." "시는 읽는 것이 아니라 그 안에 들어가 사는 것이다."라는 말씀은 참으로 가슴에 와 닿습니다. 예를 하나 들면, 김소월의 시 「엄마야 누나야」와 같이 짧고 쉬워 보이는 시도, 시의 숨은 공간 찾기라는 주제로 해박한 동서양의 문학을 넘나들며 해석해 나가는 이어령만의 시 감상법은 감탄을 자아냅니다.

글을 쓰는 사람들이 늘 마음의 짐처럼 느끼는 심정을 우리 시대 최고의 지성도 "글을 쓰는 사람은 매번 패배한다네."라고 설파하시는 선생님의 용기와 겸손을 배우고 싶습니다. 글을 쓴다는 것은 앞에 쓴 글에 대한 공허와 실패를 딛고 매번 다시 시작하는 인생수업과 같은 작업일 것입니다.

암이라는 개인적 사변에서도, 죽음도 하나의 탄생으로 승화시키며 담담히 투병 생활에 임하시고, 지성에서 영성으로 종교적 소천을 하신 선생님의 지성이, 오늘날처럼 어지럽고, 도덕과 상식이 상실되어가는 고단한 현실 속에서 더 소중하고 그립게 다가옵니다.

산업화와 민주화 시대를 지나오며 우리 시대가 새롭게 요구하는 시대정신에 이어령 선생님과 같은 지성인들의 멘토가, 더 절실히 필요한 시기이기에 선생님의 타계는 우리 사회와 문화계의 커다란 충격이고 슬픔이 아닐 수 없습니다. 다시 한번, 이어령 선생님의 명복을 빌어봅니다.

4월의 봄길을 걸으며

April입니다. 일년 중 가장 아름다운 달의 이름, 로마인이 열다라는 의미의 라틴어 Aperio가 어원이라고 하기도 하고, 미의 여신 아프로디테에서 유래되었다고도 하는 봄의 여신 4월, 누구는 잔인한 달이라고도 하는, 생명이 터 오르는 4월이 산수유, 개나리, 벚꽃들과 함께 피어나고 있습니다. 닫혀있던 마음과 발길에도 봄햇살의 눈부심, 천연 원색의 꽃물결 그리고 생명들의 기쁨이 합창이 되어 바깥세상을 수놓고 있습니다.

코로나19라는 일상의 부자유와 두려움에서 조금씩 평상의 시간으로 돌아오며, 봄이 더 기다려지는 요즘의 풍경입니다. 닫혀있던 입도 열고 아지랑이가 피어오르는 산과 들길을 따라 걸을 수 있다는 자유로움을 만끽하며, 예전과는 또 다른 봄의 환희를 느낄 수 있는 새봄을 걸어봅니다.

걷는다는 것은 자기 자신을 만날 수 있는 가장 쉽고 빠른 방법이라고 합니다. 그리고 걷기는 평등하다고도 합니다. 심한 장애가 없는 한, 부유한 산책자라도 가난한 산책자보다 유리한 점은 전혀 없기에 말입니다. 18세기에 살았던 루소는 하루에 30Km 이상을 걷곤 했다고 합니다. 물론 마차 이외의 특별한 교통수단이 없기도 하지만, 자연을 사랑한 장자크 루소다운 걷기는, 움직임 속의 성전이라고 해도 좋습니다.

2021년 겨울의 어두운 시간을 지나 대선이 끝나기 전까지, 우리는 많은 정치인들의 주장과 외침의 소음으로 인한 수동적 피로감과 더불어, 코로나 팬데믹과 함께 심신이 지친 긴 겨울을 보내야 했습니다. 이제는 타인들의 시간과 허위의 옷을 벗어 던지고, 쌓였던 절망감과 우울한 감정을 잠시 잊기 위해서라도 그냥 무심히 걸어봅니다. 오염된 자아로부터 나를 되찾는 시간을 위해 봄길을 걸어야 합니다.

서대문구청 뒤로 오르는 안산 둘레길 초입에는, 높이 솟은 나무잎 사이 파란 하늘과 조그마한 돌모양에서 흘러나오는 잔잔한 클래식 음악이 발길에 차이며, 맑은 미소와 생동감이 온몸으로 퍼집니다. '아름다움은 이해하는 것보다, 보는 것이 더 좋다.'를 음미하면서.

윌리엄 워즈워스의 표현처럼 "우리에게 너무한" 세상을 잠시나마 잊고 부드럽고 신선한 공기를 마시며 꽃길을 따라 이 봄을 걸어봅니다. 또 그렇게 짧은 봄날이 처연하게 흘러갑니다.

– 2022년 4월 홍제동 안산 둘레길을 따라.

우크라이나 전쟁이 주는 교훈

러시아가 우크라이나를 침략한 2월 24일이 이제 한 달 넘게 지나고 있지만, 두 국가 간 전쟁상황과 협상의 실마리는 소강상태를 보이고 있다. 푸틴은 전쟁선포 전에 우크라이나 점령계획은 없으며, 단지 주민보호가 유일한 목표라며 허위정보를 이용하고 기습공격을 감행했다. 러시아가 우크라이나를 침공한 배경에는 여러 요인들이 거론되고 있지만, 그 밑바탕에는 블라디미르 푸틴의 정치적 야망을 무시할 수 없다.

중국이 세계 경제에 막강한 영향력을 과시하며 경제대국으로 성장하면서 미·중 간의 정치·경제 패권 싸움을 바라만 보고 있는 러시아의 입장에서는, 자신들의 국제적 입지를 강화하고픈 의지와 계획을 구체화시키며 전쟁을 준비한 시점이 2022년의 시작부터라 할 수 있다.

마침 러시아는 서방국가의 동구권 NATO 영향력 강화 전략에 대비한다는 명분과 과거 크림전쟁 승리의 전력과 우크라이나 국토 안에 러시아 우호 지역을 기반 삼아 소비에트 대국 영광의 부활의 야망이 부합되면서 결국 우크라이나 전쟁 사태를 불러왔다.

1952년생 푸틴의 정치적 경력은 화려하다. 러시아 2대 연방대통령(2000-2008)을 시작으로 연방총리 4년, 다시 4대 대통령(2012-2024)을 재임 중에 있으며, 알려진 재산만 해도 2,000억 달러가 넘는 독재정치인이라 불러도 과언이 아닌 인물이다.

대부분의 독재자가 정권연장을 위한 수단으로 전쟁을 야기하듯이, 푸틴의 오랜 독재에 따른 러시아 국민의 피로감과 경제악화에 따른 국민 결속용이 우크라이나 침공 원인 중 하나이기도 하다. 20세기 제국주의 시대, 두 번의 잔혹한 세계 전쟁을 인류가 경험하고도, 아직도 푸틴이나 김정은과 같은 독재 제국주의 유산이 권력을 유지하며 전쟁으로 세계 평화를 위협하는 한, 인류의 생명과 자유는 보장받기 어렵다는 21세기가 어둡게 느껴지기도 한다.

우크라이나와 러시아의 군사력을 병력과 무기, 장비 면에서 간략히 비교하여도 러시아가 압도적 우위를 보이고 있다.

"현역 20만 : 90만, 전투기 98기 : 1,511기, 탱크 2,596대 : 12,240대" 이러한 숫자만으로 볼 때 누구나 손쉬운 러시아의 승리를 예상했다. 하지만 우크라이나가 군사적 전력 열세에도 불구하고, 전 지역을 동시다발적으로 공격을 전개하는 러시아의 공세를 둔화시키며 국제사회로부터 우크라이나 지지와 반전 시위로, 러시아침략을 규탄하게 하는 우크라이나의 강력한 저항의 힘은 어디에서 오는가?

그 중심에는 볼로디미르 젤렌스키라는 국가지도자의 전사적 투쟁이 우크라이나를 지키고 있다고 해도 과언이 아니다. 41세라는 약관의 나이에 최연소대통령 자리에 당선되었고, 국립경제대학 석사와 코미디언 출신이라는 비아냥에도 불구하고 이번 전쟁에서 보여주는 그의 리더십은 세계시민 사회로부터 절대적 지지와 지원을 받고 있다.

러시아 침공 후 망명의 권유와 암살의 위험에도 목숨을 걸고 나라를 지키려는 젤렌스키는 우크라이나 대통령은, 컬럼비아대 석박사로 아프가니스탄 대통령까지 되었지만 탈레반의 공격을 받고 바로 재산을 숨기고 몸을 아랍에미리트로 도망친 아슈라프와 대비되며 세계적 인물로 떠

오르고 있다.

조국을 지키기 위해 전 세계를 향한 그의 울부짖음의 연설에는 우크라이나 역사에 길이 남을 애국적 명언들이 있다.

"우리는 포기하지 않고, 숲과 들판, 그리고 거리에서 싸울 것이다. 생명은 죽음을 이기고 빛은 어둠을 이긴다. 이 전쟁은 우크라이나 전쟁이 아니라, 민주주의와 자유를 지켜내는 세계를 위한 전쟁이다."

임진왜란 시 백성을 뒤로하고 한양 도성을 빠져나가 의주에 파천하며 명나라 망명을 엿보던 임금 선조나, 6.25사변 당시 서울을 사수하려는 노력도 않고 한강다리까지 폭파하며 남행한 대통령 이승만의 흑역사도 있었지만, 그래도 우리 백성과 국민이 애국정신의 혼과 피로 나라를 지킨 한민족의 위대한 저력은 우리 대한민국의 정신적 지주이고 국력의 정통성이라 아니 할 수 없다.

핵을 거머쥐고 한반도의 지배자를 꿈꾸는 북한 독재 김정은의 연이은 미사일 도발을 직시하면서, 우크라이나 젊은 지도자 젤렌스키 정치지도자의 리더쉽 사례가 우리 국방의 위기의식에 오버랩되기도 한다. 최근 해리 해리스 전 주한 대사가 미국 해군협회에서 연설한 김정은의 목표를 상기하며, 정권 이양기 시점에서 예사롭지 않은 우리의 국방, 안보태세에 대한 경고임을 명심하고 "대북 제재의 완화, 북의 핵 불포기 및 유지, 한미동맹의 균열" 등을 되새겨봐야 할 것이다.

핵전쟁은 지구 생명 모두를 파멸시키는 인류 최후의 자살행위이기에, 일어날 수 없다는 가정이 유효하다면, 지구상 국가 간 분쟁에서 발생하는 국지전에 대비하기 위한 우리 국방의 지상 과제는, 아직도 국토 최종 방위에 절대적 수단인 재래식 군 무기의 전력 비축과 더불어, 전시대비 실전과 같은 한미 군사훈련 강화를 다시 더 강조해도 지나치지 않다는 팩트를 우크라이나 전쟁은 보여주고 있다.

하루라도 빠른 시일 내에 우크라이나 국민에게 전세계가 열망하는 평화가 찾아오기를 간절히 염원해본다.

임 진 이

한국문인협회 회원
2016년 계간 《스토리문학》 수필부문 등단
한국스토리문인협회 회원
자작나무수필 동인
시집 『절벽에 핀 꽃이 아름답다』(2020년 안산시문예진흥기금수혜)
안산시낭송협회 앤솔로지 『그토록 많은 이별을 하고』(2021년 안산 시문예진흥기금수혜)

주말을 디자인하자 외 2편

임 진 이

조금만 움직여도 땀이 주르르 흐르는 복더위, 나른히 밀려오는 졸음은 참을 수 없는 달콤한 유혹이다. 점심이라 치고 찬물에 밥 말아 풋고추 된장에 대충 때운 후, 잠깐 졸았다는 순간 거실 벽 전자시계는 오후 2시를 훨씬 지나 3시에 가까웠다. TV가 꺼져있고 아무런 기척 없이 집안은 텅 비어있는 듯 조용하다. 주말 약속이 있어 모두 밖으로 나간 모양이다. 덩그러니 거실 중앙에 제멋대로 놓여 있는 몸뚱이를 이리저리 굴리며 일어나려는데 머리가 띵하고 정신이 멍하다. 땅의 기운이 한창 발동하는 낮시간에 잠을 자면 기운을 빼앗긴다는 어느 풍수지리가의 강론을 들은 적이 있다.

늘어지려는 무거움을 버겁게 떨치고 일어나 앉아 창문 너머로 하늘을 본다. 바다를 한껏 끌어들인 그 아래로 파도 같은 흰 구름이 피어오르고 있었다. 문득, 나도 어딘가로 가야만 할 것 같아 자리를 박차고 일어섰다. "서점"이라는 단어가 떠올랐다. 가끔, 삶이 무료하다 생각될 때 과감하게 혼자 당일치기 여행을 하기도 하지만 오늘은 꼭 서점을 가야 한다는 생각이 강하게 밀려든다. 언제부터 읽어야 할 책이 있었는데 벼르기만 하고 아직 구매를 못 했다 이참에 필요한 책 구매하고 선물로 받은 10만 원 상당의 도서 상품권도 쓰리라 마음먹고 중심가로 이어지는 산책로에 들어선다.

길가 무성한 길섶을 야금야금 꽃밭으로 만들어 놓는, 꽃보다 더 고운 할머니가 심어놓은 백일홍 몇 송이가 어제보다 더 소담스럽게 피어 있었다. 십여 분 정도 걸었는데 등에서 땀이 배어 나오고 후덥지근하게 끈적거리기 시작한다. 한 줄기 바람이라도 불어주면 좋으련만 인색한 바람은 불지 않고 뜨거운 태양만 목화송이 같은 구름 꽃을 폭발하듯 피워낼 뿐이다.

마을 어귀에 흐르던 유년의 기억 속 개울이 안산천 변 징검다리 길섶에 오버랩되어 편안한 향수를 불러일으키곤 한다. 샛노란 애기똥풀은 아닐지라도 금계국과 작열하는 태양의 기운 받은 갈대숲은 세월이 지나도 여전히 기억 속 향기를 뿜어내다니 얼마나 다행한 일인가! 어젯밤잠을 설친 눈꺼풀이 시린 햇빛에 무겁게 눌리어 내려오는 것을 무의식적으로 느낀다. "오후의 정적" 그 블랙홀로 나는 천천히 빨려 들어간다.

이따금, 아주 정확한 계산법으로 제작된 붉은색 벨트라인에서 벗어난 자동차 엔진소리가 정적을 깨는 오후 3시……. 김상미 시인은 「오후 3시」 라는 시에서 "오후 3시의 정적을 견딜 수 없다. 오후 3시가 되면 모든 것 속에서 나는 소음이 된다.라고 한 것처럼 모처럼 한가로운 주말 '오후 3시'에 나는 소음을 일으키고 있다.

서점을 거의 눈앞에 두고 전화가 걸려 왔다.

"선생님 지금 어디세요. 교외로 바람 쐬러 가실래요?"

"아~, 민 선생님! 서점 가는 길인데요, 그럼 서점은 다음에 가고 그럴까요."

민 선생은 보습학원을 운영하며 문학이며 미술에도 조예가 깊은 사람이다.

뭔가 기분이 우울한 일이 있는 모양인데 같이 가 주어야 할 것 같아 그러자고 했다.

"제가 그쪽으로 차를 가지고 갈 테니 거기 계세요."

10여 분 후 검은색 세단을 내 앞에 세운 그녀가 설레는 듯 말을 건넸다.

"선생님 바다가 보고 싶어요. 대천으로 드라이브 가요?"

'음, 거기는 지금 갔다 돌아오기에는 시간이 좀…….'이라 하려다가 모처럼의 제안인데 기분을 맞춰줘야 할 것 같아서 대꾸를 했다.

"그럼 가는 데까지 가봅시다."

자동차 안은 시원한 에어컨 바람 덕에 흐르던 땀이 금방 개운하게 말라버렸다. 일상에서 벗어나지 못하는 동네 길을 벗어나 수인 산업도로를 진입하고 이내 서해고속도로를 질주하듯 달린다. 희한하게도 고속도로만 들어서면 마음이 설레고 평화가 깃드는 것인지, 이리저리 힘든 세상 살다보면 문득문득 가족이 옆에 있어도 내 편 하나 없이 고독을 느낄 때가 있는데 아마 지금 민 선생이 그런 심경인 듯하다. 그럴 때 선뜻 동행이 되어줄 넉넉한 친구 하나쯤 있어 주면 삶이 좀 더 여유롭지 않을까 싶다. 민 선생에게 까닭을 물어도 "그냥 가끔 제가 이래요." 더는 묻지 않았다. 나는 대인 관계에 있어서 한 가지 철칙이 있다. 그것은 상대가 말하지 않는 문제에 대해서는 절대로 묻지도, 아는 체도 하지 않는다. 프라이버시를 침범해서는 안 된다는 생각이 지배적이다.

음악을 듣고 수다를 떠는 사이 자동차는 서해대교 아래 행담도 휴게

소로 미끄러지듯 내려간다. 바다가 잘 보이는 곳에 차를 세우고 시원한 바닷바람을 가슴 깊이 호흡한다. 40여 분쯤 달려서 왔을 뿐인데 이렇게 느낌이 다르고 공기가 다를까 싶다. 바닷가 산책로 풀밭 가득히 피어난 클로버꽃을 뽑아 반지와 화관을 만들었다. 손자를 둔 할머니들 화관 만드는 솜씨는 녹슬지 않았고 그 순간만큼은 삶에 찌든 현실을 뛰어넘어 풋풋하고 발랄하던 소녀 시절로 돌아간다.

아까부터 호기심 어린 눈으로 바라보던 삐삐머리 다섯 살짜리 귀여운 여자아이가 "이거 누구 줄 거예요"라며 말을 걸어온다. 아빠 손을 잡은 예쁜 꼬마에게 화관을 씌워주니 아이가 좋아하며 까르르 웃는다. 깨알 같은 웃음소리에 민 선생 얼굴에 웃음이 번진다. 아이를 가르치는 직업이 천직인 듯, 무척 좋아하는 걸 보니 학원 문제는 아닌가 보다.

비록 대천은 못 갔지만 선물 같은 오후를 소박하게 장식하고 스낵코너에서 좋아하는 통감자구이, 어묵꼬치. 떡꼬치. 닭강정. 요것조것 요기하고 달콤 시원한 탄산음료로 마무리한다. 휴게소를 나와 주차장 쪽으로 가는데 어느새 해는 뉘엿거리고 붉은 햇무리가 번지고 있었다. 두 여인은 서해의 향기를 가득 안고 아무 일 없었다는 듯 자동차 속에 몸을 밀어 넣고 사랑하는 사람이 기다리고 있을 그곳으로 돌아가기 위해 서두르고 있다. 긴 여름날 짧은 일탈 속 함께 할 수 있는 동행이 있어 충분히 오늘 분량만큼의 행복항아리를 채웠다는 흐뭇한 미소가 백미러 속으로 클로즈업되어온다. 소소한 즐거움이 모여 작은 행복을 만들고 그것이 모이면 윤기 나는 삶이 되지 않을까 싶다. 마트에 들러 고기와 상추쌈을 사겠다는 민 선생 얼굴이 저녁노을에 붉게 상기된다. 그녀는 오늘 저녁 가장 편안하고 행복한 저녁 식탁을 차릴 것이다.

들꽃 같은 인연

오전 10시가 조금 넘었을 무렵, 새벽에 배달된 식자재를 정리하느라 한창 분주할 때 구인광고 보고 찾아왔다며 오십 대 중반쯤 되어 보이는 아주머니가 문을 열고 들어선다.

봄이 지나가는 유월 초, 햇살이 따스하게 유리창으로 스며들고 있었고 훈풍은 연초록 나뭇잎을 채근하는 정경이 그녀와 함께 들어왔다. 차림새와 외모가 수더분하니 키는 크지 않았으나 체격은 좀 있어 보였다. 늦봄이라지만 난방 없는 실내는 아직 봄 그늘처럼 서늘했고, 겨울처럼 추워 보이는 그녀의 화장기 없는 얼굴은 더욱 그러했다. 표정 없는 얼굴, 호수같이 커다란 눈 외에는 아무런 느낌 없는 여인의 방문이다.

자리를 가리켜 이쪽에 앉으라고 안내하고는 "어쩌죠? 지금 많이 바쁜 시간이라 좀 기다려야 하는데 괜찮으시겠어요?"라고 물었다.

"네, 그럼 이쪽에 앉아서 기다려도 될까요?"

"네 그렇게 하세요."

그녀가 조심스럽게 앉은 자리에서 기다리겠다고 대답한다. 월요일이라 바쁘기도 하지만, 민첩해 보이지 않고 답답할 것 같은 그녀가 별로 내키지 않아 그냥 기다릴 수 있겠냐고 물었고 싫으면 그냥 가버려도 아쉽지 않을 것 같아 편하게 말을 했는데 선선히 기다리겠다는 그녀의 말에 그렇게 하라고 했다. 아침에 이것저것 준비가 많고 손이 많이 가는 게 음식점이다. 그중에서도 한정식은 특히나 그렇다. 바쁜 걸 얼추 정리하고 한참이나 지난 후에야 기다리는 그녀 앞에 마주 앉을 수가 있었다.

“이런 일은 해보셨나요. 힘들 텐데요?”

아무런 표정 없이 앉아있던 그녀가 다소곳이 고개를 들고 커다란 눈동자를 천천히 굴리며 조심스럽게 “아니요 처음입니다”라고 대답한다. 나는 “하실 수 있겠어요?” 물었다. “꼭 해야만 해요. 가르쳐주시면 열심히 하겠습니다.”라고 말하는 그녀의 얼굴에, 지금 몹시 어렵고 힘들게 말하고 있다는 듯 피로가 흘렀다. 기다리는 2시간에 지치기도 했으리라. 이대로 돌아서면 무너질 것 같은 그녀의 어깨 위로 찌든 삶의 그림자가 무겁게 내리누르고 있는 듯 보였다.

경험 있는 사람을 채용하면 일의 흐름이 유연해 수월하기야 하겠지만, 그녀의 얼굴을 보니 차마 그냥 돌려보낼 수가 없어 조심스럽게 그녀 이야기를 들을 수밖에 없었다. 제조업을 하던 남편을 2년 전 교통사고로 잃은 후 청소년기 두 아들과 함께 안산 변두리에 있는 작고 오래된 빌라에서 경제적으로 정신적으로 힘들게 살아가고 있다고 속사정을 털어놓는다.

남편이 곁에 있을 때는 공장에서 직원들 밥을 해주며 남편 그늘에만 있던 사람이 남편 사별 후 변화된 환경에 적응하지 못해 심한 우울증으로 극단적인 생각을 한 적도 있다며 눈시울을 적신다. 아이들 때문에 간신히 하루하루 버티지만 “아침에 눈 뜨는 것이 너무 싫다고…….”

사고 후 외부 출입을 전혀 않고 집 밖으로 나오려 하지 않는 그녀를 보다 못한 이웃 사람들이 밖에 나가 일이라도 하며 어울려보라고 권해서 수없이 망설이다 용기 내어 오게 되었다는 그녀의 말에, 갑자기 측은하고 안타까움에 연민이 밀려왔다.

"아~, 많이 힘드셨네요. 잘 오셨어요. 우리 함께 한 식구 되어 서로 힘을 보태 봐요. 내일부터 출근하실 수 있겠어요?"

"네, 출근하겠습니다."

"앞으로 내 집이라 생각하고 일한다면 덜 힘들 겁니다."

직원들에게 능동적으로 일하기를 바라는 마음에서 나는 가끔 주인의식을 강조한다. 그러면 본인 자신도 즐겁게 일할 수 있지 않을까? 하는 나름의 생각 때문이다. '그래, 일은 가르쳐주면 되고. 어떻게든 저 여인이 삶을 포기 하지 않고 살아갈 수 있도록 가까이에서 힘이 되어 주리라.' 호기 어린 순간의 결정을 했다. 무엇보다 2시간이나 기다려준 그 인내력이면 무엇이든 꾸준히 잘할 수 있으리라는 판단이다. 또한, 여리디여린 저 사람을 내가 채용 안 하면 누가 쓸까 하는 노파심마저 들었다. 서투른 부분은 내가 좀 더 움직이면 종업원들 불평이 없을 거라는 생각을 하고 다른 직원에게도 도와주라 부탁했다. 그녀의 첫 출근, 정말 예상대로 행동 느리고 눈치가 없다는 생각이 들었지만 묻는 말에만 설명해주고 그저 묵묵히 지켜보며 찬찬히 일의 머리와 꼬리를 알려주었다.

마음이 추워 보이는 그녀를 따뜻하게 보듬고 우울증으로부터 벗어나게 해주려는 생각에 오지랖을 펼쳤다. '좋아하는 취미, 하고 싶은 것, 가고 싶은 곳이 있느냐고?'고 묻고, '스트레스를 받으면 어떻게 해소하는가?' 등을 물었다.

"아무것도 하고 싶은 것이 없어요. 그저 아침에 눈 뜨지 말고 깨어나지 않았으면 하는 생각뿐입니다. 눈뜨는 순간 오늘 하루를 살아야 한다는 현실이 너무 고통스럽고. 내가 살아있다는 것에 힘들고 괴로울 뿐이라고 말한다."

아, 이 여인의 마음을 어떻게 해야 녹일 수가 있을까?

서투른 일에 혹시 사고나 내지 않을까 눈을 떼지 못하고 특유의 언변으로 억지웃음이라도 웃게 하려고 실없는 코미디 같은 이야기를 펼치며 중간중간 내 삶의 철학을 주입시켜 강론을 펼치면, 그녀는, 익숙지 않은 어색한 미소로 "대표님은 직업을 바꾸셔요. 여성회관에서 강의 하셔요." 라고 놀려댄다. 그럴 때면 '기다려 봐요, 내가 훗날 대한민국 용띠 여성단체를 만들 겁니다.'라며 말을 받아넘긴다. 그녀는 나이가 같은 나에게 인생 선배님이라 부르며 서로 격의 없이 지냈다.

그녀가 온 지 두어 달 될 때쯤, 그녀의 얼굴에서 조금씩 편안한 안정감이 깃들었다. 아침이면 익숙하게 냉장고 야채나 과일을 믹서에 갈아 신선한 음료를 나에게 내미는 정성도 보인다. 어떤 때는 손님상에 낼 재료까지 축내기도 해서 "종임 씨 이것은 낮에 쓸 재료인데."라고 멋쩍게 컵을 받으면 그녀는 "나는 선배님이 더 귀빈입니다"라며 반쯤 피어난 6월 목단 같은 미소에 나도 더 이상 무어라 할 말이 없어 그저 유쾌한 시간이다.

그렇게 저렇게 3년이 흘렀다 나는 애당초 계획대로 가게를 정리하고, 앞만 보고 살아온 자신과의 약속을 지키기 위해 그동안 하지 못했던 취미생활과 하고 싶은 일을 하며 휴식기에 들어갔고 그녀는 보수 좋은 직장에 이직을 하여 2년간 더 근무하다 퇴직한 후에는 여러 자격증을 따고, 지금은 종이접기, 풍선아트, 웃음치료 등으로 노인 복지관에 봉사하며 활기찬 생활을 하고 있다. 가끔씩 즐거운 삶의 모습을 사진으로 보내오면, 전화를 걸어 "종임 씨, 참 장해요! 늘 그렇게 씩씩하게 살아야 해요."라고 하면 "이 모든 것이 다 선배님 덕분입니다."라며 그녀는 옛날을 회상한다.

해외여행도 자주 다니며 바쁘게 사는 그녀를 보면 역시 '세월이 약이구나'하는 생각을 하게 된다. 추석이나 설 명절이면 어김없이 전화를 걸어 "하하하. 선배님 안녕하세요? 저 지금 선배님 집 근처예요. 집에 계신가요? 우리 드라이브하고 맛있는 밥 먹으러 가요." "어, 그래. 종임 씨! 대신 오늘은 내가 밥 사게 해줘야 해?" 그녀의 운전 실력은 베스트라이버다. 그녀는 나를 태우고 교외 이곳저곳 맛집을 찾아다닌다. 아름답기로 소문난 아산 공세리성당 나들이에 이어 고성사 가을 산사음악회 초대시낭송 길에도 그녀가 자동차와 함께 해주어서 그해 가을은 단풍 같은 추억을 만들었다. 밥값은 언제 계산했는지 예전에 느리고 눈치 없던 그녀는 간데없고 재빠르고 넉넉하게 웃음 많은 신중년이 되었다.

그녀의 휴대폰 속 스토리에는 14박 15일의 유럽여행 사진이며 동남아 여행 사진 등을 심심찮게 올려놓기에 그녀의 근황은 한눈에 볼 수가 있다.

"잘 살고 있구나."

지금은 두 아들도 장성해 큰아들은 결혼해서 평택에서 규모가 제법 큰 슈퍼마켓을 운영하며 잘 살고 있다. 두 손자 손녀가 보고 싶어 평택을 자주 오가는 손녀바보 할머니가 되었다. 훤칠하게 인물 좋은 둘째 아들은 안산에서 대형 서점을 운영하는 대표가 되었다. 아들이 모두 효자라 엄마에게 매월 넉넉한 용돈을 보내며 부족함 없이 챙긴다고 한다. 얼마 전에는 둘째 아들이 선물했다는 하얀 승용차를 타고 와서는 아파트 주차장이라며 빨리 내려오라 호들갑이다. "새 차 시승식은 선배님과 하려고요. 호호호." 하는데, 내가 무얼 했다고 이런 대접을 받을까 싶어 비닐도 벗기지 않은 차내 냄새로 가슴이 뭉클해져 온다.

살다 보면 죽을 만큼의 힘든 상황이 누구에게라도 예외 없이 찾아올 수도 있다. 이럴 때 누군가 마주 서서 눈을 맞추고 조금만 힘을 보태준다면 한 사람의 일생이 달라질 수도 있다는 생각을 한다. 앞으로 제2, 제3의 종임이가 내 앞에 맞닥뜨린다 해도 나는 또 그렇게 오지랖을 펼칠 것이다. 잊혀졌나 싶으면 여지없이 "선배님 보고 싶어요."라고 메시지를 보낸다. 늘 바쁜 척 사는 내가 어쩌다 전화라도 할라치면 "호호호. 선배님! 안녕하세요? 지금 그리로 갈게요. 우리 드라이브가요." 경쾌하게 들뜬 그녀의 목소리가 전화선 너머로 들려 오는 날은 덩달아 행복하고 뿌듯하게 기분 좋아지는 날이다.

동행

문학포럼 끝나고 강의실 나올 때는 그믐달이 어스름하게 여름밤을 비춰주고 있었다. 8월 초의 열기가 '훅~'하고 온몸으로 달려들었지만 얼마만큼은 견딜 만했다. 그러나 이내, 한낮의 열기가 밤이슬 속으로 들어가 합세한 흔적이 끈적하게 온몸을 둘러싸며 감겨왔다. 민감하게 계절을 느끼고 더위를 유독 많이 타는 진숙의 가슴골과 목덜미에서 땀방울이 스멀거리며 흘러내렸다. 강의실 불빛이 하나둘 사라지고 포럼을 마친 사람들도 총총히 어둠 속으로 사라졌다.

진경은 운동장을 걸어 택시 승강장 쪽으로 걸어갔다. 고철 덩어리처럼 서있는 자동차에 기대어 있던 인숙이 "어느 쪽이세요 태워다 드릴게요." 진경은 마지못한 척 감사하다며 인숙의 차에 오른다. 그녀는 어둠 속에도 익숙하게 자동차에 문을 열어 시동을 걸었다. 자동차 전조등 불빛이 캄캄한 길을 헤치며 어둠 속으로 사라진다.

"포럼에 자주 좀 나오세요……."

"네에, 그래 볼게요."

"잠깐 어디 좀 들렀다 가도 되지요?"

"네, 그러세요."

드문드문 검은 물체 같은 건물이 서 있는 골목을 지나 한참을 달리니 부채만 한 플라타너스 잎이 출렁이는 가로수길이 나왔다.

얼떨결에 따라나선 진경은 집으로 가는 방향이 아닌 낯선 길에 대해 물어보고 싶었지만, 창밖 지나치는 밤 풍경에 눈을 떼지 못하고 스치는 검은 물체만 바라보고 있다. 불빛 속으로 한껏 키가 자란 벼들이 있는 논배미가 들어왔다.

포장이 되어있지 않은 농로길인 듯, 적당히 오염된 흙냄새가 반쯤 열어놓은 창문 스치는 바람을 타고 들어오는가 싶더니, 인숙은 어느새 나무들이 울창한 산속을 가로지르고 있다. 아슬아슬 굽은 길을 노련하게 핸들을 이리저리 잘도 돌린다. 아카시아며 잡목들이 성난 파도처럼 출렁이며 자동차 유리벽을 마구 두들겨댔다. 인적도 인가도 없고 풀벌레 울음도 없는 골짜기 저만큼에 작은 무덤들이 즐비하게 계단처럼 펼쳐져 있는 것이 눈에 들어왔다. 시간은 벌써 자정으로 가고 있었고, 아직 얼마를 더 가야 하는지도 모를 일이다. 죽은 자의 아파트 같다고 생각하는 순간 서늘한 기운이 등줄기를 타고 머리끝으로 올라왔다. 기세 좋은 인숙이 말없이 핸들만 잡고 앞만 바라본다. 그녀의 얼굴에 약간의 긴장감이 돌았다.

대체 이 밤중에 인숙은 어디를 간단 말인가? 저 공동묘지는 또 무엇이고, 서늘한 산 공기 타고 희끄무레한 달빛이 서늘하게 가슴을 조여왔지만, 가로등은 졸린 듯 외로운 눈동자를 힘없이 굴릴 뿐 지나치는 것에 관심도 없는 듯했다. 검푸른 여름밤, 고요한 산골 정적을 깨는 개구리 울음소리가 자동차 불빛에 놀라 끊겼다가 들리곤 했다. 비가 오려는지 동남풍이 불기 시작했다. 바람결에 몸을 비틀어대는 나무들이 흡사 전설의 고향에 나오는 귀신의 출몰 직전 바로 그 장면을 떠올리게 했다. 조금 전 인숙의 수다스런 말소리도 끊겼다. 진경은 따라나선 것을 후회했다. 원망스런 눈빛을 보냈지만, 인숙은 모른 척 정면만 응시한다.

순간, 곡예를 하듯 좁은 산길을 질주하던 빨간색 자동차가 갑자기 멈추어 섰다. 앞을 보니 더 이상 갈 수 없는 막다른 골목이다. 길이 끊어진 곳에 단조로운 시멘트 건물이 우뚝 막아섰다. 멈춰진 차 안에 불빛이 밝혀지고 인숙이 운전석에서 내린다. 이어서 언제 타고 있었는지 중년의 한 남자가 낡은 서류 가방을 들고 뒷좌석에서 내리고 있다. 다리를 절름거리는 남자는 인숙 앞으로 다가서며 무어라 하고는 천천히 건물 안으로 들어가려다 다시 뒤돌아서 인숙에게 손을 흔들었다. 왜소하고 수더분하니 50쯤 되어 보이는 그는 그가 든 가방처럼 편안해 보였지만, 그런 그에게 건물 벽 높다랗게 매달린 외등은 쓸쓸함을 던져주고 있었다.

두 사람은 마주 보며 몇 마디 주고받더니 사내는 천천히 다리를 절름거리며 건물 안으로 사라지고 인숙은 다시 운전석으로 돌아온다. 시계는 새벽을 향해 가고 있었고 인숙은 오던 길을 속력을 가해 빠르게 질주한다. 인숙의 얼굴에 알 수 없는 미소가 흐르고 있었다.

인숙은 그에게 어떤 의미일까……. 야심한 밤 험한 곳까지 함께 하는 아름다운 동행이었을까 자동차를 돌려나올 때 표정 없는 얼굴로 물끄러미 바라보던 그 사람, 수용소를 연상케 하는 콘크리트 건물 속 그에게서는 어떤 향기가 날까…….

장 웅 상

번역가, 작가, 상담사
2016년 《한국신춘문예》 수필 등단
2021년 《서울시인대학》 시 등단
한국스토리문인협회 이사
영문학박사 외 학위 10개 취득
고려대 대학원 국문학과 수료(한문학 전공)
2018년 경기천년공부장인에 선정됨
타로전문심리상담사, 사주명리학 상담사
K-기적의1분영어연구소 소장
농심형제유튜브 운영(유튜브에서 '장웅상' 검색)
KBS 스타트업 크리에이터
시 집 『식물교도소』
저 서 『공부가 하고 싶은 당신에게』
『저절로 읽어가는 영어』
『기적의 1분 영어』
『탁상용 세계 유명 영어 명언 365』
『쉴만한 물가』 한영시집 번역

삼백 년 살고 싶어 외 2편

장 웅 상

벌써 칠 년 전의 이야기다. 군산 채만식 문학관에 지인들과 문학기행을 다녀왔다. 집에 도착하니 저녁 9시가 되었다. 샤워를 한 후 아내에게 입을 옷을 달라고 했다. 아내는 옷장에서 옷을 하나 내 나에게 주었다. 옷을 펼쳐보니 원피스이다. 아내에게 "나보고 여자가 입는 원피스를 입으라고?"라고 하니 아내가 파란색 옷을 주려고 했는데 잘못 주었다면서 빙그레 웃는다.

아내는 내게 오늘 어디 다녀왔는지 물었다. 군산에 다녀왔다고 했다. 아내는 "그곳 우리 가보지 않았나요?"라고 이야기하면서 '남진 고향?' 이렇게 말한다. 그곳은 목포라고 대답했다. 아내는 "목포나 군산이나 전라도인데 거기서 거기지 뭐?"라고 이야기한다.

아내는 가수 남진의 이야기를 하더니 갑자기 소파에 누워서 <님과 함께>를 부른다.

"저 푸른 초원 위에 그림 같은 집을 짓고
사랑하는 우리 님과 삼백 년 살고 싶어……."

내가 "삼백 년이 아니라 한 백 년이야"라고 말하니까 아내는 '그런가?'하고 또 씩 웃는다. 아내는 십 분 만에 나에게 세 번씩이나 웃음을 선사해주었다. 역시 사람은 나이를 먹으면 자신이 잘못 아는 것도 잘 아는 것처럼 느끼는 법이다. 아내의 재치 덕분에 개그 콘서트를 시청하는 것보다 더 즐거웠다.

흔히 요즘을 백세시대라고 한다. 예전에 한 TV CF에서 자녀들이 어머니의 생신 잔치에서 어머니께 "백 세까지 오래오래 사세요."라고 말했다. 어머니가 이렇게 이야기하셨다. "나 올해 101세인데." 아무리 백세시대라고 해도 실제로 백 세까지 사는 사람은 얼마나 될까? 그래도 남진의 노래처럼 사랑하는 아내와 검은 머리 파뿌리 될 때까지 한 백 년 살고 싶다.

우리 집의 침상감자

우리 집에는 TV가 거실에 하나 그리고 안방에 하나 이렇게 두 대가 있었다. 한 대는 1999년 아내가 혼수품으로 사 왔는데 13년 정도 지나자 고장이 났다. 또 한 대는 형의 집에 있던 것이었는데 형이 필요 없다고 해서 내가 우리 집으로 가져왔다.

어느 날 거의 동시에 두 대의 TV가 수명이 다 되었다. TV가 13년이 넘으면 개의 나이와 동급이다. 아내와 H마트에 가서 TV를 한 대 구매했다. 다음 날 직원이 우리 집에 TV를 설치하러 왔다. 기사님께 TV를 안방에 설치하라고 했다. 아내가 TV를 너무 좋아해서 안 방에서 보도록 하려는 나의 배려였다. 거실에 소파가 있었다. 소파에 누워서 안방 문을 열면 TV가 보여서 거실 소파에 누워서 안방 TV를 지켜보는 관람객으로 지냈다.

5년 전 여름은 너무 무더웠다. 어느 날 일을 마치고 집에 돌아오니 아내가 거실에서 TV를 보고 있는 것이 아닌가? 아내에게 어떻게 TV를 거실로 옮겼냐고 물으니 아내는 "옮기기 쉬워요."라고 말한다. 날이 너무 덥고 거실에 에어컨이 있어서 TV를 들고 거실로 나온 것이다.

아내의 TV 사랑은 대단하다. 5년 전 아내와 이탈리아로 여행했는데 아내는 저녁에 호텔에서 와이파이 번호를 알아내서 유튜브로 그동안 못 본 한국 드라마를 볼 정도였다. 며칠 후 일을 마치고 집에 돌아오니 아내는 안방 침대에 누워 있다. 거실에는 TV가 없다. 이제 날이 선선해져서 아내가 TV를 안방으로 옮긴 것이다.

카우치 포테이토(couch potato)라는 영어가 있다. 직역하면 '침상 감자'라는 뜻인데 소파에 누워 과자를 먹으며 아주 편안한 자세로 TV를 보는 사람을 말한다. '드라줌마'라는 말도 있다. 드라마를 보는 아줌마를 줄여서 드라줌마라고 한다. '드라저씨'라는 말도 있다. 드라마를 보는 아저씨를 드라저씨라고 한다. 한국에서 여가 통계 조사를 했는데 여가 때 가장 많이 하는 것이 TV 시청이라고 한다.

TV는 인류가 만들어낸 멋진 발명품이다. 아내뿐만 아니라 나 또 TV를 사랑한다. TV 속에는 다양한 정보가 많아서 앉아서 세계를 여행할 수도 있고 다양한 공부도 할 수 있고 혼자 있을 때 심심하지 않아서 좋다. 하루 종일 TV를 보지만 않는다면 TV는 멋진 문명의 선물이다.

아내는 TV를 사랑했고 현재도 TV를 사랑하고 있으며 앞으로도 TV를 영원히 사랑할 것이다. 나는 TV를 사랑하는 아내를 사랑했고 현재도 사랑하고 있으며 앞으로도 영원히 사랑할 것이다.

표유매

摽有梅 其實七兮(표유매 기실칠혜)
求我庶士 迨其吉兮(구아서사 태기길혜)
매실이 떨어지고 남은 열매 일곱이라네
나를 찾는 관리들은 좋을 적에 오세요

摽有梅 其實三兮(표유매 기실삼혜)
求我庶士 迨其今兮(구아서사 태기금혜)
매실이 떨어지고 남은 열매 셋이라네
나를 찾는 관리들은 지금 급히 오세요

摽有梅 頃筐塈之(표유매 경광기지)
求我庶士 迨其謂之(구아서사 태기위지)
매실이 떨어져서 광주리 기울여 담았네
나를 찾는 관리들은 말을 하면 오세요

「摽有梅」 三章, 章四句

『시경』 「

;국풍(國風)」 제2편 「소남(召南)」에 나오는 작품 「표유매」는 혼기가 찬 여인이 공개구혼하는 시이다. '표유매(摽有梅)'란 '떨어지는 매화'로도 번역되고 '매화 떨어지다'로도 번역된다. 매화 열매 일곱 개는 가장 좋은 여성의 결혼 적령기를, 매화 열매 세 개는 결혼 적령기를 약간 지난 나이를, 광주리를 기울여 매화 열매를 담았다는 것은 결혼 적령기를 많이 지난 것을 의미한다. 요즘에는 여자가 35세에 결혼해도 전혀 늦은 아이가 아니다.

조선시대 작가 조위한의 작품 「최척전」에 '표유매'가 나온다. 고전 소설을 공부하다 보면 소설 속에 한시가 많이 나온다. 이렇게 소설 속에 나오는 한시를 삽입시(插入詩)라고 한다. 고소설 작가들은 이렇게 자신이 하고 싶은 이야기들을 시로 표현했고 소설은 시로 가기 위한 가교에 불과했다.

이 소설의 주인공 최척은 방에 혼자 앉아서 시를 쓰고 있었다. 갑자기 창문 틈으로 종이쪽지 하나가 날아온다. 그가 쪽지를 주워서 읽어보았다. 「표유매」의 마지막 부분이었다. 요즘 식으로 말하면 여자가 자신이 사랑하는 남자에게 이메일로 프러포즈를 하는 것이다. 이 소설을 페미니즘적 관점으로 보면 여주인공 옥영의 관점에서 읽어도 될 만하다. 그만큼 이 소설에서 옥영이 차지하는 비중이 크다.

조위한은 31세에 상처했고 34세에 재혼했다. 그의 소설 속 주인공인 최척은 옥영이라는 한 여인을 끝까지 사랑하는 인물이다. 최척과 옥영은 임진왜란으로 네 번의 만남과 네 번의 이별을 하고 갖은 고난을 겪은 후 중국과 일본에서 서로 떨어져 지내다가 바다 위에 있는 배에서 서로 조우하게 된다. 이 소설은 임진왜란을 다루는 점에서 역사소설이라고 할 수 있고 남녀의 사랑을 다룬다는 점에서 애정소설이라고 할 수 있고 꿈속에 구원자로서 부처님이 등장한다는 점에서 불교소설이라고 할 수 있다.

이 소설은 크게 '제시－복잡화－절정－대단원'의 구조를 지니고 있다. 옥영과 최척이 만나서 사랑하고 전쟁이 일어나자 최척이 의병으로 참전하고 혼인을 연기했다가 결혼하는 것이 제시이다. 두 사람의 극적인 상봉과 거듭된 이별이 복잡화이고 두 부부의 극적인 상봉이 절정이고 두 부부의 행복한 삶이 대단원이다. 네 번의 만남과 헤어짐 그리고 다섯 번째의 만남이 이 소설의 핵심 내용이다.

나와 아내는 대구에 사시는 고모님의 소개로 처음에 한 번 만났다가 서로 더 좋은 인연을 찾았지만 찾지 못하고 다시 만났다. 그리고 결혼 전까지 매일 한 통씩의 사랑에 관련된 시들을 아내가 사는 집에 보냈다. 지금 생각해 보니 그 연애편지가 내가 아내에게 보낸 일종의 '표유매'였다. 결혼해서 지금까지 잘살고 있으니 아직까지는 떨어지지 않은 매실이다. 벌써 벚꽃의 향기가 화사한 4월이다. 아내와 옛 프러포즈의 추억을 떠올리며 꽃구경 한번 떠나고 싶다.

이 계 옥

월간 ≪문학21≫ 동시, 월간 ≪모던포엠≫ 수필, 월간 ≪스토리문학≫ 동화 등단, 신바람해피인의 하루인사 3년째 집필 중
김포시청공보실발행 김포마루시민기자 15년 활동
한류문인협회장 수필부문 문학예술상, 김포시제3회 여성주간기념 사랑의 편지쓰기공모전 은상, 전국주부편지쓰기대회 우수상 수상,
김포시장, 국회의원, 김포시시의회의장 상 수상
의료법인우리의료재단 김포우리병원이사장 및 의료법인 한사랑의료재단 메디웰병원 감사패, (사)대한가수협회(봉사부문)감사장, 공로상, 인기장려상, (사)인천곰두리봉사회장표창장(봉사부문), 제1회 대한민국 인천국제신인가수가요제동상 수상, 가요강사자격증1급, 작사가, 작곡가, 가수(음원, 음반등록), 신바람부부듀엣가수로 활동 중

설날 회상 외 2편

이 계 옥

아마도 다섯 살 되던 해의 설날 저녁이었던 것 같다. 아버지는 넓은 외가 사랑방에 동네 어르신들을 모아놓고, 흘러간 옛 노래들을 아코디언으로 연주하셨다. 사랑방 가장자리에 빙 둘러앉은 어르신들은 아버지의 아코디언연주에 맞춰 손뼉을 치면서 노래를 부르셨다. 외할머니가 간단하게 차린 술상을 가운데 두고, 술잔을 주거니 받거니 하던 몇몇 어르신들은 기분 좋게 적당히 술기운이 오르게 되면 일어나서 덩실덩실 춤까지 추면서 즐거워하셨다.

이따금 고향이나 이별, 전쟁을 주제로 한 느리고, 슬픈 노래가 연주되면 노랫소리는 작게 떨렸고, 이따금 옷소매로 눈가를 닦는 분들도 계셨다. 그때마다 아버지의 두 눈은 어둠침침한 호롱불에 비쳐서도 순간 반짝거렸고, 이내 뺨 위로 흘러내리는 두 줄기 굵은 눈물을 보이셨다. 당장 입을 옷가방만 들고, 고향을 떠나면서 어머니와 이별한 1.4후퇴 때의 생각이 떠오르셨기 때문이리라. 생사 소식도 모른 채 이북 고향에서 이제나저제나 돌아오기만을 기다리고 있을 부모 형제들 생각에 절로 흘러내리는 뜨겁고, 외로운 눈물이리라.

아버지는 분위기를 다시 밝게 바꾸기 위해 빠르고, 경쾌한 리듬의 곡을 연주하셨는데 틈틈이 초등학교 음악교과서에 실린 동요를 연주하시면서 나와 세 살 위인 이종언니를 부르셨다.

설날이 다가오면 엄마는 막내이모가 작아서 입지 못하는 한복을 뜯어서 물감을 곱게 들여 나에게 정성껏 예쁜 한복 치마와 저고리를 만들어 입히곤 하셨다. 그 설빔을 빨리 입고 싶어서 다른 날보다 일찍 새벽에 일어났던 일, 엄마가 시켜야 겨우 했던 세수도 스스로 얼굴을 깨끗이 닦았던 일, 떡국을 먹으면서 자칫 치마에 흘릴까 걱정되어 엄마의 앞치마를 둘렀던 일, 아버지 손잡고, 동네방네 집집마다 다니며 어르신들에게 큰절로 인사를 드렸던 일, 떡과 약과와 다식과 눈깔사탕 등을 받아 종이봉지에 담아 몇날 며칠 아끼며 먹었던 일 등의 기억이 새롭다.

동생들과 이종언니와 마루에서 재미있게 놀던 나는 언니와 함께 사랑방으로 들어갔다. 아버지가 켜시는 '산토끼', '태극기', '송아지' 등의 노래를 부르면 어르신들도 손뼉을 신나게 치면서 같이 부르셨는데 노래가 끝나면 큰 소리로 '잘했다, 예쁘다!' 칭찬과 함께 박수를 쳐주셨다.

그런데 '산토끼' 노래를 부를 때면 초등학교 1학년인 이종언니는 양손을 머리 위에 올리고, '산토끼 토끼야…….' 노랫말에 맞춰 깡충깡충 뛰면서 춤을 추었다. 하지만 나는 동네에서 농악대가 지나갈 때마다 뒤따르던 어른들이 어깨춤을 들썩거리며 추는 모습만 봤던 터라 '춤은 저렇게 추는 거구나!'라고 생각하면서 산토끼 춤도 양팔을 위아래로 흐느적거리면서 한국 춤처럼 추었다. 그때마다 동네 어르신들이나 가족들이 박장대소하셨다. 외할머니와 아버지는 흐뭇한 표정으로 웃으며 바라보셨는데 엄마와 시집 안 간 막내이모는 말씀하셨다.

"너도 종옥이 언니처럼 따라서 똑같이 춰봐."

그때마다 나는 언니가 많이 부러웠지만, 티를 내지 않으려고 꾹 참으면서 말했다.

"언니는 한복을 안 입었으니까 그렇게 추지만 나는 한복을 입었으니까 이렇게 춰야지."

여덟 살이 되어 초등학교에 입학했다. 담임 선생님으로부터 '산토끼' 노래와 춤을 배웠다. 그 이후 설날 저녁때부터는 한복을 입고도 언니랑 똑같이 깡충깡충 뛰면서 산토끼 춤을 추었다.

막내이모는 한복 입은 나에게만 도라지 춤을 가르쳐주어 춤추게 하셨다. 나는 이모가 가르쳐주는 대로 즐겁게 배워 혼자 연습을 계속했다.

아홉 살 되던 해 설날 저녁에 동네 어르신들이 가득 모인 사랑방에서 언니와 같이 산토끼 춤을 추고, 나 혼자 도라지 춤을 추었다. 이모는 그에 대비하여 종이를 잘게 자른 조각들을 작은 소쿠리에 잔뜩 넣어 주셨다. 나는 그 조각들을 동네 어르신들 머리 위로 흩뿌리면서 사랑방 가장자리를 돌았다. 어르신들은 도라지노래를 부르면서 조각들을 받기 위해 두 손을 벌리며 기분 좋아하셨다. 나는 더욱 더 신이 나서 더 많이씩 뿌렸다. 춤을 끝내면 막내이모는 바닥에 떨어진 조각들을 긁어모으느라 바쁘셨다. 춤을 출 때는 괜찮았는데 모인 어르신들로부터 잘 춘다고 칭찬을 받을 땐 얼굴이 홍당무가 되곤 했었다.

지금 생각해도 부끄러운 줄 모르고, 한국 춤처럼 추었던 나만의 산토끼 춤과 막내이모가 가르쳐준 도라지 춤이 더 신선한 옛 맛이 나면서 흥겨워 좋았던 것 같다.

봄맛

'봄'하면 많은 사람들은 화려한 봄꽃을 연상하기 쉽고, '시작'이나 '출발'이라는 단어를 떠올리며 '봄은 약동의 계절, 생명의 계절'이라고 말할 것이다. 하지만 내가 어렸을 적의 봄은 먹을 것이 없어서 배를 곯아야 했던 보릿고개 시절이었다. 가을에 수확한 양식을 겨우내 먹다 보면 바닥이 나고, 보리는 아직 여물지 않아 먹을 것이 부족했기 때문이다. 요즘은 겨울에도 비닐하우스를 설치하여 얼마든지 농산물을 재배할 수 있지만 그 당시에는 그런 정보나 지식이나 기술, 기계가 없었기 때문이다.

거기에 우리 집은 농사가 일절 없었고, 교육공무원이셨던 아버지가 한 달에 두 번 월급으로 받아 오신 밀가루와 보리쌀에만 의존했기 때문에 밀가루와 보리쌀 부대가 비워지면 굶어야 했다. 그래서 퇴근하여 귀가하신 아버지는 삽과 곡괭이를 들고, 나를 데리고 뒷산으로 올라가셨다. 아버지는 땅을 파서 칡뿌리를 캐셨고, 나는 소쿠리에 진달래꽃잎과 송화 열매를 따왔다. 엄마는 칡뿌리를 깨끗이 씻어서 껍질을 벗기고, 씹기 좋게 다듬어주셨는데 아주 달았다. 진달래와 송화 역시 달짝지근한 맛이었는데 칡뿌리처럼 아무리 많이 먹어도 배는 부르지 않았다. 어디까지나 배고픔을 잊기 위한 심심풀이에 불과했던 것이다.

엄마는 가끔 밀가루를 물에 풀어 부침이를 만들어주셨는데 내가 따온

진달래꽃잎을 예쁘게 올려놓으면 맛이 훨씬 더 좋았다. 다행히 들판으로 나가면 쑥과 냉이가 무척 많아서 얼마든지 잔뜩 캐올 수 있었다. 쑥으로는 쑥버무리와 부침이, 국을 끓여 먹을 수 있었고, 냉이는 반찬이나 국을 끓여서 식사로 대용할 수 있었다.

초등학교에 입학하기 전인 어느 날. 소쿠리로 가득 뜯어온 쑥이나 냉이를 엄마가 깨끗이 다듬어서 쑥은 부침이를, 냉이는 초고추장에 무쳐서 나물로 저녁 밥상에 올려놓으셨다. 아버지가 물으셨다.

"이 냉이는 누가 뜯은 거야?"

엄마가 대답하셨다.

"계옥이가 낮에 캐온 거예요. 이 쑥도 같이요."

"어쩐지 냉이반찬과 쑥부침이에서 계옥이 냄새가 물씬 나는 걸?"

기특하게 생각하신 아버지는 웃으면서 칭찬해주셨다. 나는 부끄러워 얼굴이 붉어졌지만, 기분이 참 좋았다.

그 다음 날, 학교수업을 파하고, 집에 오자마자 또 소쿠리를 들고, 들로 나갔다. 어제처럼 또 칭찬을 받고 싶은 마음에 그날은 쑥과 냉이를 더 많이, 소쿠리를 가득 채웠다. 그런데 집에 들어오자마자 엄마는 큰소리로 야단을 치셨다.

"누가 너한테 이걸 해오라고 했어? 동생들은 안 보고?"

화가 잔뜩 난 엄마는 쑥과 냉이가 가득 담긴 소쿠리를 마당에 내동댕이치셨다. 그 당시에 동생들이 넷이 있었는데 젖먹이 동생을 업어주거나 다른 동생들을 돌봐야 엄마는 집안 청소를 할 수 있었고, 저녁 준비도 하실 수 있었는데 내가 없었으니까 혼자서 많이 힘드셨던 것이다. 엄마는 저녁상을 치운 후 내가 낮에 캐온, 야단치면서 내동댕이치셨던 쑥과 냉이를 밤늦게까지 찬찬히 다듬어서 다음 날 아침 밥상에 냉이 반찬과 쑥국으로 올려놓아 온 가족이 맛있게 먹었다.

먹을 것이 풍부하지 않았던 그 당시에 내가 할 수 있었던 건 쑥이나 냉이를 캐는 일뿐. 어린 동생들 때문에 엄마가 할 수 없는 일을 대신 할 수 있다는 기쁨과 내가 캔 쑥과 냉이음식으로 식구들의 배를 채울 수 있다는 것에 매우 뿌듯했다. 이따금 그때의 냉이반찬과 쑥국 맛이 그리워서 슈퍼에서 구입한 쑥과 냉이로 국을 끓이고, 초고추장으로 양념하여 먹어보지만 어렸을 때의 맛이 나질 않는다. 양념은 그때보다 더 넉넉히 골고루 넣었는 데도…….

신바람 해피인의 하루 인사

2019년 12월부터 중국 후베이(湖北)성 우한(武漢)시에서 집단발병하기 시작하여 전 세계로 확산된 코로나19 호흡기 감염질환! 모든 행사와 공연과 봉사활동은 취소되거나 잠정적으로 미뤄졌고, 확진자와 사망자 수도 늘어만 갔다. 불안한 마음에 2020년 2월초부터 개인과 단체 카토크를 통해 안부를 묻기 시작했고, 답으로 '별일 없음의 고마움', '오늘도 무사히!' 글을 새긴 사진을 200여 분에게 보냈다.

누구나 공감, 공유할 수 있는 생각이나 느낌, 짧지만 여운이 남는 글, 개선시키고 싶은 글에 5일 간격으로 명사들의 명언을 추가시킨 신바람 해피인의 하루 인사를 매일매일 계속하면서 새 아이디어를 첨부하여 발전시켰다. 인원도 점점 늘어서 천 명, 이천 명, 지금은 40여 개의 단체톡과 80여 개의 개인 톡으로 3,500여 분에게 보내고 있다.

요즘은 어딜 가든지 하루 인사로 사용할 예쁜 사진을 찍거나 모은 덕에 폰에 저장되어 있는 사진들이 2만 컷이 넘는다. 신바람해피인의 하루 인사에 답을 해주는 사람에게 건강과 행복을 비는 답 글 사진을 보낼 때가 참으로 행복하다. 또 하루를 마무리 지으면서 밤 인사를 보낼 때는 편안한 마음과 감사하는 생각이 절로 든다.

나를 아는 사람, 내가 아는 사람들과 사랑을 나누기 위해 행복에 희망을 싣고, 신바람해피인의 하루 인사를 보냅니다. 'Good Morning' 차이는 서로 같지 않는 다름이며 차별은 차이를 이유로 합리적 근거 없이 부당하게 대우함입니다. 차별은 없애고, 차이는 존중해야 합니다. 봄인 듯싶은데 조석으로 아직 쌀쌀합니다. 겨울의 끝자락이 남긴 꽃샘추위 속에서 봄은 아직 산고 중인가 봅니다. 폰은 개인과 영상통화가 가능하니 참 좋습니다. 폰은 단체와 좋은 글이나 사진 소통이 가능하니 더욱 좋습니다.

'독서하면서 커피를 마신다. 커피 마시면서 독서를 한다.' 같은 모습이라도 시각에 따라 달리 표현할 수 있습니다. 꾸미는 사람보다 꿈이 있는 사람이 더 좋습니다. 꾸미는 사람은 외모만 화려하지만 꿈이 있는 사람은 삶이 화려합니다. 거짓말이란 사실이 아닌 것을 사실처럼 꾸며서 말하는 것을 의미합니다. 거짓말은 잘못이나 허점, 부족함을 감추기 위한 수단입니다.

옷은 몸 보호 역할을 넘어 나를 표현하는 방법 중 하나입니다. 옷의 가치는 입은 사람의 인격과 품위에 따라 달리 보입니다. 표정은 마음입니다. 심리상태가 얼굴로 전달되어 표정으로 나타납니다. '야호…….' 어렸을 적엔 자주 들었던 반가운 메아리입니다. 언젠가부터 들을 수 없어 그리운 메아리입니다.

국가의 대표는 대통령입니다. 국가의 주인은 국민입니다. 국가가 있어야 내가 존재합니다. 마라톤선수는 화려한 의상이 필요 없습니다. 마라톤선수는 오래달리기에 좋은 운동화가 필요합니다. 웃음이나 눈물은 의사소통의 한 방법입니다. 웃음이나 눈물은 비언어적 방식으로 표현하는 인간의 감정입니다.

운명대로 태어나 살다가는 인생! 운명은 내 왼팔에 장애를 주었지만 튼튼하고, 예쁜 두 다리를 선물했습니다. 남에게 행복을 빌어주는 사람은 복을 받습니다. 남에게 행복을 빌어주고, 축하해주는 사람은 복을 누립니다. 착함은 듣기 좋은 말 속에 있지 않습니다. 착함은 양심 속에 있습니다.

2021년 2월 28일에 태어난 어린이의 생일을 축하합니다. 2020년 2월 29일에 태어난 어린이의 생일은 2024년 2월 29일에 축하합니다. 경제적 여유가 없는 사람은 돈 많은 사람이 행복하다며 부러워합니다. 경제적 여유가 있는 사람은 건강한 사람이 행복하다며 부러워합니다. 우울한 생각에 짜증을 더하면 슬퍼집니다. 즐거운 생각에 기쁨을 더하면 행복해집니다.

노인과 어른은 똑같은 성인입니다. 노인 같은 성인이 있고, 어른 같은 성인이 있습니다. 외로움은 혼자 있다고 느끼는 감정이 아닙니다. 여럿이 함께 있어도 혼자라는 느낌을 받으면 외롭습니다. 친구와의 약속을 어기면 우정에 금이 생깁니다. 자식과의 약속을 어기면 존경심에 금이 생깁니다. 남자는 마음으로 늙고, 여자는 몸으로 늙습니다. 남자는 기분이 좌우하고, 여자는 꾸미기가 좌우합니다.

노래가 듣기 좋은 이유는 도레미파솔라시 칠 음이 있기 때문입니다. 무지개가 보기 좋은 이유는 빨주노초파남보 칠색이 있기 때문입니다. 이 세상의 나는 오직 하나입니다. 나의 존재가 소중한 만큼 나의 삶도 매우 소중합니다. 입은 행동과 늘 함께해야 합니다. 입이 올바르면 행동도 올바르게 해야 합니다. 자식을 향한 부모의 희생이나 사랑은 끝이 없습니다. 부모를 위한 자식의 희생이나 효도는 한계가 있습니다.

베풂은 마음의 여유입니다. 베풂은 경제적 여유와 아무 상관이 없습니다. 좋은 생각을 많이 하는 사람은 늘 기쁨과 동행합니다. 기쁨과 동행하는 사람은 늘 행복과 감사와 동행합니다. 자연은 신의 작품입니다. 예술은 삶의 작품입니다. 마음이 따스한 사람의 글은 온기가 풍깁니다. 마음이 차가운 사람의 글은 냉기가 풍깁니다. 우리 삶에는 희망도 있고, 실망도 있습니다. 오늘의 실망이 내일은 희망으로 바뀔 수 있습니다.

아침마다 동쪽에서 뜨는 해는 늘 똑같습니다. 아침 해를 맞이하는 사람의 기분은 각기 다릅니다. 도전정신은 몸과 마음을 청춘으로 유지시켜 줍니다. 도전실행은 생활을 청춘으로 유지시켜 줍니다. 스트레스는 자신이 만든 틀에 얽매여 생깁니다. 융통성은 틀의 모양을 바꿔 스트레스를 풀어줍니다. 따뜻한 말 한마디의 위력은 매우 큽니다. "잘될 거예요!" 괴롭고, 힘들 때 큰 힘을 줍니다. 사랑이라고 다 똑같은 사랑이 아닙니다. 욕정에 취하면 육체만 즐겁고, 온정에 취하면 영혼까지 즐겁습니다.

얼마 전 작고하신 1927년생 송해 코미디언 겸 MC에게 건강비결을 여쭸습니다. "B(버스), M(지하철), W(걷기)를 많이 이용한 덕분이지요." 참 부자는 돈이 많은 사람이 아닙니다. 마음의 여유가 많은 사람이 참부자입니다. 누구나 다 성인이 될 수 있습니다. 하지만 성인다운 성인이 되기란 참으로 어렵습니다. 머리 좋은 사람은 노력하는 사람을 이기기 어렵습니다. 노력하는 사람은 즐기면서 노력하는 사람을 앞서기 어렵습니다.

손녀가 종이로 지갑을 예쁘게 만들어서 선물로 주었습니다. 지폐를 넣을 수 있는 용도 면에서 만 원짜리 손지갑과 별 차이가 없습니다. 모르는 것은 '모른다.' 솔직히 답하세요. 모르는 것을 아는 척하고 있을 때 상대방은 속으로 비웃고 있을지 모릅니다. 생각 없이 한 작은 선행이 한 사람의 삶을 변화시킵니다. 나의 작은 선행도 누군가의 삶을 변화시킬 수 있습니다.

한글은 참으로 위대합니다. '감수'에서 모음하나의 방향을 바꾸면 '감사'가 됩니다. 공짜란 힘이나 돈을 들이지 않고, 거저 얻은 물건을 뜻합니다. 공짜는 쉽게 나가거나 손해를 초래하기 쉽습니다. 두 사람이 숫자 하나를 가운데 놓고, 입씨름을 합니다. '6이라고.' '아냐, 9라니까.' 그대가 옳다고 상대방이 틀린 건 아니다. 상대방의 입장에서 바라보지 않았을 뿐입니다. 입장을 바꿔서 생각하면 상대를 쉽게 이해할 수 있습니다.

나이가 들면 깨닫거나 배울 점이 없을 줄 알았습니다. 나이가 드니 깨닫거나 배울 점이 점점 더 많아졌습니다. 삶의 가장 훌륭하고, 정확한 예언자는 과거입니다. 과거는 미래의 안내자 역할을 해줍니다. 내 인생의 주인공은 나! 이 세상의 주인공도 나! 이 세상의 중심대는 바로 '나' 입니다. 새로운 일에 도전할 때는 짜임새 있는 계획이 필요합니다. 짜임새 있는 계획은 일의 성공과 직결됩니다. 진정한 친구는 진심을 앞세웁니다. 누구에게나 매사 정성을 다한다면 언젠가는 진심이 통할 것입니다.

사랑의 힘은 무에서 유를 창조합니다. 사랑이 없는 삶은 아무 의미가 없습니다. 만남이나 이별은 운명이 만들어준 필연입니다. 우연도 인연! 필연으로 예쁘게 이어가세요. 아름다운 꿈을 꾸는 사람은 미래가 밝습니다. 환하게 웃는 얼굴은 화려한 의상보다 더 아름답습니다. 채워도, 채워도 부족함은 늘 있기 마련입니다. 과한 욕심 뒤에는 더 큰 손해가 따릅니다. 실수는 덮을수록 겉으로 드러납니다. 높은 지위나 계급, 성공으로 사귄 친구는 오래가지 못합니다.

육체의 건강은 곧 정신의 건강입니다. 행복의 크기는 마음이 품은 고마움의 크기입니다. 여행은 많은 지식과 경험을 쌓을 수 있습니다. 코로나19 확진자 수가 부쩍 늘어 세계 1위란 불명예를 얻은 한국! '걸린 사람은 정상……, 안 걸린 사람은 비정상…….' 최신유행어가 생겼습니다. 걸린 사람은 그만큼 대인 관계가 좋다는 의미랍니다. 사망자증가로 장례식장 구하기가 어려워서 4, 5일장을 지내야 한답니다. 델타변이 코로나바이러스의 감염 속도가 14초! 마스크 이용이 유일한 코로나 피해예방 건강지킴 수단입니다. 마스크를 꼭 쓰세요.

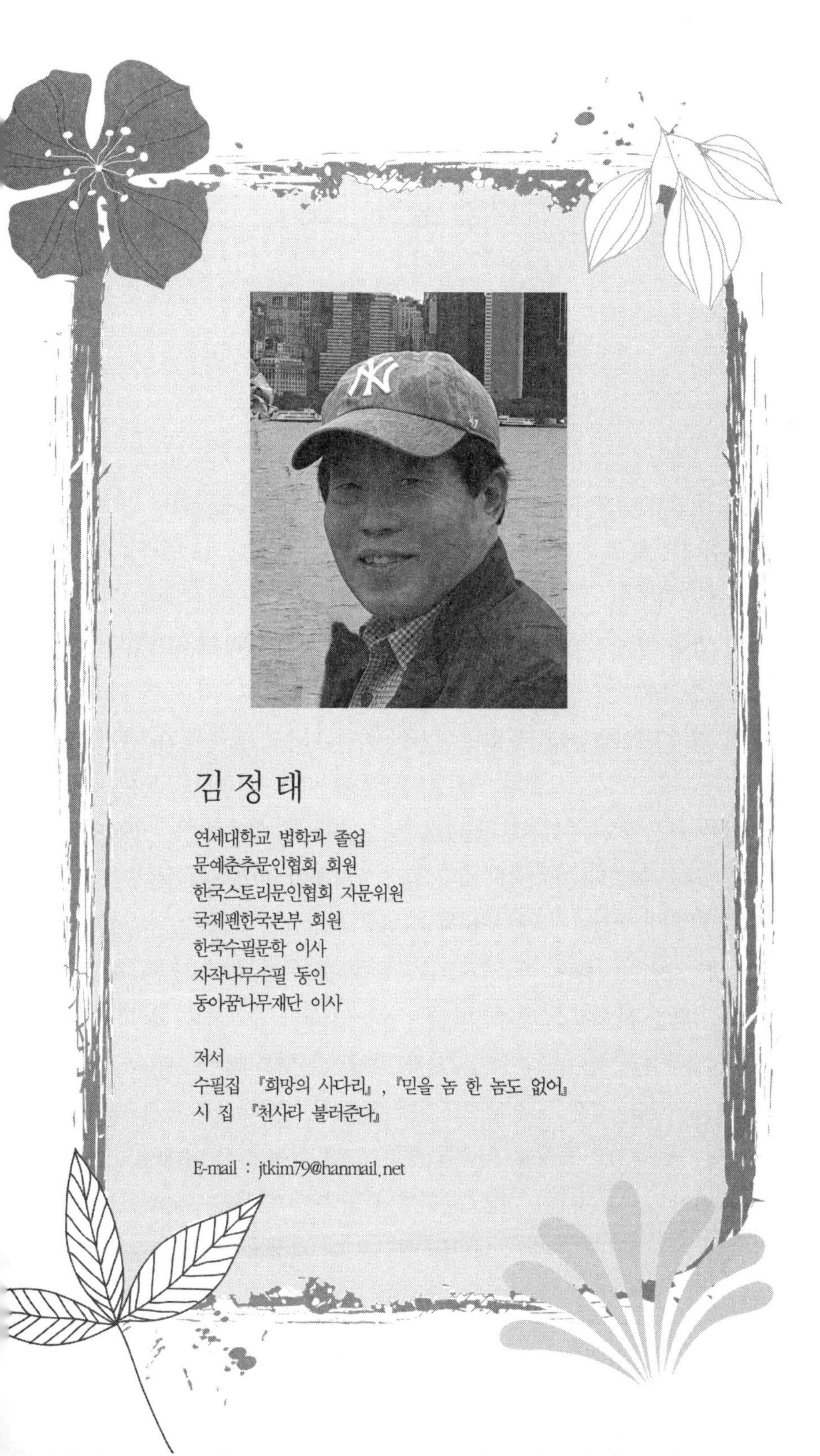

김 정 태

연세대학교 법학과 졸업
문예춘추문인협회 회원
한국스토리문인협회 자문위원
국제펜한국본부 회원
한국수필문학 이사
자작나무수필 동인
동아꿈나무재단 이사

저서
수필집 『희망의 사다리』, 『믿을 놈 한 놈도 없어』
시 집 『천사라 불러준다』

E-mail : jtkim79@hanmail.net

운명의 올가미 외 2편

김 정 태

한 여인이 점장이에게 가서 아들의 운명을 점쳤다. 점장이는 그 애가 까마귀에게 죽을 것이라고 예언했다. 여인은 걱정 끝에 큰 궤짝을 만들어 어린 아들을 그 속에 넣어 길렀다. 그러던 어느 날 여인이 뚜껑을 열고 밥을 먹이고 있는데 아이가 밖을 보기 위해 머리를 쳐들었다. 이때 뚜껑 문이 닫히면서 까마귀 주둥이같이 생긴 문고리가 아이 머리를 찔러 결국 아이는 죽고 말았다. 이솝우화에 나오는 운명의 이야기인데 운명은 다양한 얼굴로 삶의 주변을 집요하게 따라다니는지도 모른다.

입사 1년 정도 시점에서 얼마씩이라도 저축을 해야겠다는 생각으로 재형저축을 들었다. 한 달에 12만 원씩 저축하여 30개월이 될 무렵, 모르는 전화가 뻔질나게 오는가 하면 낯선 사람들이 사무실로 찾아와서 면담을 요청하곤 했다. 개포동이라는 곳에 아파트를 분양하는데 재형저축에 가입한 사람에게 청약권이 주어지는 제도가 처음으로 실시된다고 했다. 사무실을 찾아온 부동산업자가 청약권을 양도해주면 400만 원을 주겠다고 했다. 결혼 초 아파트분양에 대해서는 꿈도 꾸지 못할 때여서 다음날 양도하기로 구두로 약속을 했다. 그날 집에 가서 아내에게 상황을 이야기했더니 아내가 대뜸 “우리가 집을 사야지, 무슨 소리냐?”고 단호하게 이야기했다. 아내는 나이도 어리고 내 결정에 박수도 잘 쳐주어

나는 400만 원 공돈을 자랑삼아 이야기 한 것이었는데 뜻밖의 반응이었다. 밤새 설득을 시켰지만 아내의 생각은 단호했다. 다음날 부동산업자를 만나 밥을 사주면서까지 사정해서 없던 일로 했다. 아파트 분양이 끝난 이후, 어느 날부터 주변에는 관공서에 줄줄이 불려 다니는 직원들로 눈길을 끌었다. 공장에 많은 직원들이 나와 비슷한 입장에서 청약권을 팔았다가 당국의 추적을 받아 처벌을 받게 되었다. 당시는 청약권 제도가 처음 실시되었는지 통장매매가 불법이 된다는 것을 모르고 있을 때라 청약권을 잃고 벌금까지 물어야 했다. 세월이 흐른 후 그 지역 아파트는 쳐다볼 수도 없을 정도로 엄청난 변신을 한다. 촛불정권 때 뜨거웠던 용어 '똘똘한 한 채'의 군락지로 변모하게 된다.

운명의 가혹함을 생각하노라면 베르사이유 궁전의 일화가 생각난다. 루이 14세는 다섯 살에 왕이 되어 모후 안도트리슈가 섭정을 맡게 된다. 섭정을 맡은 모후는 국사 운영을 로마 가톨릭 추기경인 마자랭에게 맡겼다. 마자랭은 루이 14세의 정치수업을 지도하며 절대 군주제를 성립시켜 그동안 귀족들에게 눌렸었던 왕권을 강화한다. 1661년 루이 14세가 21세가 되어 친정(親政)을 할 수 있게 된다. 당시 재무상 '니콜라 푸케'는 5년에 걸쳐 만든 화려한 그의 저택 '보르비 콩트'를 개방하여 '왕의 밤'이라는 축제를 벌이게 된다. 3천 명의 축하객이 초대되었는데 초대된 손님들은 니콜라 푸케가 준비한 어마어마한 규모의 파티에서 입을 다물지 못했다고 한다. 432개의 순금으로 된 접시와 잔으로 식사를 준비하였고 정원에서는 1,200개의 음악분수를 비롯하여 발레, 수중공연, 불꽃놀이 등이 펼쳐지게 된다. 최고로 화려하고 호화로운 파티를 열어 왕을 축하했다. 그러나 니콜라 푸케는 이 호화판 축제로 왕의 환심보다 노여움을 사고 말았다. 축제가 있은 후 왕은 달타냥과 삼총사를 시켜 니콜라 푸케를 체포하게 한다. 왕의 친정(親政)을 축하해주려 했다가 날벼락을 맞았으니 본인 당사자는 얼마나 황당해했겠나.

그는 1703년까지 바스티유 감옥에 수감되어 있었는데 뒤마의 소설로도 유명한 '철가면'의 실제 인물이 바로 니콜라 푸게라는 설이 유력하다고 한다. 호화판 축제만 아니었다면? 그는 호화로운 삶을 이어 나갈 수가 있었을 것이다. 문득 그것은 '운명이었을 것이다.'라는 생각을 하게 한다.

운명은 삶의 도처에서 올가미를 준비하고 우는 사자와 같이 호시탐탐 노리고 있는지도 모른다. 운명은 그 덫에 걸리는 제물을 혹독하고 잔인한 손속으로 사정없이 비트는 모양이다. 운명은 또한 그의 덫에 걸려 가슴 치며 피를 토하는 모습에 쾌재를 부르나 보다.

결혼 초기 청약권 문제로 낭패를 겪을 뻔했던 개포동 아파트에 재건축이 진행되어 5월 30일 조합원 동 호수 추첨이 완료되었다. 우리부부는 그 번호를 받아 고개 숙여 감사했다. 내가 일찍 거금의 청약권 유혹에 기뻐 들떠있을 때 운명은 올가미를 들고 다가와 기회를 엿보고 있었을지도 모른다. 그때 내가 한 발 훌쩍 내디뎌 그 운명의 올가미에 걸렸더라면 나는 살아오면서 지금까지 "그때 청약권만 팔지 않았더라면……."하고 가슴 치며 살아왔을지도 모른다.

운명이 호시탐탐 먹이를 노리다가 아무 수작도 부리지 못한 채 떠나간 흔적을 바라 볼 때마다 지금도 섬뜩해 가슴을 쓸어내린다.

땡잡았다

집들이나 동창들 식사 모임이 있으면 으레껏 뒤풀이로 화투판을 벌인다. 선수들은 고스톱이나 짓고땡으로 밤을 새우는 경우도 있는데 웃고 떠들며 친목도모(?)가 목적인 나 같은 하수들은 '섯다'를 즐긴다. 판을 돌리기 전에 종이에 큼지막하게 가보, 새륙, 장사, 장일, 구삥, 새삥, 알리, 땡, 장땡, 3.8광땡을 순서대로 적어 제일 헷갈려하는 멤버 옆에 비치해놓으면 수시로 그 족보를 훑어보면서 설까 말까 왁자지껄 시간 가는 줄 모른다.

이 섯다판에서 화투장을 쫄 때, 땡이 나오면 그 스릴은 이루 말할 수가 없다. 특히 일행들이 다투어 판을 키우는데 장땡이나 3.8광땡을 잡고 느긋이 기다리는 그 순간의 희열과 짜릿함은 어떤 표현으로도 충분치 않다.

중랑천 뚝방길에 봄이 만개하고 있다. 산수유, 목련, 개나리가 한창이고 벚꽃망울이 터질 듯 부풀어있다. 중랑천은 내가 살고 있는 아파트에서 물길 따라 이화교, 중랑교, 겸재교, 장안교, 장평교, 군자교로 산책로가 쾌적하게 이어져 있다. 한 달 전 이 산책길 요소요소에는 선거인들이 쫙 깔려 대선 홍보지를 돌리곤 했다. 도로 곳곳에는 대선 홍보차량이 요란스런 로고송을 울리며 다녔는데 그때의 소음이 사라진 길녘은 온통 개나리 산수유의 화사함으로 채워져 지고 있다. 중랑천 뚝방길은 노원구 성북구 동대문구로 구획지어진다. 내가 처음 이곳으로 이사 왔을 당시는 뚝방길이 엉망이었다. 연탄공장에서 버린 폐기물과 집기들이 뚝방 여기저기에 방치되어 있어 위험하고 불결하기 짝이 없었다. 중랑천은 비가 내려 일단 물이 불어나면 상류에서 버리는 공장폐수로 인해 물고기가 떼죽음을 당하곤 했다. 그동안 지자체의 꾸준한 노력으로 지금은 중랑천이 맑아져 물고기와 새들의 천국일 뿐 아니라 뚝방길은 주민들의 쾌적한 산책로와 휴식터로 변모되었다. 중랑천은 흐르는 물과 주변 환경이 깨끗하고 가로수 초록이 싱그럽기 그지없다. 들풀과 야생화가 아름다울 때면 오가는 사람들의 얼굴이 더욱 밝고 활기차다. 이화교에 서면 중랑천 저 멀리 끝닿아 보이는 곳에 선인봉, 자운봉, 백운대, 인수봉이 한눈에 들어온다.

성북구는 노원구와 동대문구 사이에 겨우 그 끝자락을 깔고 있는 상태라 뚝방길 점유가 얼마 되지 않는다. 그래서 구청 행정에서 후순위로 밀려나는지 한때는 뚝방길 조성이 늘 성의 없이 방치되다시피 해왔다. 거기에 비해 이웃 동대문구 방향은 뚝방길 뿐만 아니라 둔치개발에 있어서 언제나 한발 앞서 적극적이며 활력이 넘쳐 보인다.

동대문구 관할인 겸재교 장안교 구간 1Km 이상 이어지는 뚝방길은 벚꽃계절이 되면 황홀하기 이를 데 없다. 벚꽃이 만개하면 춥지도 덥지도 않은 날씨에 벚꽃 놀이를 즐기는 사람들로 축제의 장이 벌어진다. 산책하는 사람들, 운동하는 사람들, 군데군데 가족과 친구들이 둘러앉아 다과를 즐기는 사람들, 솜사탕 파는 리어카, 사진 찍는 사람들, 어린아이. 강아지까지 꽃에 취해 황홀경에 빠진다. 뿐만 아니라 뚝방 아래 둔치에서는 군데군데 생활체조 동호인들의 활기찬 구령소리로 봄날 저녁을 농익게 한다. 지구상 어느 곳이 이렇게 아름답고 평화스러울 수 있을까? 이 나라는 정말 축복받은 땅! 지도자 잘못 만나 폭망한 터키나 베네수엘라를 떠올리노라면 정수라의 '아, 대한민국'이 절로 흥얼거려진다.

중랑천 건너편 중랑구는 더 적극적이다. 뚝방길 일대에 100여 종이 넘는 각종 장미를 심고 가꾸어 해마다 장미축제를 연다. 중랑구청에 어떤 직원이 있어 뚝방길을 이렇게 지극정성으로 다듬고 가꾸는지? 장미축제를 볼 때마다 신기하고 감사한 마음에 그런 공무원은 마땅히 포상을 받아야 한다는 생각을 하곤 했다. 중랑천 장미축제가 워낙 호응이 좋으니 몇 년 전부터는 서울시가 접수하여 직접 서울장미축제로 가꾸어 호평을 받고 있다.

나는 성북구 주민이면서 중랑구 장미 꽃길을 거닐고 때로는 동대문구 벚꽃길 신세도 진다. 뿐만 아니라 동대문구에서 번쩍거리게 가꾸어놓은 배봉산 산책길을 이용하기도 한다. 가는 곳마다 아름다운 정경에 요소마다 편리한 화장실까지 설치해놓았다. 주민들을 위한 정성에 감사함을 느껴지고 지역 발전과 풍요로움이 자랑스럽게 느껴진다. 이웃 잘 만나 성북구에서 동대문구의 혜택을 이만큼 누린다는 것은 보통 행운이 아니다. 주민들을 위해 이보다 더 좋은 복지가 어떻게 있을 수 있겠나? 가는 곳마다 이 정도니 이 시대를 사는 국민들 모두의 축복이 아닐 수 없다.

토요일이다. 여느 때처럼 아침 일찍 중랑천 산책길을 나섰다. 나올 때는 좀 쌀쌀하게 느껴졌는데 봄철이라 금방 볕이 따뜻해졌다. 이화교, 중랑교, 겸재교, 장안교를 지나 장평교를 향해 걷고 있는데 길 한켠에 경찰 대여섯이 서 있었다. 나를 보고 "아저씨 잠깐만요"라 한다. '뭐야? 멀쩡하게 가는 시민을 경찰이 왜 불러 세워?'라고 생각하며 멈칫하고 있으려니 모든 경찰이 응시하는 가운데 나를 불러 세웠던 그 경찰이 다가와 내가 쓰고 있는 모자를 벗기고 다른 모자 한 개를 씌워주었다. 그러고는 잘 어울린다며 "쓰고 가세요. 동대문 경찰서요. 캠페인 나왔어요"라 하더니 "동대문 경찰서 교통과예요"하고 한 번 더 강조했다. 젊은 경찰이 활달하고 친절했다. 고맙다는 말을 하고 '화이팅!'을 해주었다. 가던 길 계속 가며 생각해 보니 이만저만 기분 좋은 것이 아니다. 토요일마다 오는 이 산책길, 서너 시간의 산책을 끝내면 모든 번뇌가 사라지고 희열이 넘치는데 오늘은 뜻하지 않게 모자까지 얻어 썼다. 계절에 딱 맞게 예쁜 모자다. 장평교에 이르러 군자교까지 갈까를 생각하다가 수고하는 경찰들에게 못 다한 몇 마디 더 해주어야겠다 생각하고 발길을 돌려 부지런히 돌아왔다. 그러나 경찰은 이미 철수하고 보이지 않았다. 아쉬운 마음을 추스르며 모자를 고쳐 써 보았다. 마음에 딱 든다. 그렇잖아도 모자 하나 사려했는데 횡재했다. 이런 횡재가 어디 있나? 땡잡았다!

아내가 "그 모자 어디서 났어?"하고 물으면 "누가 벤치에 두고 갔는데 깨끗하고 예뻐서 쓰고 왔어."라고 대답해 봐야지.

오래오래 기억될 것입니다

고등학교 시절 좀 독특한 수학 선생님이 있었다. 젊은 선생님이었는데 자신의 학원 강좌에 수강을 강요하고 비수강생들을 교묘히 괴롭히는 분이었다. 개교된 지 얼마 되지 않은 사립학교여서 행정 전반이 문제되던 학교였다. 어느 기업가의 발언을 인용하면 건물은 2류 학생은 3류 선생은 4류였다. 쉽게 말하자면 따라지 학교라는 말이다. 그런 분위기로 인해 선생님들의 비교육적 처사가 아무런 제동 없이 통용되었다. 수준 낮은 학생들과 얼굴마담 교장 덕분에 선생님들은 태평성대를 누린 셈이다. 당시 웬만한 학교에서는 일찌감치 교과서는 기본으로 떼고 문제집으로 치열하게 입시준비를 시키곤 했다. 그러나 그 학교는 교과서조차 제대로 떼 주는 선생 하나 없었고 만나면 주말에 낚시 갈 이야기로 꽃을 피우는 그런 분위기였다.

어느 수업 시간에 수학 선생님이 나에게 앞으로 나와서 문제를 풀라고 했다. 계산식이 까다롭고 복잡하여 웬만한 실력으로는 엄두를 낼 수 없는 문제였다. 공부 좀 하는 아이들이라 해도 모두 자습서에 있는 방식을 그대로 익혀 풀 수밖에 없는 그런 문제였고 선생님이라고 다르지 않았다. 나는 그 자습서의 풀이가 조잡스러워 내 나름대로 연구하여 정확하게 알고 있던 문제였다. 불려 나가 칠판에 문제를 풀어가고 있는데 느닷없이 선생님이 뒤에서 지휘봉으로 머리를 때렸다. 내가 "선생님 조금 기다려보세요."하고 계속 풀어나가자 "야 인마! 실장이란 놈이 그렇게밖에 못 풀어?"하며 또 한 대 때렸다. 내가 뒤도 돌아보지 않고 계속 풀어나가면서 "다 풀거든 말씀하세요."라 했더니 "척 보면 맞는지 틀렸는지 금방 알아 인마!"하면서 또 때린다. 길고 복잡한 식을 다 풀 때까지 선생님은 계속 뒤통수를 때리면서 비아냥댔다. 드디어 깔끔하게 풀어놓고 명쾌한 해설에 박수가 터지자 선생님이 굉장히 난처해했다. 선생님은 곧바로 엄숙한 목소리로 학생들에게 "내가 왜 실장을 계속 야단쳤는지 아느냐?"하더니 "제대로 알고 푸는지 모르고 푸는지 시험하느라 그런 것이다" "너희들 같았으면 선생님 회초리 한 대에 쩔쩔맸을 것인데 실장은 자신 있으니 굽히지 않고 끝까지 풀었잖느냐? 너희들도 이런 점을 배워라" 참으로 옹색한 수습이었다. 선생님은 자신의 학원에 수강을 하지 않아 못마땅한 내가 자신이 아는 자습서 산식과 틀리게 풀어나가자 작심하고 망신을 주려 했던 것이다.

세상 살아가노라면 매일 매일 부딪히는 무수한 상황에 대하여 의사결정을 하고 문제해결을 해야 한다. 그리고 미래예칙을 통해 늘 바른길을 찾아야 한다. 의사결정과 문제해결에 있어서 수학공식처럼 올바른 산식에 따라 해답이 있다면 그것보다 더 좋은 일이 없으련만 삶이란 그렇지 못하다. 삶은 지식과 상식을 바탕으로 복잡한 상황을 꿰뚫는 통찰력을 통해 풀어야 하는 고난도의 문제다. 그렇기 때문에 사람마다 해법이 다르다. 상식과 지혜를 바탕으로 하는 해법과 꼼수나 미봉책, 사술과 기망으로 해결하는 것은 같은 문제라도 답이 전혀 달라진다.

우리 사회가 주요사안마다 견해가 틀려지고 파열음이 나는 이유다. 쉬운 예로 검찰개혁에 대하여 국민들은 제도의 모순을 고쳐 새롭게 하려는가 보다 하고 생각했다. 그러나 검찰수사권박탈로 검찰을 무력화

시켜 공직자 범죄나 권력형 비리를 은폐하려는데 의도가 있어 보인다. 소득주도성장, 부동산정책, 외교 안보정책 등 국정 전반에 있어 그런 방식으로 정책을 풀어나가니 정부는 다 잘했다고 하는데 국론은 분열되고 민생은 도탄에 빠져 아우성을 치는 세상이 되어가고 있는 것이다. 미래 예측도 마찬가지다. 상식과 공서양속에 맞추어 판단하고 거기에 전문지식과 지혜를 통해 장래를 꿰뚫어 보고 길을 찾으면 바른길을 찾을 수 있을 것이다. 독선이나 탐욕에 빠지면 전혀 엉뚱한 방향으로 흘러 번번이 낭패를 당하게 될 것이다.

지금 국민들의 고통은 정부 정책을 믿고 따랐다가 직면하는 낭패와 좌절이다. 부동산 문제로 국민을 끝없는 고통으로 몰아넣은 정부는 급기야는 코로나 방역문제로 국민을 혼란과 공포로 몰아넣는다. 국민생명이 달린 방역문제를 전문가 의견을 무시하고 정치논리를 고집하다가 파국으로 치닫고 있는 것이다. 하루 확진자 2천 명에서 위드코로나로 강행하더니 어느 날 확진자 몇십만 명에서 셀프방역을 선포하여 사실상 코로나 방역 포기를 선포하기에 이른다. 중환자를 실은 응급차가 입원실을 못 찾아 뱅뱅 돌아다녀야 하고 하루 400명이 죽어 나가고 화장터가 없어 7일장을 해야 하는 기막힌 세월이다. 당하는 가족들에게 지옥이란 것이 따로 없다.

부동산정책을 믿고 따르다가 벼락거지가 되었는데 방역정책을 믿고 따랐다가 꼼짝없이 죽게 생겼다고 아우성들이다.

부동산 임대차3법이 공포되던 날 Y의원은 임대차 3법이 몰고 올 전세시장의 엄청난 혼란과 그에 따라 감당해야 할 세입자들의 고통을 설파한다. 그런 후 "이 법을 만드신 분들과 정부는 오래 오래도록 기억될 것입니다."라는 말을 남겼다. 기획이나 정책은 미래의 설계다. 그것은 어둠 속의 그림이기에 그리는 사람마다 다를 수가 있다. 어떤 그림은 천국으로 어떤 그림은 지옥으로.

지나치게 타산적이고 이기적이었던 고등학교 때 수학 선생님, 교육자로서는 어울리지 않았던 그 기행(奇行)은 학생들이 저급했기 때문에 가능했던 것으로 오래오래 기억되고 있다. 그러나 그때 설령 학생들이 영악했다 해도 태생이 편협하고 옹졸한 것은 어쩔 수 없는 일이 아니겠나 싶은 생각도 든다. 그는 잘 보인 학생들에게는 엄청난 편의를 주고 못마땅한 학생들에게는 불이익을 줄 수 있는 큰 힘을 가지고 있는 권력이었기 때문이다. 가슴이 따뜻해야 할 교육자가 감수성 예민한 학생들을 편 갈라 권력놀음을 했던 것이다.

누구나 오래오래 기억하는 것들이 있다. 그것이 개인일 수도 있고 조직일 수도 있고 정권일 수도 있다. 어떤 것은 감동으로 어떤 것은 아픈 것으로, 오래오래 기억될 것이다.

김 남 식

필명 솔새(solsae) 아호 동곡(東谷)
충북 청주시 북이면 출생
계간 《스토리문학》 2008년 등단
시사랑, 모닥불, 문학공원, 스토리소동, 자작나무수필 동인
한국스토리문인협회 자문위원, 은평문인협회 회원

시집 『달빛 틈새에 별 하나 얹히고』 『내 곁에 서 있는 계절』
수필 『아름다운 날들』
시동인지 『제로의 두께』
수필동인지 『아버지와 자작나무』
소설동인지 『잔혹이 마블링 된』 外 다수

산에 가는 날 외 2편

김 남 식

하루가 시작되는 아침이면 무조건 발길은 어느새 산으로 향하고 있다. 아침에 꼭 산에 가야 할 이유는 없지만, 눈을 뜨면 그저 할 일이 없으니까 무료한 시간도 때울 겸 산에 가는 게 보통이다. 오래전부터 내 자신이 나름대로 내린 결론이다. 약 두 시간 정도 산길을 걸으면서 사색에 잠긴다. 오늘 하루가 있음을 감사하고 밝은 태양과 심호흡을 하고 가끔씩 파란 하늘을 바라보며 걷는다. 자신에 건강을 스스로 확인하고 새로운 인생에 대한 삶에 활력소를 얻고자 함이 그 목적에 있다. 아마 이것이 산에 가는 보통 사람들에 공통적인 생각일 것이다.

대부분 노년에 다니는 산은 새로운 산행지를 개척하는 게 아닌 오로지 건강유지를 위해서 다니는 것이기 때문에 내가 가고 싶을 때 언제든지 갈 수 있는 집 근처에 있는 산이 여러모로 좋은 것 같다. 산은 평지를 걷는 하천길이나 둘레길보다는 운동량이 많기 때문에 건강증진에 도움이 된다. 아무리 추운 영하의 날씨가 되어도 찌는 듯한 삼복더위 속에서도 하루도 빠짐없이 사람들은 꾸준히 산에 오른다. 그러다 보니 날씨에 관계 없이 도심 주변에 있는 산들은 시장터처럼 사람들로 가득하다.

서울은 한강을 중심으로 남과 북 동서로 산들이 병풍처럼 둘러져 있다. 그래서 서울에는 모두 28개의 산으로 구성되어 있으며 특히 도심은 북한산을 기준으로 하여 인왕산, 북악산, 안산, 낙산이 둘러싸고 중앙에 남산이 자리하고 있다. 우리나라 도시들은 어디를 가나 거의 똑같은 구조와 환경으로 되어있다. 아담한 작은 산들이 마을을 끼고 있으며 주변 곳곳에는 운동기구들이 있다. 올라갈 때는 약수터에서 물을 담아 가지고 내려올 때는 작은 계곡에 발을 담그면 어느 곳이나 먹거리 식당들이 즐비하다.

도시 주변으로 야트막한 산들이 있어서 찌든 도시에 삶을 자연과 더불어 가볍게 산보를 할 수 있는 휴식 공간을 제공해주고 있다. 우리는 그런 속에서 살았기 때문에 잘 느끼지 못 하지만 밋밋한 도시로 이루어진 세계의 도시 환경을 보면 서울이 얼마나 좋은지 모른다. 거대한 고봉의 산들이 대부분인 외국에는 아기자기한 산들이 그리 많지가 않다. 우리와는 전혀 다른 환경이 많다. 선배 등산가들이 쓴 『100산 220산』 책을 보고 하나씩 섭렵하던 때가 있었다. 그 산을 전부는 가보지 못 했지만 그래도 유명한 산들은 두세 번씩은 올랐다. 이제 어느덧 산에 갈 수가 없는 노년의 나이가 되었으니 어찌하랴. 근력이 딸려서 발길이 무거워서 산에 가는 것이 힘든 나이가 되었다.

산이 좋아서 주말이면 산으로 돌아다니던 때가 지금은 아득한 옛날이 되었다. 초창기 산에 다닐 때는 산도(山道)를 모르기 때문에 주로 산악회를 따라다녔다. 그런데 산악회를 따라가면 가속(加速)으로 올라가기 때문에 자신에 체력과 맞지 않아서 가끔 혼자 다닐 때도 있었다. 그 후 직장 산악회장을 히면서 전국의 산들은 무수히 가봤다. 먼저 현지답사를 다녀와서 다음에 일행들과 다시 한번 오르고 하여도 산행에 거뜬했던 젊은 시절도 있었다.

그간 다녀왔던 산행길을 뒤돌아본다. 그리고 아름다운 풍경 속으로 기억을 더듬어본다. 지리산 운해와 어머니 품처럼 넓은 세석평전이 구름 속에 노닐고 있다. 노고단의 석양빛, 설악산 마등령에 섰을 때 공룡능선의 수많은 암봉(巖峰)의 틈 사이로 찬란했던 풍경들. 대청봉에 섰을 때 여명으로 떠 오른 햇살을 받아 황금빛으로 물든 거대한 범봉(凡奉)들이 파노라마처럼 펼쳐진다. 눈밭에 쌓인 백록담과 진달래밭에서 바라본 제주시와 한라산의 풍경도 장관이었다. 그리고 암석들 전시장 사이로 걷는 월출산, 도락산, 남산제일봉, 지리망산, 달마산, 가야산은 채석장을 옮겨다 놓은 듯했다.

지리산의 2박3일 종주 산행부터, 남덕유에서 북 덕유산까지의 지루한 능선 길 종주 산행, 그리고 황석산에서 기백산까지의 종주 산행, 영남알프스 천황산, 그리고 가지산 운문산으로 이어지는 억새 산행, 대관령, 태백산과 덕유산의 겨울 눈 산행도 오래도록 기억에 남는다. 아무리 몸이 피곤하여도 한 주의 끝 주말이면 배낭을 꾸린다. 그래서 몸이 지루함을 느낄 때쯤에는 허기진 뱃속을 채우려 주말이면 산객(山客)들은 산속을 헤매며 자연과 대화를 원했다.

앞서거니 뒤서거니 하며 부지런히 정상에 오르면 세상을 얻은 듯 가슴 벅차서 기분이 날아갈 것 같다. 산속 어느 언저리에서 또는 능선에서 쉬면서 조용히 자신을 바라보며 사색의 여유가 생기는 것도 등산하는 사람들에 즐거움이다. 세상사 힘들다 하여도 산에 오르는 것만큼 고난 있으랴. 힘들면 쉬었다가 오르고 가는 길이 험하면 돌아서 가고 어느덧 정상을 밟아 낸다. 다들 산에 다니는 사람들은 나쁜 사람들이 없다고 했다. 그래서일까 만나면 그냥 반갑다. 잠시 스쳐 가는 초면의 산행 길이지만 '반갑습니다'하고 인사를 나누다 보면 낯선 친구가 때론 좋은 친구도 되었고 하산 길 주막집에서 맺은 반나절 풋사랑의 추억도 있었다.

산! 이제 노인이 되었으니 그 절경들을 다시는 가볼 수 없을 것 같다. 오늘도 내일도 기운이 있는 그날까지 그래도 주변에 있는 산이나 그저 열심히 오르내릴 뿐이다. 어쩌다 TV에서 산을 소개할 때면 산행했던 옛일들이 파노라마처럼 펼쳐진다. 푸르던 그때 그날 전국의 명산을 두루 다녔던 것은 건강해서 축복이었다. 사실 산행하면서 많은 사람들과 만났던 이런저런 재밌는 추억들도 지금은 주마등처럼 떠오른다.

그런데 정상이라는 목표를 정해놓고 산을 오르다 보면 주변의 사물이 보이지 않을 때가 있었다. 한걸음 한 걸음씩 떼어놓을 때마다 발밑에서부터 주변을 살펴야 하는데 모두가 정상을 향해서 바삐 오르게 된다. 사색을 하며 유유자적을 해야겠지만 바쁘게 사는 도시 사람들에게는 그만한 여유가 없다. 산에 오르면 누구나 기분이 상쾌하고 마음이 편하다. 그리고 찌든 삶의 세상에서의 온갖 잡념이 모두 사라지고 만다. 아니 산에 오르는 것이 너무 힘들어서 아무 생각을 할 수가 없다. 그런데 산은 우리 인간에게 왜 좋을까?

산길은 기온의 차가 크지 않고 나무의 증산작용으로 습도가 적절히 조절돼 사람에게 좋은 쾌적한 환경을 제공한다. 숲속의 맑은 물과 공기가 음이온 상태로 변화시켜 긴장완화, 초조함, 스트레스를 해소시키는 데는 최고이다. 그러나 산에 오른다는 것은 참으로 어려운 고행이 따른다. 무엇보다도 체력과 자기와의 싸움이다. 그리고 환경변화에 적절히 대응할 줄 알고 어떤 예기치 않는 변화에는 정확하게 빨리 판단하여야 한다. 남들이 산에 가니까 나도 그냥 따라가면 되겠지 하는 생각은 잘못된 생각이다. 육상에서 제일 힘들다는 마라톤 경기는 달리다가 힘들고 어려우면 언제든지 포기할 수 있지만 산에서는 어떤 일이 있어도 불가능하다. 왜냐면 자기가 올라간 만큼 다시 내려와야 하기 때문이다.

그만큼 산에 오른다는 것은 참으로 어려운 고행이 따른다. 너무 힘들고 힘이 모자라 몇 번을 포기하다가 어렵게 정상에 오르고 나면 그 기분은 이루 말할 수 없이 정말 좋다. 그래서 산에 오를 때는 너무 급하게 오르지 말고 자신의 체력을 측정하여 무리하게 오르지 않도록 해야 한다. 충분한 이동 간식과 상비약을 잊지 말고 챙겨야 하고 계절변화에 따른 복장 준비가 무엇보다 중요하다.

혹시 산길에서 길을 잃게 되면 방황하지 말고 자신에 위치를 일행에게 알리고 움직이지 말아야 한다. 만약 일행에게 알릴 수가 없을 때는 계곡을 따라 내려오면서 알려야 한다. 그리고 낯선 길은 절대 접어들지 않아야 한다. 또한 산행 지식이 풍부한 좋은 리더와 함께하면 더욱 즐겁다. 산으로 가는 길에는 두 가지 길이 있다. 하나는 등산(登山)이요, 하나는 입산(入山)이다. 등산이 땀 흘리고 운동하는 것이라면 입산은 삶의 궁지에 몰렸을 때 해답을 모색하려고 가는 길이다. 남자들이 마누라의 바가지를 다 받아주면서 또한 삶의 현장에서 처절하게 생존에 시달리면서도 그나마 목숨을 유지하는 것은 한국에는 산이 많기 때문이다.

불륜과 외도

불륜(不倫)과 외도(外道)란 누구나 함부로 접근할 수 없는 금단영역의 단어이다. 하지만 그것을 일반적인 생각의 차원에서 논(論)하려고 한다. 불륜이란 남녀의 관계가 반윤리적 반도덕적으로 기혼 남녀의 혼외정사를 뜻한다. 그리고 외도는 자신에 배우자가 아닌 다른 이성과의 정을 통하는 것을 말한다. 불륜과 외도는 둘 다 어찌 보면 똑같은 어떠한 행동을 함께 표현한 것으로 불륜하면 좀 거북스런 말로 들리지만 외도하면 뭔가 느낌이 오는 단어로 다가온다. 요즘은 부적절한 관계라는 순화된 언어를 사용하기도 한다.

아니 불륜에도 사랑이 있을 수 있을까? 제도와 법률은 불륜을 만들어서 사람을 꼼작 못하게 만들지만 어떠한 경우도 사랑에는 불륜이라는 단어 자체를 만들어내지 않는다. 오직 한 사람만을 사랑하겠노라고 서약하는 결혼의 의미가 진실한 사랑인지는 한 번쯤 생각해 볼 수가 있다. 상식적으로 불륜은 증오와 비난의 대상이지만 외로움으로부터 파생되는 감정을 내 의지대로 조절하지 못하기에 의지하는 것이다.

상처받는 반대쪽의 한 사람에 대한 감정은 배제시켜 놓고 그 뒤에 오는 치정(癡情)을 두려워하지 않기로 할 경우에는 사랑을 갈구하는 사람들에게는 불륜도 사랑으로 인정해야 한다고 항변한다. 혼외정사를 모두 일컬어 불륜이라고 말하면 곤란하다는 뜻이다. 사랑은 사랑을 지키는 그들만의 소유이고 기득권이다.

그러나 하나의 양심이 있기에 이래서는 안 된다고 이성은 가로막지만 애틋한 감정을 제도권 밖으로 보내지도 못하고 누구나 사랑에 망설이고 있다. 그러나 자신도 모르게 문득 다가와 있는 미묘한 감정을 애써 부인하는 것은 자신을 감추는 것이다.

그러나 불륜의 사랑도 분명히 아름답다고 말해도 되지만 다만 육체를 탐닉하는 불륜은 당연히 본연의 의미를 벗어난 것이기에 지탄받아야 마땅하다. 즉 돈과 권력에 의한 육체를 탐닉하는 불륜은 여기서 말하는 진정한 의미의 사랑이 아니다. 그런데 이불속 사랑을 국가에서 왈가불가하여 죄를 주는 것은 위헌이라며 근래는 간통죄가 폐지되었다.

아무튼 국경마저도 없다는 사랑을 불륜이라는 이름으로 감정을 모두 매도하면 곤란하다는 뜻이다. 그 불륜이 최소한도 내게는 오직 사랑이길 바랄 뿐이며 남 앞에서는 당당하게 드러내지 못하더라도 내 양심에게는 사랑이라고 인정받고 싶을 때가 있다고 한다. 그래서 세상은 결국 간통법 테두리 안에서 벗어나려 하지 않을까 생각이 된다. 불륜을 거부하는 사람들에게 쇠고랑을 차게 된다면 얼마나 사회가 삭막할까 생각하게 된다.

요즈음은 80% 이상 낯 뜨거운 장면을 연출하며 삼각관계에 막장드라마 일색으로 불륜도 대리 만족으로 드라마가 대신해주고 있다. 소설이나 드라마 속에서는 현실을 뛰어넘는 불가능한 사랑까지 작가들은 만들어내고 있다. 그래서 TV나 영화에서 불륜이라는 테마로 드라마를 엮어 가며 PD나 극작가들이 그것을 주제로 먹고살고 있다. 그것을 보면 사회 현실이 더 가까운 것인지 아니면 감추어진 내면이 있는지는 잘 모르겠다.

하여간 남녀의 관계를 불륜으로 치부하기보다는 도저히 알 수 없는 수수께끼라고 생각하는 게 더 좋은 것이 아닌가 생각이 된다. 그래서 내가 하면 로맨스 남이 하면 불륜이란 속어까지 생겨났으니 말이다. 즉 불륜을 하는 그들에게도 사랑이란 단어로 할 말이 있다는 뜻이다. 두려움 없는 사랑을 하는 사람들이 어쩌면 플러스알파 인생을 보내는 게 아닐는지도 모른다.

여기쯤에서 영화 '폴링인 러브'가 생각난다. 1987년도에 개봉한 이 영화는 두 아들을 둔 건축기사 프랭크와 남편을 둔 몰리는 아침 출근길 통근 기차에서 우연히 만나게 된다. 그리고 이후 서점에서, 거리에서, 다시 또 퇴근하는 지하철에서, 다시 또 백화점에서 하루건너 우연한 만남이 어디에서든지 그들에게 있었지만 서로 외면을 하게 된다.

자신들에 무기력한 부부생활 속에서도 현재의 가정을 의식한 두 사람은 가까워지는 것을 애써 부인하며 두려워하게 된다. 그리고 그 세월을 수년이 지난 어느 해인가 크리스마스 무렵 또다시 우연한 만남이 연속이 되자 그들은 가까워지면서 서로가 연정을 갖게 된다.

그리고 그들에 우연한 만남을 숙명으로 받아들이면서 애틋한 사랑을 나누게 된다. 두 사람은 각자 아내와 남편의 테두리를 벗어나서 자신들이 새로 발견한 다른 세계의 사랑에 대하여 고백을 하게 된다. 애타게 기다리던 그들은 복잡한 퇴근길 지하철에서 만나 감동적인 상봉 씬으로 영화가 끝이 난다. 이 영화의 내용처럼 각자 가정을 가졌기에 절제된 그들처럼 가슴 설레는 사랑이 찾아온다면 과연 거절하는 사람이 있을까?

그런데 불륜산업이 경제에 미치는 영향이 얼마일까, 혹시 한번 생각해 봤는지? 그들이 이용하는 불륜산업의 경제비용은 어느 것과도 비교할 수 없을 정도로 상당한 액수라고 한다. 그렇다고 그걸 부추길 수는 없겠지만 숙박업소, 식당, 카페 등 그 외 여러 곳에서 불륜산업으로 먹고 사는 사람들이 수없이 많다는 이야기다.

한 해가 저무는 12월 어느 날 겨울 찬바람에 눈발이 날리던 늦은 저녁쯤이었다. 광화문 버스정류장에서 색다른 모습의 중년의 남녀가 시야에 들어왔다. 어느 회사의 중역쯤으로 보이는 남성 옆에 발을 동동 구르며 짓궂은 장난을 하는 긴 바바리 코드의 생머리를 날리는 엘리트 여성이 눈에 들어왔다. 그녀는 남자의 코트 주머니에 손을 넣고서 잠시도 가만히 있지 않았다. 무슨 이야기를 하는지 연실 웃으며 장난 비슷하게 행동하며 즐거운 표정하는 것이 분명 부적절한 관계로 결론지었다. 호기심에 한참을 바라보고 있는데 마치 영화 러브스토리 한 장면을 보는 듯했다.

잠시 후 버스가 도착하자 여자가 먼저 차를 타고 출발했다. 그녀가 탄 버스가 보이지 않을 때까지 남자가 손을 흔들었고 잠시 후 그 남자는 또 다른 버스를 타고 다른 방향으로 가고 있었다. 내가 보기에는 그들은 분명히 로맨스를 하고 있는 것으로 확인되었다. 그들에 짧은 대화와 행동을 복잡한 도시의 퇴근길에서 얼핏 귀동냥으로 보고 들으면서 난 대리 만족으로 잠시 부러움을 느꼈다.

1920년대 부부관계의 밖에서 이루어지는 사랑으로서 우리나라 최초의 소프라노 가수 윤심덕과 극작가 김우진의 사랑이야기가 나온다. 두 사람은 현해탄에서 투신자살하는 것으로 끝났지만 시대를 앞서간 고독한 사람들의 낭만적인 사랑이야기가 지금까지 전해오고 있다. 윤심덕은 죽기 사흘 전 이바노비치의 '도나우강의 잔물결'에 가사를 붙여 '사의 찬미'란 노래를 불렀다. 인생이 별거냐고 하며 사랑하는 사람과 함께 죽음을 선택했던 두 사람의 종말은 정말 무모한 행동이었을까?

가정을 가진 사람이 연애를 하면 다 나쁜가? 외도를 하면 나쁜 것일까? 남편 몰래 아내 몰래 연애를 하면 정말 나쁜 사람이 되는 걸까? 근데 모른 긴 몰라도 수많은 사람들이 몰래한 사랑을 만끽하며 살아가는 사람도 적지 않을까 싶다. 왜냐면 옛날과는 달리 지금은 자동차도 있고 인터넷과 휴대폰이 있어서 누구나 만나고 싶다면 훨씬 편하고 용이해졌기에 마음만 먹으면 실행이 가능하다는 이야기이다.

사람은 누구나 더 좋은 이상적인 사랑을 찾고 꿈꾸는 본성이 마음속에 내재되어 있다고 한다. 단지 그것을 절제하고 다스릴 뿐이다. 그러나 이런 것은 교육이나 관습하고는 아무 상관 없이 인간이 태어날 때부터 가지고 나오는 아주 자연스런 것이다. 이것을 억지로 교육이나 사회적으로 억누르려 하면 표면적으로는 일시 가라앉겠지만 기회가 주어지면 다시 위로 떠오르게 되는 것이다.

사랑은 이 지구상에서 유일하게 인간만이 표현할 수 있는 가장 고귀한 것이다. 불륜에 사랑이 탐욕이나 거짓으로 길들여지지 않았다면 그 사랑도 나쁘다고만 매도할 일은 아닌 것 같다는 말이다. 자신이 필요한 사랑 모든 것을 다 주어도 아깝지 않은 사랑이라면 더없이 좋은 것이다. 그 어떤 사랑보다도 고귀한 것을 관습에 얽매여 거절하고 세상을 끝낸다면 그 또한 인생이 얼마나 안타까운 일이 아닐까? 그래서 평생 딱 한 사람만을 사랑해야 진실한 사랑인지는 한 번쯤 생각해 볼 수는 있다.

그러나 무엇보다 어려운 건 자신의 인생보다 더 커버린 현실에 묶이며 모든 걸 팽개치고 불 속에 뛰어들지 못하는 이도 있다. 그래서 또 한편의 선량한 사람들은 모든 욕심을 버리고 자신이 희생하여 지금에 사랑을 지켜주는 것도 아름다운 사회를 만드는 것이다.

중년의 사랑은 아침 이슬처럼 영롱하게 빛났다가 어느 날 흔적 없이 사라지는 허무한 사랑이 될 수도 있기에 그만큼의 이별도 함께 잉태할 수 있어야 한다. 그래서 있는 듯 없는 듯하여 서로에게 욕심내지 않은 가끔은 확인할 수 있는 그런 사랑이어야 한다. 그리고 조급함으로 인하여 상대를 힘들게 하지 않고 서로를 존중하며 배려할 줄 아는 현명한 사랑이어야 만이 오래도록 지속할 수가 있다. 그래서 현명한 사람은 현명한 사랑을 한다.

자주 국가

우크라이나와 러시아의 전쟁은 언제 끝이 날지는 현재는 아무도 모른다. 결국 죽어나는 것은 아무것도 모르는 선량한 국민들이다. 미안마도 역시 군부가 선량한 국민을 억압한 지 오래되었건만 우크라이나 전쟁에 가려서 뉴스도 올라오지 않는다. 커다란 농구공처럼 둥글게 생긴 넓은 땅, 지구가 어느 곳에서는 평화가 있고 어느 곳에서는 죽음과 사투를 벌이고 있다. 그래서 눈물과 환희가 공존하고 있다. 우리가 사는 일반 가정과 같이 국가도 잘 사는 나라도 있고 못사는 나라도 있다. 그런데 잘사는 나라의 속으로 들어가 보면 모든 국민들이 다 잘사는 것은 아니다. 원래 세상은 불평등하게 되어있다. 그래서 모두가 공평하고 정의가 실현되는 것 자체가 불가능한 것인지도 모른다. 그래서 때론 억울한 사람도 있고 불쌍한 사람도 생기고 그러는 것일까? 살아있는 모든 동물들은 자신에 위치를 잃지 않으려고 오늘도 발버둥하고 있다.

러시아와 우크라이나 전쟁은 2014년 2월 20일 러시아가 우크라이나 정권 교체 과정에서 러시아인을 보호한다는 명분으로 크림반도를 점령하면서 시작되었다. 이후 러시아는 도네츠크 인민공화국과 루간스크 인민공화국을 독립국으로 승인한 뒤 2022년 2월 21일 동부 우크라이나의 돈바스 지역에 군대를 진주시켰고, 3일 뒤인 2월 24일 러시아는 전면적으로 침공을 개시했다. 전쟁은 많은 사상자와 이재민 그리고 전쟁을 피해 이웃 나라로 수 많은 사람들이 피난을 떠났다. 한편 미얀마는 1948년 영국에서 독립, 버마연방으로 시작하여 민주주의를 채택했지만 민간 정부가 제대로 구심점을 찾지 못하자 1962년 네윈 장군이 쿠데타를 일으켜 사회주의 정부가 들어서면서 이후 갈피를 못 잡고 나락으로 빠져들어 거의 반세기에 걸쳐서 군정으로 나라를 이끌어 왔다.

그러나 2016년 아웅산 수지가 이어받은 민주정치가 제 할 일을 못했는지 2021년 초부터 시작한 쿠데타는 아직도 진행형이다. 쿠데타에 반발하는 시민들이 무장 투쟁을 하자 군부는 고강도 소탕 작전을 벌이며 유혈 시위가 어떤 결과를 가져올지 예측하기 어렵다. 군부의 탄압과 끊임없는 민주화 시도와 그에 대한 충돌이 오늘까지 얼룩져 있어서 세계 최대의 빈민국이 되었다. 미얀마는 반기문 UN사무총장보다 먼저 1961년에 우탄트 사무총장에 선출되었던 나라이고 아웅산 수치가 1991년 노벨평화상을 수상한 나라이다. 그런데 왜 민주주의가 아직도 성숙되지 못하고 있으니 순진한 국민들은 얼마나 국가를 원망할까?

바로 우리도 그랬다. 한국전쟁 이후 기득권의 혼란한 정치 일정에서 4.19로 이어받은 장면 민주정부가 실패하여 5.16이 국가를 이어받았다. 이후 군정 30년으로 아무튼 어찌 되었든 세계 10대 경제강국을 만들었다. 사실 다른 국가와 비교해보면 우리에게는 큰 행운이다. 군부독제를 경험했던 우리에겐 미얀마의 군사 쿠데타에 대한 감성적인 거부감이 있는 것은 사실이다. 하지만 국가가 발전하는데 꼭 군정은 안 되고 오직 민정이어야 한다는 논리는 성립하지 않을 수도 있다. 이는 국민에게 행복한 삶이 보장되고 부정부패 없이 깨끗해야 한다는 원칙이 앞서야 한다.

정치의 민주화가 꼭 국가발전을 보장하는 것은 아니기 때문에 만감이 교체하는 이유는 아시아의 일부 몇몇 중견 국가들도 바로 민주 독재정치로 발전시킨 나라들이다. 그 반면에 혁명으로 국가재건에 실패한 후진국도 수없이 많다. 그래서 훌륭한 지도자의 국가 이념은 너무나 명백하다. 국가는 강직하고 올바른 지도자를 만나야 하고 성숙한 국민이 있어야 반듯하게 발전할 수 있는 행복한 나라가 된다.

21세기는 영국을 비롯한 유럽식 정통 민주정치와 러시아, 중국과 같은 변형 독재정치가 함께 공존하고 있다. 권력은 기득권이 필요한 사람들의 존재일 뿐이지 사실 국민은 먹고 살아야 하는 문제가 더 심각한데 정치이념과 정치체제를 가지고 투쟁만 할 수는 없는 노릇 아닌가? 군주정치나 민주정치나 하나의 정치이념이고 체제일 뿐이지 불변의 법칙은 아닐 수도 있다. 정치는 권력을 탐내는 사람들이 일으키는 바람개비일 뿐이지, 사실 일반 국민에게는 도움이 없다. 가난한 나라에서 민주정치를 도입하는 것이 얼마나 어려운 일인지는 우리가 더 잘 안다. 후진국일수록 군대가 가장 진취적이고 관리에 효율적인 조직이기에 민주정치도 어느 정도의 경제가 뒷받침되지 않으면 효과가 떨어진다.

우크라이나 전쟁은 러시아가 처음에는 우세를 보였으나 젤렌스키 대통령을 비롯해 온 국민들이 러시아에 대항하며 외로운 전쟁을 하고 있다. 양국이 휴전을 위한 회담을 하지만, 결론을 얻지 못한 채 서로 양보할 수 없는 처지에 놓여 있다. 전 세계가 러시아에 대하여 곱게 바라보지 않고 경제적 제재를 가하고 있지만 전쟁은 언제 끝날지 모르니 국민들만 혼란에 빠져 있다.

이런 와중에 전 세계는 국가 이익에 따라서 자국의 외교노선이 결정되는 냉혹한 국제질서의 논리가 다시 부각되고 있다. 우크라이나는 서방국가들에게 도움을 요청하지만 망설이고 있는 이유가 바로 그것이다.

철저하게 국익에 기반하여 대응하고 방향과 수위를 조정하는 각 나라의 처세술이 예전과는 확실하게 다르다는 것이다. 지금의 냉혹한 현실에 각국은 새로운 무기를 도입하고 전열을 다듬고 있다.

1945년 유엔이 막 창설되었을 무렵 때만 하여도 국제질서가 확립되었고 유엔이 결정하면 따라 주었지만, 지금은 다르다는 것이다. 유엔총회서 반대표나 기권표가 나오는 이유이다. 한국 전쟁 때 수많은 나라들이 인도적으로 우리를 도왔을 때와는 국제정세의 환경이 많이 달라졌다. 당시 한국전쟁을 승리로 이끌게 된 동기는 각 나라에서 조건 없이 순수하게 참전했던 것이다. 당시 일촉즉발의 위기 속에서 우리에게는 커다란 행운이었다. 만약에 지금 우리가 우크라이나처럼 위기에 처했다면, 그때와는 전혀 다른 양상이 전개될 수 있다는 것을 늘 염두에 두어야 한다. 21세기 국익 우선주의에서 세계의 질서는 정의가 없다고 한다. 친교와 배척이 상황에 따라서 수시로 변하고 있기 때문에 평화니, 종전이니 하며 국가안보를 잘못 선택했다가는 자칫하면 위험에 빠질 수가 있다. 그래서 확실하고 명확한 스탠스를 갖고 움직여야 한다.

자주 국가는 타국의 보호나 간섭을 받지 않고 스스로 위상을 높이는 것이고 자주국방은 외침으로부터 벗어나기 위해서 스스로 힘을 키워 나가는 것이다. 지금 우리는 한국전쟁을 직접 경험하지 못한 국민들이 대부분이다. 국가의 안위를 어설프게 접근했다가는 모두를 잃게 된다. 자주 국가는 자주국방에서 오는 것이다. 자주 국가는 지도자를 비롯하여 온 국민이 함께해야 하는 정말 힘들고 어려운 일이다. 옛날처럼 누가 도와준다는 것을 믿지 말고 스스로 지켜야 하는 힘을 길러야 한다. 그래서 대한민국 영토에 누구라도 허락 없이 말굽이 지나가는 일은 두 번 다시 없어야 한다.

김 제 욱

계간 ≪스토리문학≫ 수필부문 등단
한국스토리문인협회 회원
자작나무수필 동인
포천문화예술인협회 회원
마홀문학회 회원
수필집 『샘물처럼』

황소 꿈 외 2편

김 제 욱

어려서부터 동물을 좋아하고 가까이 했다. 방학이면 외갓집에 가서 며칠씩 있다가 오곤 했었다. 지금 생각하면 큰외삼촌의 영향을 많이 받은 것 같은 생각이 든다. 큰외삼촌은 새 종류를 무척 좋아하셨다. 방학이 끝날 무렵 외삼촌이 비둘기 한 쌍을 선물로 주셔서 가르쳐주신대로 정성껏 보살펴 동네에 최초로 비둘기가 하늘을 날게 되었었다.

그 당시 우리 집 보물 1호인 황소를 끌고 몰고 다니면서 풀을 뜯기를 자주 하다 보니 교감이 생겨 어린 나이에도 소를 무서워하지 않았고, 소 등을 타보고 싶은 욕망이 생겼다. 항상 빗질도 해주고 토닥여주곤 했지만 어려서 그런지 무슨 짓을 해도 눈만 껌벅이지 경계심은 없었다. 드디어 기회가 왔다. 고삐를 늘어뜨려 뒤를 따라가던 중 논두렁 밑으로 내려가더니 자연스레 등을 논두렁 쪽으로 돌려서니 힘들이지 않고 소 등 위로 몸을 맡길 수 있을 것 같았다. 넓적한 잔등을 손으로 어루만지며 '워워'하며 잔등에 슬그머니 올라 엎드리니 놀라지도 않고 무심히 풀을 뜯으며 한 발짝씩 걸음을 옮기고 있었다. 그 이후 틈만 나면 소 잔등을 타고 외양간까지 오가며 '소 타는 아이'가 되었다. 동네 사람들이 신기한 듯 돌아보곤 하였다.

그러나 단 한 번도 떨어진 적이 없었다. 그러다 편한 자세로 어느 날도 논두렁길을 어슬렁 걸어가더니 별안간 모둠발을 돋우며 껑충 뛰는 바람에 논바닥으로 굴러떨어졌다. 알고 보니 논두둑 사이 물고랑을 그냥 걸을 수 없이 껑충 모둠발을 쳤던 것이다. 아무튼 동물들과의 교감은 어려서부터 돈독하였던 것 같다. 그래서인지 훗날 목장을 경영하게 되었는지도 모른다.

나에게 소는 삶의 동반자이며 신앙과 같은 존재다. 신혼 초 인천 학익동 여느 주택과 다름없는 부엌문이 조그맣게 달린 귀퉁이 방에 사글세로 살던 때이다. 비록 비좁고 보잘 것 없는 신혼살림 집이지만 꿈과 희망을 품고 살아가던 곳이다.

어느 날이었다. 그날도 변함없이 아내의 잘 다녀오라는 배웅을 받으며 출근하여 업무에 열중하였는데, 이상하게 하는 일이 손에 잡히지 않고 초조하고 시간이 갈수록 불안하기만 했다. 지난밤 꿈자리가 생각나기도 하고 '집에 무슨 일이 있나?' 걱정이 되었다. 퇴근 시간은 아직 두 시간여 남았는데 도저히 정상적인 업무를 수행할 수가 없음을 느끼게 되었다. 그 시절은 통신수단도 전무했다. 외근이었기에 사무실에 알려 '사정이 있어 일찍 퇴근한다.' 말하고 버스를 갈아타며 정신없이 집에 도착하였다.

한 지붕 두 가정이기는 하나 안채하고는 떨어져 있는 뒷방 부엌 쪽문을 향해 허둥지둥 달려가 문을 두드리며 열려고 하니 안에서 신음소리와 함께 안은 보이지 않고 자욱한 안개 낀 듯 어두웠다. 허겁지겁 옆으로 돌아가 창틀을 열어젖히니 연탄 피울 때와 같은 냄새와 물 끓던 수증기가 함께 창문을 통해 꾸역꾸역 뿜어져 나왔다. 순간 머릿속이 하얘졌다. 연탄가스 중독……. 다시 부엌문 쪽으로 돌아와 있는 힘껏 문을 걷어차고 문이 열림과 동시에 안을 들여다보니 아내가 내복 차림에 머리는 물에 젖은 채 쓰러져 있다. 부랴부랴 들쳐 업고 방으로 와 눕혀놓고 흔들며 정신 차리라고 소리 지르니 안집 아주머니가 달려와 동치미 국물을 떠다가 입에 넣 어주며 정성껏 보살피고 나니 한참 있다 눈을 떴다. 머리를 감으려고 물을 끓이는 과정에서 갓 불붙은 연탄을 개의치 않고 창문을 닫은 상태에서 머리를 감으려다 좁은 공간이라 순식간에 가스가 차 기절하였던 것 같다. 다행히 큰 문제 없이 잘 견뎌냈으니 망정이지 큰일 날뻔했다.

사고가 있기 전날 밤 꿈에 우리 집 황소가 외양간에서 고삐가 풀린 채 어슬렁거리며 대문을 나서더니 동네를 가로질러 곧장 동구 밖 쪽으로 냅다 뛰어가는 것이 보였다. 그런데 나는 따라가 붙잡을 생각은 하지 않고 태평스럽게 내다보기만 하였다. 이윽고 이웃집 할아버지 등 몇 분이 연이어 들어오시며 “아, 이 사람아 소가 동구 밖으로 내뺐는데 뭐 하고 있어?”하시면서 한마디씩 나무라신다. “괜찮아요. 해 질 무렵이면 들어올 텐데요. 뭐, 걱정들 마세요.”했더니 “허, 저 사람 뭘 믿고 저렇게 태평인감.”하시면서 문밖을 나서셨다.

나는 무언가 소에 대한 신뢰가 있었다. “저놈은 해 질 녘이면 틀림없이 돌아올 거야.” 아니나 다를까? 해가 뉘엿뉘엿 넘어갈 즈음 저 멀리서 유난히 붉은 색깔의 당찬 황소란 놈이 터벅터벅 눈망울을 굴리며 아무 일도 없었다는 듯 외양간으로 들어가 머리를 몇 번 휘두른 후 우두커니 서 있다. 목 언저리를 쓰다듬으며 속으로 말했다. ‘역시 돌아와 주었구나!’ 훗날 어르신들에게 들은 얘긴데 황소를 꿈에서 보면 조상이 납신 거란다.

“아아, 조상님들이 돌보셨구나. 내 아내를 살리기 위해 꿈을 꾸게 하고 그 시간 불안하고 초조하게 만들어 달려가 구하게 하셨구나.”

어렸을 때 아버님이 병환으로 사경을 헤매셨을 때 겪은 얘기를 말씀하신 적이 있다. 비몽사몽간에 저승사자에 이끌려 염라대왕 앞에 무릎을 꿇고 머리를 조아리고 있으려니 높은 곳에서 천둥 치는 듯한 소리로 "네 이놈! 너는 아직 올 때가 안 됐는데 왜 여기까지 왔느냐? 당장 돌아가지 못할까?" 호통 소리에 깜짝 놀라 고개를 쳐드니 방금 호통을 친 염라대왕이 할아버님이셨다고 했다. 소스라치게 놀라 눈을 뜨니 꿈이었다고…….

우리 할아버님은 동네에서도 소문난 장사이셨단다. 나뭇단을 져도 보통 사람 두 몫을 지셨고 높은 곳에서 고함을 치시면 동네가 쩌렁쩌렁 울리었다 한다. 어려운 고비를 겪을 때마다 할아버님이 도와주시는 것만 같다. 그해 정월 초하루 명절을 기하여 집사람을 이끌고 조침리 저수지 위 할아버지 묘소를 찾아뵈었다. 눈 덮인 산속을 헤매면서도 꼭 찾아 인사를 드리고 싶었다. 묘소 앞에 무릎 꿇고 보살펴주심에 감사드렸다.

어머님이 나를 낳으신 후 첫 유방 통증으로 생사의 고통을 겪으실 때 할아버님이 돌아가셨다. 할머님이 어머니께 "애야, 옛말에 시신의 손을 아픈 환부에 문지르면 모든 병을 거둬가신다니 무섭다 생각 말고 그리 하자."는 할머니의 말씀에 무서움을 느낄 정황도 없이 퉁퉁 부은 유방을 맡기셨단다. 얼마 후 신기하게도 점차 통증이 치유되어 어머님도 소생하시었다고 했다.

두 번이나 자손을 돌보신 할아버님 정말 감사합니다. 힘이 장사셨던 할아버님은 발구[3]를 만들어 소가 끌게 하여 보통 사람 몇 배의 나뭇단을 해오셔서 큰아들 작은아들네를 나눠주시곤 하셨다. 소와의 인연은

3) 발구 : 나뭇단을 싣기 위해 소로 끄는 도구

할아버지 때부터 이어온 집안의 내력인가 싶다. 지금도 그 인연을 이어가고 있으니 말이다.

신혼 초 연수동에서 열심히 모은 돈으로 집을 한 채 마련했었다. 제 버릇 뭐 못 준다고 담 밑 조그만 공간은 각종 채소를 가꾸고 테라스 밑에는 토끼와 닭을 키워 부수입을 생각했으나 생각대로 되진 않았다. 송도 시장에서 모아 온 배추 시래기 등은 집사람을 고생시킨 아린 기억으로 남아있다.

1963년 늦은 가을이었다. 고등학교 진학을 포기한 이후 아버님을 도와 열심히 노력한 결과 9식구가 자급자족할 정도까지는 살 수 있게 되었다. 시향을 모시는 조건으로 생긴 집 앞 고래 논에서도 결실을 맺어 이동 농협으로 수매 벼를 옮길 일이 생겼다. 어렸을 때 키우던 황소는 오래전에 없어졌지만 계속 한우 한 마리는 늘 외양간을 지키고 있었다. 소는 농촌에서는 없어서는 안 될 자산이었기에 항상 같이 했다.

그 해는 길들여서 부려야 하신다며 동부레기 수소 한 마리를 사오셨다. 사람으로 치면 한창 힘이 넘치는 청년인 셈이다. 일찌감치 다섯째 진해댁 할아버님이 도와주셔서 코뚜레를 해버렸다. 코뚜레를 하였어도 소가 얼마나 힘이 넘치는지 이리 뛰고 저리 뛰고 감당하기 힘들다.

"네가 이기나 내가 이기나 어디 한 번 해보자." 나는 군부대 폐기물장에서 엄청 큰 폐타이어를 가져와 놈의 어깨에 멍에를 얹고 양쪽으로 줄을 늘어뜨려 뒤쪽을 한 가닥으로 묶어 폐타이어에 연결하고 코뚜레를 부여잡았다. 젊은 주인이 나를 골탕 먹이려고 작정한 것처럼 느꼈는지 껑충거리며 이리 뛰고 저리 뛴다. 하루 이틀 틈이 날 때마다 반복 훈련이 거듭됐다. 차츰 길들어지기 시작하여 어느덧 고분고분 이끄는 대로 잘 따라오게 되었다. 다섯째 할아버지네 달구지를 빌려 처음엔 빈 달구지를 끌게 했다. 얼마 지나지 않아 이젠 됐다 싶었다. 무엇이든 어지간한 무게도 너끈히 실어 나른다.

드디어 그날이 왔다. 수매 벼를 싣기로 한 것이다. 처음에는 얼마 안 되는 우리 벼를 싣고 한탕 뛴 후, 만진 아저씨네 벼를 잔뜩 싣고 조심스레 다리를 건너고 반고개를 넘어 드디어 원평리 고개에 이르렀다. 지금은 많은 차량 통행을 위해 고개가 낮아지고 다니기 좋아졌지만, 그때에는 가파르고 자갈과 흙이 고르지 않아 여간 조심스러운 것이 아니었다. 고삐를 잔뜩 쥐어 잡고 언덕을 반쯤 내려올 때 무거운 짐이 앞으로 쏠리니 놈이 잔뜩 긴장하여 앞다리에 힘을 주며 비척거린다. 나도 두 다리에 힘을 주며 안간힘을 써 삼 분의 이쯤 내려왔을 때쯤 쏠리는 힘과 가속으로 인해 넘어지지 않으려고 빠르게 속도를 더해간다. 이거 큰일이구나 싶어 코뚜레에 매달렸으나 이젠 나까지 끌려간다. 놀란 황소 눈이라더니 눈을 부릅뜨고 "히힝" 소리를 내며 내뛰는 바람에 나는 넘어지고 달구지는 저만큼 덜컹거리며 볏가마가 떨어지고 있었다. 무릎이 까지고 아프지만 아픈 것도 모르고 쫓아가 원평리 다리 근처에서 고삐를 부여잡았다.

그 모습을 보고 조안동 몇 분이 쫓아와 "다친 데는 없느냐."며 떨어진 볏가마와 달구지를 돌봐주셨다. "이만하길 다행이지 소가 힘에 겨워 넘어졌더라면 소도 사람도 큰일 날 뻔했다."며 한마디씩 하신다. 한창때였으니 별일 없이 넘겼지만 지금도 그 생각을 하면 아찔했던 그 순간이 섬뜩하다.

나이 들어 지금도 목상을 하고 있는 걸 보면 소하고의 인연은 좀 남다른 것 같다.

빛바랜 이야기

도시를 떠나 시골에 정착한 지도 어언 사십여 성상……. '참! 많은 세월이 흘렀구나.'하고 생각해본다.

어린 시절 6.25 전쟁과 1.4후퇴라는 국가적 변란에 휩싸여 동심의 세계가 어떠한 것이었는지 모른 채 황량한 유년 시절을 보내었음을 기억한다. 피난시절 충북 청원의 문의초등학교를 다니다 남북의 삼팔선 고착지였던 고향 마을로 돌아왔다. 엄동설한 어머님 손에 이끌려 기약 없는 피난길을 떠났던 곳, 내가 태어나 자라던 곳, 작은 집인 아버님 슬하에 장손인 내가 귀여움을 받던 때인 것 같다. 가을이면 큰아버님께서 덜 익은 풋밤과 호박잎이 누렇게 익어갈 때 풍기던 구수한 내음이 지금도 코끝에 남아있다.

그 당시 누구나 겪은 고난과 역경의 세월이었지만 6.25전쟁으로 인해 포화가 휩쓸기 전에는 평화롭고 아늑한……. 이웃과 정을 나누는 손꼽히는 마을이었던 기억이 살포시 아련하다. 이 글을 쓰면서도 내가 왜 태어난 곳 자란 곳에 연연하는 생각들이 항상 내 마음속에 내재되어 있었을까? 스스로 떠올려보면 타고난 천성과 감수성이 조금은 남다른 면이 있기 때문인지도 모른다. 조상으로부터 물려받은 얼마 안 되는 땅은 본인도 모르게 국방부에 예속돼버려 돌아가야 하는 고향은 저 멀리 있었다. 피난민이었지만 열심히 일해 번 돈으로 피난민 부자 소리를 들으며 사시던 분이 일구월심 고향만을 염두에 두셨던 것 같다.

그로 인해 내 어린 시절 초등학교 중학교를 거친 기억들……. 칠 남매 중 장남이어서, 끼니때면 굶주린 배를 달래며 어린 동생들에게 찐 감자, 밀기울 개떡을 덜 먹고 양보하던 가난했던 지난 세월이 생각난다. 일동중학교 1학년 시절 이야기다. 땔감이 없으면 잘 다루지 못하는 낫을 목발을 짧게 만든 지게에 꽂고, 갈퀴를 손에 들고, 지게를 어깨에 걸치고 뒤룩거리며 산에 오른다. 서툰 낫질로 대충 마른 풀을 자르고 갈퀴로 긁으면 마른 풀들이 조금씩 모아진다. 그다음 버드나무, 싸릿가지 등을 조금 베어 모아놓은 땔감 양옆에 대고 칡줄기로 대충 양쪽을 묶어 지게에 얹고 줄을 지게 고리에 묶고 일으켜 짊어지고 내려온다. 동네 아주머니들이 훗날 그러셨다. 기특한 놈이라고. 까치둥지만한 것이 뒤뚱거리며 걸어 다닌다고.

아버지가 품앗이 일 가셨다가 늦게 들어오시면 해는 넘어가는데 소 먹일 풀이 없어 밭두렁으로 논두렁으로 오가며 얼마만이라도 꼴을 베어야 한다. 지금 같으면 못된 부모가 어린 자식을 혹사시킨다고 비난의 대상일 것이다. 그렇지만 그 시절엔 흉이 아니었다. 살기 위한 몸부림이었다.

요즘 TV를 켜보면 아프리카 오지에서 부모를 여의고 어쩌지 못해 어린 남매 또는 형제들이 어른도 하기 힘든 일을 마다하지 않고 열악한 환경에서 병든 몸을 이끌고 괭이질이며 망치로 사투를 벌이는 모습을 보면 남의 일 같지 않다. 보릿고개를 넘나들며 어린 날 삶의 질곡에서 안간힘을 다하던 영상들이 파노라마처럼 머릿속을 감돈다.

어려움 속에서도 부모님은 늘 말씀하셨다. "큰애는 어떻게든 공부를 시킬 거야."라는 말씀에 실낱같은 희망을 걸었건만 결국 진학을 포기해야 했던 사건이 일어나고야 말았다. 소작으로는 식구들 입에 풀칠도 하기 어려웠던 시절 조당숙[4]에 국수 등으로 칠 남매 끼니를 걱정하시던 어머님의 모습을 무색하게 만든 청천벽력의 사건이 생겼다. 마을에서 조그만 구멍가게를 운영하면서 밥술이나 먹는다는 믿을만한 계주인 아주머니의 배신행위로 부모님과 장남의 꿈은 물거품이 되고 말았다. 그 어려움 속에서도 한 푼 두 푼 곗돈을 부어 고등학교 진학자금을 모았던 꿈이 하루아침에 무너져버린 것이다.

해마다 되풀이되는 장리쌀……. 아무리 발버둥쳐 농사를 지어도 소작농의 서러움은 해를 거듭할수록 갚아야 하는 장리쌀이 늘어만 간다. 아버님은 노심초사 돼지 새끼를 사서 한두 마리씩 늘려나갔던 것이다. 개울가에 위치한 터라 틈틈이 오리나 닭도 열심히 돌보아 마릿수를 더해가며 곗돈을 부어 다음 달이면 우리가 목돈을 손에 쥐기로 되어 있었는데 계주가 도망을 가버렸다.

나는 엄동설한에도 윗동네 아랫동네 물지게에다 짬밥통을 짊어진 채 조씨네 윗동네 병기과를 미끄러져 넘어지기를 반복하며 거둬 먹인 돼지 새끼들, 일동 미성양조장에서 걸쳐나온 술지게미를 스페어 깡통에 담아 버스를 타고 나르다가 승객들의 찌푸린 얼굴들이 중학생인 나를 쳐다볼 때의 그 모멸감……. 이 모든 것을 참아가며 열심히 진학의 꿈을 키웠건만 결국 좌절하고 말았다. 교복 살 돈이 없어 밀가루 포대에 검정 물을 들여 교복을 지어 입고 현등사로 수학여행 가서 찍은 빛바랜 사진 한 장이 오래된 앨범 속에 남아있다. 옆구리에 손을 얹고 찍은 모습이 짠하다.

상급 학교 진학이 인생을 바꿀 좋은 기회이기는 하지만 어쩌겠는가?

---

4) 조당숙 : 메조로 만든 밥. 서숙이라고도 하는데, 까끌까끌해 먹기가 불편하다.

부모님의 안타까운 마음을 너무나 잘 알기에 마음속으로 '그래, 공부만 이 인생의 전부는 아닐 것이다. 부모님을 도와 열심히 일해서 우리 식구들 배불리 먹일 수 있도록 최선을 다 하자'라고 결심을 하게 되었다.

청년시절 4H활동과 농촌지도소를 통한 농업 관련 교육과 실습으로 건실한 모범청년으로 거듭나 농산물 품평대회에서도 우수한 성적을 낼 때면 많은 보람을 느꼈었다. 열심히 노력한 결과라 뒷둔지 밭 이천여 평을 우리 것으로 만들었을 때의 기쁨은 이루 말할 수 없었다.

그러던 어느 날 국가의 부름을 받아 군에 입대하고 좀 더 나은 우리 가족의 삶을 위해 파월을 결심하고 어머니의 한결같은 불심으로 무사히 귀국하였다.

오늘날 돌이켜 생각해 보면 파란만장했던 지난 세월들이 꿈만 같지만 열심히 잘 살아온 인생이었다는 생각이 든다. 어언 부모님도 돌아가시고 이제는 내가 팔십을 바라보고 있다. 백세시대라고 한다. 죽고 싶어도 일부러 죽지 않는 한 죽지도 않는 세상이라고 한다. 타고난 팔자와 운명이 판가름하리라 믿는다. 사는 날까지 건강하게 살다 가리라 생각한다. 항상 움직이기 위해 적당한 운동과 과하지 않은 농사일을 하며 일을 놓지 않으리라. 가훈인 '오늘 할 일을 내일로 미루지 않는다.'와 이제부터 시작이라는 초심을 항상 염두에 두고 살 것이다.

많은 상념이 떠오르고 하고자 하는 말이 많아 갈피를 잡지 못하고 있을 때 차분히 한 편의 글로 표현해 보았다. 인생에 정답은 없다. 현실에 충실하며 살아가는 것이 정답이리라.

늙는다는 것

세월이 유수 같다는 말, 지난날엔 흘려서 들었던 이야기건만 나이 들수록 일상에서의 삶의 느낌이 나날이 정신과 신체의 변화를 실감한다. 전엔 별로 없었던 것들이 하나둘 생겨난다.

국물에 고춧가루를 타 얼큰한 것을 당연시하던 것이 그놈의 사레가 생기면서부터 '아, 나도 늙어가는구나!' 목구멍의 신축 작용이 원활하지 못하다는 얘기다. 술 한 잔 두 잔 취한 날 잠자던 중 입안이 말라 물병을 머리맡에 두고 잠을 자는 일상이 되어버렸고 귀에서는 바람소리인지 물소리인지 모를 여명의 소음이 끊이지 않는다. 늙어가는 거야 어쩔 수 없지만 나름대로 건강 유지하려는 노력은 꽤 하는 편인데도 쉽지 않은 것 같다.

거의 매일 9시경 취침 이튿날 4시쯤 눈을 뜸과 동시에 팔다리 좌우 50번 흔들기, 발끝 차기 300번 한 후 두세 시간 책을 읽고 읽는 동안도 눈 마사지 혓바닥 내밀기, 발바닥 골프공 굴리기 등을 병행한다.

눈 뜨면 화장실 다녀온 후 빼놓지 않는 것이 있다. 혈압약, 손수 가꾼 아로니아와 강황으로 환 지은 것, 칼슘 알약, 오메가3 등을 복용한다. 일과는 아침 식사 전 한우 돌보기, 개와 닭 사료 챙겨주고 집사람이 착유실[5] 다녀와 차려준 아침 식사. 후는 TV를 보면서 약 이삼십 분 응접실에 왔다 갔다 뛴다. 그 다음 누워서 혈액 순환에 도움이 된다는 발뒤꿈치 원목에 떨어뜨리기 10분 하고 다음 뛰면서 아랫배 주먹으로 배 때리기 맨손체조를 끝으로 아침 운동을 마친다.

오후에는 집사람과 같이 파크 골프장에 가서 두 시간여 공을 치고 귀가한다. 아무튼 열거한 것과 같이 나름 열심히 건강 관리를 한다고 하는데도 늙음으로 인해 나타나는 현상은 어쩔 수 없나보다. 하긴 주위 사람들로부터 10년은 젊어 보인다는 소리를 듣곤 하지만 꼭 젊어 보이고 오래 살고 싶은 욕심뿐만은 아닐 것이다.

노년의 삶에 대한 강의를 듣다 보면 내 나이도 억지로 생을 마감하지 않는 한 100살까지 산다니 준비를 해야 하지 않겠는가? 자기관리를 소홀히 해서는 안 될 것 같다.

어떻게 죽을 것인가를 매일 연습하라는 말을 항상 염두에 둬야 한다고 생각한다.

집사람하고도 늘 하는 얘기지만 자식들에게 짐을 지워줘서는 안 된다고. 그 마음은 어느 부모나 같은 생각일 것이다. '세상에서 가장 쉬운 일은 힘들 때 포기하는 것이고 세상에서 가장 어려운 일은 힘들 때라도 포기하지 않는 것이다.'라는 말을 되새겨 본다.

그런대로 주어진 삶에 최선을 다하면서 살아야겠다는 마음이다.

---

5) 착유실 : 본인은 현재도 젖소를 120두 정도 사육하고 있는데, 젖을 짜는 시설이 있는 곳이다.

이 성 길

1940년 충청북도 보은 출생 , 아호는 심경(心耕)
월간 ≪문예사조≫ 수필부문 등단
청주고등학교, 공주사범대학 수학과 졸업,
동국대학교 대학원 수학과 이학석사, 명지대학교 대학원 이학박사
고려대 교육대학원 글로벌리더 최고위과정 수료 및 명예회장 역임
청주 대성여자고등학교, 청주고등학교, 서울 홍익여자고등학교 교사
서울산업대학교, 광운대학교, 명지대학교 등 수학 강의
저서 : 『미적분학』, 『토픽 한자』(공무원교육용)
『수학교육론』(토픽수학 임용고시학원)
수필집 : 『꽁치와 가자미』, 『피타고라스와 음계』
공저 : 중학교 금성출판사 『수학』 교과서, 고등학교 『수학』 교과서
고려출판사의 퍼스트수학 시리즈 『공통수학 1』 공통수학 2』
형성출판사의 『수학개론』

김삿갓과 수학 외 2편

이 성 길

엘리엇(Eliot)의 시 「황무지(荒蕪地)」를 교향곡에 비유한 사람이 있다. 수학자 힐베르트(Hilbert)는 해석학을 '무한(無限)을 주제로 한 교향악'이라 했다. 수학도 음악이나 시와 같이 정신의 지배를 받는다고 그는 확신하고 있었던 것 같다.

무한이라는 것은 어떠한 경험이나 관찰에도, 그리고 현존하는 수학 이외의 어느 과학의 세계에도 존재하지 않는다. 이를테면 물질적인 연속체의 존재라는 것은 사실상 찾아볼 수 없는 것이다.

미생물 연구에는 현미경, 천문학에는 망원경을 주로 사용하듯이 무한 세계에서는 일대일 대응 산법이 이 분야의 연구에 기본적인 역할을 한다.

방랑 시인 김삿갓이 어떤 사람의 회갑연에서 지었다고 알려진 시에 일대일 대응의 산법 아이디어가 담겨져 있다.

가련강포망(可憐江浦望)
명사십리연(明沙十里連)
영인개개사(令人個個捨)
공수부모년(共數父母年)

▲ 김삿갓 표준영정(양주시 제공)

(강포를 바라보니 명사십리가 십 리에 연하여 그 경치가 볼 만하다. 무수한 모래알을 하나씩 줍게 하여 그 수효와 같이 부모 연세를 세게 하여라.)

명사십리에 깔려 있는 모래알을 무한으로 보고(실제로는 유한이지만) 그 수와 부모님의 연세가 '일대일' 대응할 수 있을 만큼 장수하시기를 바란다는 뜻이다.

이 시에서 공수(共數)라는 표현은 놀라울 만큼 정확히 일대일 대응을 의미하고 있다.

수학자 칸토어(Cantor)는 '무한 개념'과 '집합론'의 정립을 통해 현대 수학의 초석을 닦았다. 그러나 당시의 수학자들로부터는 맹렬한 비난을 받아 끝내는 시골의 정신병원에서 여생을 마치고 말았다. 이러한 비극마저 낳은 '혁명적인 구상'을 수학자도 아닌 김삿갓의 시구 속에서 일대일 대응을 명백히 볼 수 있다는 것은 참으로 놀라운 일이다.

칸토어 이전에는 '무한'을 명료하게 정의하지 못했다. 한없이 많은 무한이라는 것에 대한 기준이 사람마다 달랐고, 수학에서 이러한 애매모호함을 인정할 수 없었기 때문이다.

조금 어려운 이야기지만 칸토어는 집합론의 관점에서 전체와 부분 사이에 일대일 대응이 성립할 때를 '무한'으로 규정했다. 김삿갓 시와 연결시켜 보면 김삿갓은 모래알과 부모의 나이를 일대일로 대응시켜 '무한'의 수학적 개념을 구현하는 예리한 통찰력을 가지고 있었다. 물론 이는 견강부회(牽强附會)[6]라고 여겨질 수도 있다.

또 다른 예로 다음과 같은 시가 있다.

연년년거무궁거(年年年去無窮去)
일일일래불진래(日日日來不盡來)
연거일래래우래(年去日來來又來)
천시인사차중최(天時人事此中催)

(해마다 해는 가되 무궁하다. 날마다 날이 오되 끝이 없다. 해가 가고 날이 오되 오고 또 와서 만사가 그 중간에서 생겨나도다.)

세월이 무한히 거듭되는 세상에서 그는 한 해와 하루를,

1일 ↔ 365일, 즉 n ↔ 365n

을 대응시킴으로써 무한세계의 일면을 들추어냈다고 할 수 있다.

이러한 통찰은 칸토어가 세운 근대 무한론의 발상과 완전히 일치하는 것이다.

불교의 경전 속에는 무한에 관한 놀라운 은유의 세계가 있다. 그 예로서 관무량수경(觀無量壽經)의 한 구절을 인용할 수가 있다.

…… 작연화상령기연화(作蓮華想令其蓮華)
일엽작백보색유(一葉作百寶色有)

---

6) 전혀 가당치도 않은 말이나 주장을 억지로 끌어다 붙여 이치에 맞추려고 하는 것을 비유하는 말

팔만사천맥유여화여천진(八萬四千脈猶如畵如天盡)

맥유팔만사천광료료(脈有八萬四千光了了)

분명개령득견화엽소자종이백오십유순(分明皆令得見華葉小者從二百五十由旬)……

(…… 연꽃 마음을 내어, 그 연꽃잎으로 일백 가지 좋은 빛을 내어 보아라. 팔만 사천이란 맥이 하늘의 그림같이 거기 있으니, 맥에 있는 팔만 사천의 빛이 모두 다 눈을 떠 두루 보게 하여라. 아무리 작은 꽃 잎사귀도 가로세로로 뻗쳐서 일만 리는 가느니……)

그 은유가 기발하기도 하지만 단순한 은유에 대한 감흥뿐이 아니라, 그것을 밑받침하고 있는 무한의 논리에 부지중 이끌리게 된다. 무한을 주제로 연꽃잎을 관찰한다면, 칸토어가 생각한 "하나의 선분은 그보다 작은 부분의 선분과 대등한 양의 무한 점을 가지고 있다."는 논리가 적용될 수 있다.

마찬가지로 아무리 작은 연꽃잎(또는 선분)도 무한의 가능성을 가진 무한개의 점으로 이루어진다는 정확한 수학적 논리에 기초를 두었고, 석가모니와 그 제자들은 그 아름다운 은유의 세계를 구축했으니 참으로 경탄할 만하다. 그와 동일한 발상을 가지고 김삿갓은 다음 구를 읊었을 것이다.

일봉이봉삼사봉(一峯二峯三四峯)

오봉육봉칠팔봉(五峯六峯七八峯)

수유갱작천만봉(須臾更作千萬峯)

구만장천도시봉(九萬長天都是峯)

(한 봉 두 봉 삼사 봉이요, 다섯 봉 여섯 봉 칠팔 봉이다. 잠깐 동안에 다시 천만 봉을 지으니, 구만장천이 모두 구름 봉우리이다.)

하나의 운봉은 두 개의 운봉을, 그것이 다시 발전해서 3, 4, 5, ……, 무한개의 운봉이 잠깐 사이에 생긴다. 즉 하나의 운봉이란 무한개에 번질 가능성을 가진 존재다.

연잎 대신에 김삿갓은 구름을 소재로 삼았으나, 무한을 셈하고 있다는 점에서는 앞의 불경의 사상과 같다.

비록 수학적인 체계는 없었으나, 무한의 본질을 간파한 경전의 시구가 아름다운 은유로서 인간의 오성(悟性)에 직접 전달되어 많은 사람들을 감동시켰다는 것은 틀림없는 사실이겠지만, 김삿갓의 시세계(詩世界)도 어떤 의미에서는 관무량수경이 내포하고 있는 사상과 부합하는 점이 많다.

칸토어는 같은 시대 사람들(특히 수학자)로부터 동정적인 가십(gossip)에 둘러싸인 채 끝내 좌절을 이기지 못하고 비참한 생애를 마치고 말았지만, 이에 비하면 세상사를 등지고 방랑 생활을 일삼았던 김삿갓의 탈속주의(脫俗主義)와는 얼핏 보면 대조적이다.

칸토어는 "수학의 본질은 자유에 있다."라는 유명한 말을 남겼다. 수학에서는 개념을 자유롭게 정의하고 그 토대 위에 새로운 수학을 구성할 수 있다는 뜻이다. 문학 역시 자유를 본질로 한다는 점에서 보면 수학과 문학은 평행선이 아닐지 모른다. 적어도 자유를 추구한다는 점에서는 두 장르가 서로 다르지만 교점이 있으니 말이다. 뿐만 아니라 문학작품에서 중요한 은유와 사고의 표상과 함축은 수학을 관통하는 특질이기도 하다.

이런 의미에서 "시인이 아닌 수학자는 진정한 수학자가 아니다."라고 한 수학자 바이에르슈트라스(Weierstrass)의 말이 새삼스럽게 다가온다.

이상의 오감도 '제4호'를 보고

이상(李箱, 본명 김해경)의 문학이 지닌 난해성의 일부는 그가 즐겨 사용한 수학, 또는 물리학적 표현으로 인해 가중되는 것으로 알려져 있다.

그러나 그것은 헛된 현학이거나 무의미한 고답적 이유에서가 아니고 수학적 표현을 구사함으로써 그의 사상적 경향을 더욱 효과적으로 부각시키기 위해서였다고 볼 수 있다.

그는 분명히 수학자는 아니었지만 그가 자신의 주제 의식을 강하게 느끼면 느낄수록 수학적 직관이 움직였고, 그것이 수학적으로 상당한 수준에 도달했다고 볼 수도 있다.

이상의 작품에 대해서는 후대에 워낙 다양한 해석이 제기되고 있어서, 만약 이상이 살아온다면 자신의 시에 대한 이러한 구구한 해석들을 어떻게 생각할까?

이상의 「오감도」 네 번째 시에는 부제로 '환자의 용태에 관한 문제'라는 제목이 붙어 있다. 이 시는 0부터 9까지의 숫자를 기묘하게 배치해 시각적 효과를 나타내고 있다. 그런데 과연 이 시가 나타내고자 하는 바는 무엇일까?

患者의 容態에 관한 問題
診斷 0.1

26. 10. 1931
以上 責任醫師 李箱

• 0 9 8 7 6 5 4 3 2 1
0 • 9 8 7 6 5 4 3 2 1
0 9 • 8 7 6 5 4 3 2 1
0 9 8 • 7 6 5 4 3 2 1
0 9 8 7 • 6 5 4 3 2 1
0 9 8 7 6 • 5 4 3 2 1
0 9 8 7 6 5 • 4 3 2 1
0 9 8 7 6 5 4 • 3 2 1
0 9 8 7 6 5 4 3 • 2 1
0 9 8 7 6 5 4 3 2 • 1
0 9 8 7 6 5 4 3 2 1 •

이 시는 소리내어 읽는 시가 아니다. 눈으로 보면서 의미를 파악해야 하는 시다. 1934년에 「오감도」가 신문에 연재되었을 때 "이것이 무슨 시냐!", 심지어 "무슨 개소리냐!"는 비난을 받아 연재를 중단하였다. 그러나 나름대로 의미가 있음을 알 수 있다.

요즘은 의사가 진료 기록을 컴퓨터로 작성하는 경우가 많지만 수기로 작성한, 그것도 대부분 휘갈겨 쓴 진료 기록은 일반인에게 난수표같이 느껴진다. 따라서 이 시는 난해한 진료 기록을 패러디한 것일 수도 있다. 또 이 시에 적힌 숫자는 거울에 비친 상처럼 거꾸로 적혀 있기 때문에 진료, 즉 거울을 통해 나타난 환자의 상태를 표상한다고 볼 수 있다.

이 시는 수학적으로 분석할 수도 있다. 가장 윗줄에는 1234567890, 그 다음 줄에는 123456789.0이 거꾸로 적혀 있다. 어떤 줄에 있는 수에 0.1을 곱하면 그 다음 줄의 수가 된다.

따라서 이 시에 배열된 수들은 동일한 비를 이루는데, 수학적으로는 '등비수열'이라고 한다. 또 시의 형태에서 대칭의 미를 찾아볼 수 있다. 11줄로 시를 구성한 것은 대각선에 소수점을 배치하여 서로 대칭을 이루도록 하기 위해서라고 보인다.

시의 마지막에 있는 '진단 0:1'이라는 문구에도 수학적 의미를 부여할 수 있다. a:b의 비를 분수로 나타내면 a/b가 된다. 그렇다면 0:1은 0/1, 즉 0이다.

또 위의 시는 0.1을 11번 곱한 것에서 그치고 있지만, 계속 0.1을 곱해간다면 0에 가까운 수가 될 것이다. 0은 무엇인가가 소멸되는 상태다. 환자의 입장에서는 죽음으로 비유할 수 있을 것이다. 그가 13이란 숫자를 쓴 것이나, 시에 까마귀가 많이 나오는 것을 보아도 알 수 있다.

지식과 지혜

지식과 지혜를 사전에서 찾아보면 '지식'은 어떤 대상에 대하여 배우거나 실천을 통하여 알게 된 명확한 인식이나 이해라고 되어있고, '지혜'는 사물의 이치를 빨리 깨닫고 사물을 정확하게 처리하는 정신적 능력이라고 되어있다.

우화에 다음과 같은 이야기가 있다.

똑똑한 사람과 똘똘한 사람이 깊은 산속에서 호랑이를 만났다. 똑똑이는 호랑이를 보는 순간 비상한 머리로 신속 정확히 계산했다.

"호랑이가 234m 밖에 있으니 시속 50.4km 속도로 달려오면 17초 후에 나에게 도달하겠지? 그렇다면 그 다음 죽게 되는데, 그 시간을 어떻게 쓸까?"

그런데 이 말을 듣고 있던 똘똘이는 운동화 끈을 질끈 고쳐 매었다. 이상히 여긴 똑똑이가 물어보았다.

"왜 신발 끈을 고쳐 매느냐? 호랑이가 다가오는데."

똘똘이는 씩 웃으며 말했다.

"왜 그런 줄 알아? 나는 너보다 빨리 뛰기만 하면 되거든!"

세상에는 똑똑한 사람과 똘똘한 사람이 있다. 똑똑이는 죽을 수밖에 없는 시간을 계산했고, 똘똘이는 위기 상황 속에서도 살아남을 방법을 생각한 것이다. 똑똑이가 사실 자체 파악에 골몰하는 사이, 똘똘이는 한 눈에 상황 파악을 하여 문제해결의 방법을 찾은 것이다.

똑똑이는 지식만 찾았고 똘똘이는 지혜를 찾은 것이다. 여러분은 똑똑이형인가, 똘똘이형인가?

또 한 가지 예를 들어 보자.

한 사람이 길을 급히 가다가 어느 직사각형 밀밭 모서리에 이르렀을 때, 길을 따라가면 멀리 돌아가게 되어있고 밭으로 대각선 방향으로 질러가면 시간이 덜 걸리게 되어있다.

이때 대각선 방향으로 질러가는 것은 지식이고, 길을 따라 ㄴ자 모양으로 돌아가는 것은 지혜다.

이는 수학 시간에 배운 "삼각형에서 두 변의 합의 길이는 나머지 한 변의 길이보다 크다."라는 수학적 원리를 이용한 것이다.

지식이 많다고 해서 좋은 것만은 아니다. 위의 한 사람이 주위를 둘러보고 아무도 없자 그는 빠른 길인 밭을 조심스럽게 곡식을 손으로 밀어가며 가로질러 갔다. 그 후 다른 사람이 그곳에 와보니 밭에 누가 지나간 흔적이 있으므로 그도 그 자리를 따라 밭을 지나갔다.

또 어떤 사람이 소를 끌고 이곳에 도착하였다. 그는 밭에 사람이 다닌 자국을 보고 이미 사람이 다닌 길에 소인들 끌고 가면 안 되랴 하며 그 밭을 질러갔다. 그러자 이제 곡식들이 심하게 짓밟히고 그 자리에 길이 뚫렸다.

얼마 후 선비 한 사람이 그 길로 와서 밭을 가로질러 가려고 고개를 갸웃거렸다. 아무리 보아도 그것은 길이 아니고 밭이므로 그는 갈 길이 바쁘지만 길을 따라 돌아갔다.

이것을 보고 뒤에 오던 사람이 “저 바보 같은 사람, 이왕에 밭에 길이 생기고 소까지 다닌 흔적이 있는데 무엇 때문에 돌아가는가.”하고 비웃었다고 한다.

이 이야기는 바로 지식과 지혜의 차이를 설명해주면서 우리 인간 세상의 삶의 모습을 보여주는 것이다.

즉 자기 이익만을 위해 여럿이 함께 사는 세상에 꼭 필요한 도덕이나 질서, 법 등을 어기고 질러가는 사람들이 있다.

또 그럴 생각이 없던 사람들조차도 옆의 사람이 그러면 별 양심의 가책을 느끼지 못하고 따라하게 되는데, 바로 이것이 대중심리인 것이다.

원칙을 버리고 질러가면 그 당시에는 편하고 빠르고 좋은 것 같지만 그렇지 않다. 한두 사람의 무질서가 모이면 결국 돌이킬 수 없는 혼란과 더 큰 손해가 오는 것이다. 비록 돌아가는 것이 늦은 것 같지만 법과 질서가 바로 지켜지게 되면 모든 사람에게 이익이 되고 좀 더 좋은 사회가 될 것이다.

지식은 오만하고 방종할 수 있으나 지혜는 그렇지 못하다. 백과사전 자체가 지혜는 될 수 없다. 글을 몰라도 지혜로운 사람이 있고, 글을 알아도 지혜롭지 못한 사람이 있다. 지식은 지혜에 이르는 발판이다.

“나 자신의 피와 살 속에 밀착된 것이 지혜가 될 수 있다.”고 영국의 사회 비평가 러스킨은 말하였다.

세상을 살다 보면 질러가는 길이 있고 돌아가는 길이 있다. 그 선택은 물론 각자에 달려 있다.

지식이 많은 사람을 우리는 학자(學者)라 일컫고, 지혜가 많은 사람을 현인(賢人)이라고 한다. 이 세상에는 지식을 갖춘 사람은 많이 있지만 지혜로운 이는 드문 것 같다. 현대인은 지식의 과잉과 지혜의 빈곤 속에 빠져 있다. 우리의 머릿속에는 잡다한 지식은 많지만 깊은 지혜는 드물다.

지식은 나를 채우는 것이고, 지혜는 나를 비우는 것이다. 지식은 사람을 오만하게 만들 수 있고 다른 사람에게 보여주기 위한 자아도취에 빠지기 쉽다.

우리는 지식이 많은 사람보다도 지혜가 많은 사람이 되기에 힘써야 한다. 현대의 교육은 지식을 가르치지만 지혜는 가르치지 않는 것이 불행이요, 비극이다. 우리는 밝은 지혜와 굳은 의지를 가지고 인생의 옳은 길을 찾아가야 한다.

우리의 인생은 무거운 짐을 지고 먼 길을 가는 나그네와 같아서 한 발자국 한 발자국 착실하게 걸어가야 한다. 백릿길도 일보일보의 연속이다. 단숨에 천리 길을 뛸 수는 없는 일이다.

0(無)에서 1(하나)을 만들고, 하나를 얻을 때의 그 소중함을 배우게 되면 1,000을 만드는 일은 생각보다 쉬운 것이다.

인생에는 지름길이 없다. 세상의 모든 일이 다 밟아야 할 순서가 있는 것이다. 목표도 중요하지만, 목표에 도달하는 과정과 길과 단계 또한 중요하다.

옛날 알렉산드리아의 기하학자인 유클리드(B.C. 330~275)는 그의 기하학을 완성한 후 이집트 왕인 톨레미 1세(B.C. 367~283)의 초청을 받아 어전에서 강의를 하였다고 한다. 그 강의를 듣고 있던 왕은 그 내용이 너무나도 방대한 것에 질린 나머지 유클리드에게 "아, 그거 좀 더

기하학을 익힐 수 있는 뭔가 빠른 방법이 없을까?"라고 질문하였다고 한다. 그때 유클리드가 "배움의 길에는 왕도가 없습니다."라고 대답하였다고 한다.

이 말은 아주 유명한 말이며 인생의 명언이다. 배움의 길에는 왕도가 없다. 왕이라고 해서 학문의 지름길이 따로 있는 것이 아니다.

학문만이 왕도가 없는 것이 아니라 인생의 모든 일에도 왕도가 없고 지름길이 따로 없다. 성공과 행복과 승리에 도달하는 길은 공(功)을 들여야 하고, 정성을 기울여야 하고, 피땀을 흘려야 한다.

우리는 인생을 안일하게 살려는 생각부터 버려야 한다. 또한 안일한 방법으로 성공하려는 망상도 버려야 한다. 인생은 옳은 길을 쉬지 않고 기쁜 마음으로 착실하게 걸어가야 한다. 그런 사람만이 승리의 정상에 도달하고, 성공의 기쁨에 이르고, 행복의 영광을 차지할 수 있다. 이것은 지혜 있는 자만이 가능하다.

헷세는 "지식은 다른 사람에게 전할 수 있어도 지혜는 전할 수 없다."라고 했으며, 『명심보감(明心寶鑑)』에서는 '불경일사(不經一事)면 부장일지(不長一智)'라고 했다. 이는 '한 가지 일을 경험하지 않으면 한 가지 지혜가 자라지 못한다.'는 뜻이다. 모든 지혜는 경험에서 비롯된다는 것을 일러주고 있는 것이다.

그런데 인간은 지식을 좀 쌓았다 싶으면 고집스런 안경을 쓰고 세상을 보려고 한다. 그래서 편견도 생기고, 독단도 생기고, 시시비비도 일어난다.

이러한 병들을 고치는 약이 바로 지혜라는 약이다. 지식은 사물을 알게 하지만 지혜는 먼저 내가 나를 알게 한다. 지혜는 스스로를 가늠해

볼 수 있는 치수를 읽게 하지만, 지식은 스스로를 과신하게 한다. 아는 것이 병이란 말이 여기서 비롯된 것이다. 그러나 지혜는 나를 분별하게 하여 내가 설 자리를 알게 한다.

세상에는 지식을 가진 사람은 많지만 슬기로운 지혜를 가진 사람은 드물다. 우리는 지혜를 배워야 한다. 지혜란 인생의 방향을 제시하는 것이기 때문이다.

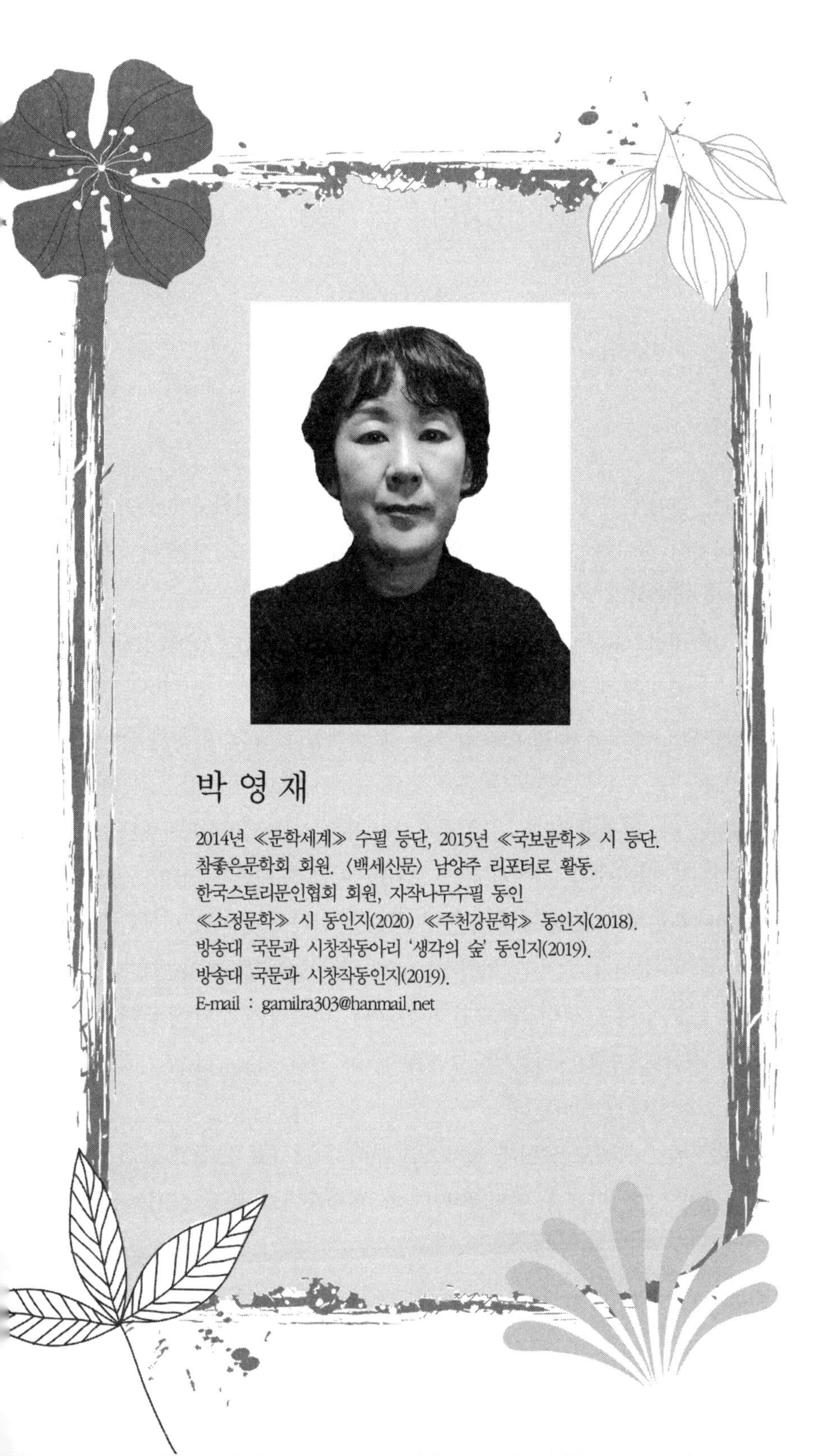

박 영 재

2014년 ≪문학세계≫ 수필 등단, 2015년 ≪국보문학≫ 시 등단.
참좋은문학회 회원. 〈백세신문〉 남양주 리포터로 활동.
한국스토리문인협회 회원, 자작나무수필 동인
≪소정문학≫ 시 동인지(2020) ≪주천강문학≫ 동인지(2018).
방송대 국문과 시창작동아리 '생각의 숲' 동인지(2019).
방송대 국문과 시창작동인지(2019).

E-mail : gamilra303@hanmail.net

버킷리스트 외 2편

박 영 재

나는 환갑에 수능 시험을 보았다. 얼마나 가슴이 떨리고 눈물이 나는지 이것이 꿈인가 생시인가 싶었다. 바로 10년 전에 작성한 나의 버킷리스트 덕분이다.

내겐 이런 삶을 안겨준 특별한 분이 계신다. 50대 초반에 성당 'ME 부부 모임[7]'이라는 단체에서 처음 만났는데 그분은 퇴직 나이가 훨씬 지났는데도 현직에서 왕성한 활동을 하고 계셨다. 인천대교 토목공사를 감리하신 분으로서 일흔도 넘은 나이에 몽골에서 마지막 임기를 마치고 귀국하셨다. 이분이 내가 가장 존경하는 나의 멘토님이시다. 현재는 우리 아파트 단지에서 '잠안사'라는 모임을 이끌고 계신다. 잠이 안 오는 사람들이 모여 일요일 새벽에 동네 청소를 한다고 붙여진 이름인데 벌써 20년이 넘어가고 있다. 자발적으로 누구나 참여할 수 있는데 회원도 매년 늘고 있다고 하니 이 모임 또한 매우 바람직한 모임이 되어 가고 있다. 남편도 회원으로 참여하고 있는데 늘 멋진 형님이라고 입에 침이 마르도록 자랑하고 다닌다.

나의 멘토님은 모든 일에 적극적인 분이시다. 대표를 맡고 계실 때도 대충하지 않고 언제나 열정적이었으며 회원들에게 권장 도서는 물론,

---

7) ME 부부 모임 : Marriage Encounter의 약자로 교회의 부부 동반 모임

항시 유익한 정보를 주고자 노력하셨다. 10년 전 ME 모임으로 갔던 시골펜션에서의 특강은 지금도 잊을 수가 없다. "아무것도 늦지 않았다. 그것을 알아차린 순간에 벌써 반은 해낸 것이다."라는 말씀은 내게 큰 충격으로 다가왔었다. 그동안 내가 얼마나 많은 것을 포기하고 살아왔는지 깨닫게 해주었고 다시 도전할 수 있는 용기와 함께 꺼져가는 희망에 불씨를 붙여 주셨다.

그날 부부 모임에서 우린 버킷리스트를 작성하였다. 열 가지가 아니라 백 가지를 쓰라고 하셨는데, 써 내려갈수록 어렵게 느껴지고 무엇을 써야 할지 막막하여 옆 부부를 기웃거리기도 했다. 대체로 나는 현실 가능한 것을 적다 보니 일기 수준에 그치고 말았는데 발표 시간에 다른 분들이 작성한 것을 들으니 부끄럽기 짝이 없었다. 숙박업을 하고 계신 형제님은 한국에서 제일 큰 호텔을 짓겠다고 쓰셨고, 순환기내과 병리사로 근무 중인 자매님은 그 분야에서 교수가 되겠다고 썼다. 부동산을 하고 있던 형제님을 비롯한 많은 분이 나로서는 생각조차 할 수 없었던 거대한 목표를 쓰셨고 발표하였다. 내게는 이 모든 것들이 신선한 충격으로 다가왔다. 한심하게도 내가 쓴 것은 가계부 매일 쓰기, 냉장고 새것으로 교체하기 등이었다. 멘토님은 아내와 함께 작성한 버킷리스트를 코팅하여 침대 모서리에 걸어두고 매일 본다고 하셨다. 마지막에 멘토님은 꿈은 클수록 좋다고 하시며 그동안 자기가 꼭 하고 싶었던 것을 적고 행동으로 바로 시작해볼 것을 권해주셨다.

그날 이후의 나의 삶은 이전과 달라지기 시작했다. 무엇이든 해낼 수 있다는 자신감이 차오르니 실행으로 하나둘 옮겨가기 시작했고 평생 한으로 남아있던 공부를 시작했다. 검정고시 학원에 등록하여 고등과정을 마치고, 2016년도에 자식 뒷바라지하면서 안타까운 눈으로 지켜봐야 했던 수능 시험장에 학생들과 어깨를 나란히 하고 앉았다. 자식을 수능장에 들여보내 놓고 마음 졸였던 순간들이 떠오르고 내가 학생으로 그 현장에 앉아있다는 사실이 믿어지지 않을 만큼 가슴이 벅차오르고 눈물이 났다. 무엇보다도 딸과 사위들이 정성스럽게 준비해준 도시락과 "어머님 힘내세요. 파이팅입니다."라는 편지는 영원히 잊지 못할 것 같다.

수능 시험 점수가 발표되고 부천에 있는 어느 대학 캠퍼스를 남편과 함께 방문했다. 하지만 최종 선택은 한국방송통신대학교 국어국문학과였다. 이 나이에 정말 내가 해낼 수 있을까. 두려움이 가장 컸다. 다행히 입학식에서 만난 머리가 희끗희끗한 만학도들이 내겐 또 다른 희망으로 다가왔다. 오래된 동지처럼 느껴지고 다시 한번 도전해보자는 각오가 생겼다. 어디에 그런 열정이 남아있었는지 신기하리만큼 공부가 재미있고 시간 가는 줄 모르게 빠져들었다. 아침이면 비록 머리가 텅 빈 백지처럼 하얘지기도 했지만, 무사히 졸업하였다.

'콩나물시루에 물을 주면 물이 다 빠져버려도 콩나물은 쑥쑥 자라고 있다'라고 하신 조남철 교수님의 말씀이 왜 방송대의 전설이 되고 있는지도 깨닫게 되었다.

"내가 살아온 이야기를 소설로 쓰면 100권도 넘지. 암, 넘고말고."하고 말씀하셨던 친정엄마처럼 나도 살아온 내 이야기를 이제 글로 쓰고 싶다. 보고 듣고 느끼고 살아온 순간들을 엉킨 실타래 풀듯 하나씩 하나씩 풀어내 나 자신을 토닥여주면서 그래도 잘살았다고 응원도 해주고 싶다. 나만의 멋진 한 권의 책이 완성되는 날, 나의 멘토님을 찾아갈 것이다. 그리고 감사한 마음 가득 담아 큰절 올리고 싶다.

봄이 오고 있다

노후엔 현찰을 쥐고 있어야 한다고 흔히들 말한다. 나이 들어서 재산을 미리 자식들에게 주었더니 자주 찾아오던 자식도 잘 오지 않더란다. 심지어는 그런 자식들에게 부모가 유산반환 청구소송을 내기도 한다니 참 슬픈 일이 아닐 수 없다. 요즘은 세상이 많이 바뀌어 아들, 딸 구별 없이 유산상속도 1대1로 바뀌었다. 그러나 여전히 부모를 모시는 문제에선 자유롭지 못하다. 나이 들면 아픈 데도 많이 생기고 고령화 시대로 접어들면서 그 기간도 길어지니 자연스레 많은 문제가 발생하고 있다. 긴병에 효자 없다는 말도 있듯이 누군가가 나서서 교통정리를 하지 못하면 문제는 계속 야기될 수밖에 없다. 유산분배 원칙에 따라 부모를 모시는 것도 동등해야 한다는 원칙이 성립되지만, 현실은 그렇지 못한 경우가 많기 때문이다. 부모님 살아생전 잘 나타나지도 않던 자식들이 나타나 자기 권리만 내세우는 경우도 종종 있으니 말이다. 이런 경우에 비추어 본다면 1대1 법칙도 결코 원만한 해결책이라고 내세울 수는 없는 것 같다. 누구든 부모를 모시거나 집안 제사와 같은 행사를 이끌어 오는 자식에겐 특별 배려가 있어야 하지 않을까 하는 생각도 해보게 된다. 결국은 노후 자금을 어떻게 효율적으로 사용하느냐에 따라 삶의 질도 달라질 것이다.

동네가 다산신도시 개발로 자고 일어나면 바뀌고 있다. 처음 이사올 때만 하더라도 주변이 논밭이고 시골 마을에 아파트가 덩그러니 놓여 있는 형상이었는데 그 주변으로 검찰청과 법원이 나란히 지어져 개원했다. 마치도 인기리에 방영되었던 드라마 '비밀의 숲' 한 장면인 황시목, 서동재 검사가 저만치서 걸어 나올 것 같은 분위기로 탈바꿈되고 있다. 그뿐만 아니라 내가 제일 바라던 도서관이 세련된 건물로 지어져 마치도 부자가 된 것처럼 내 마음이 뿌듯하다. 어디에 내놔도 손색이 없을 정도로 모든 장비가 최신식이라니 무슨 말이 더 필요할까. 나는 그때부터 새봄에 대한 꿈을 꾸기 시작했다.

공사가 시작되면서 잘 아는 부동산의 권유로 코너 상가 2층에서 가장 좋은 위치라고 떠벌리던 곳 하나를 분양받았다. 사놓기만 하면 세는 걱정할 것도 없고 대출까지 자기들이 알아서 다 해준다고 하니 어떻게 해서든지 계약을 서둘러야겠다고 생각했었다. 나는 어쩌면 우리에게 찾아온 마지막 기회일지 모른다면서 부동산업자가 이야기한 것에 살까지 붙여 남편을 설득했다.

하지만 뜻하지 않은 코로나 사태가 터졌고 1년이 넘게 세가 나가지 않았다. 하루아침에 모든 것이 사라지는 것 같았다. 코로나로 인한 사망자가 매일 늘어나고 거리두기에 집합 금지는 물론, 영업시간 제한까지 발표되었다. 성황리에 영업 중이던 점포까지 현상 유지가 어렵다며 문을 닫는 점포들이 하나, 둘 생겨나기 시작했고 잠을 이룰 수가 없었다. 월세는 고사하고 무리해서 받은 대출이자까지 고스란히 떠안아야 했다. 집안에 장남으로 늘 시간에 쫓기듯 바쁘게 살면서도 버텨낼 수 있었던 것은 늘 내일에 대한 희망이 있었기 때문이다. 나이 들어갈수록 입은 닫고 지갑은 열고 살라는 말이 있다. 그만큼 나이가 들면 움켜쥐고만 살지 말고 어디를 가든 베풀고 살라는 말일 것이다. 그러나 그렇지 못한 상황으로 치닫고 보니 불안하고 하루하루가 비참해지는 느낌이었다. 남편은 경조사비라도 번다며 여기저기 일자리를 찾아다녔고, 남들은 속도 모르고 그만큼 했으면 되었지 또 무슨 일을 하려고 하느냐며 이해할 수 없다는 표정들이었다. 그렇게 자기들이 다 알아서 해준다던 점포는 일 년이 넘게 자물쇠만 굳게 채워져 있으니 한 치 앞도 보이지 않는 나날의 연속이었다. 도무지 희망이 보이지 않았다. 들어오는 돈은 멈추었는데 나갈 돈만 자꾸 생기는 것 같았다.

남편은 일을 심심해서 하고, 운동 삼아 한다고 떠들고 다녔지만, 그 속사정은 훤히 알고 있는 나는 속이 타들어가는 느낌이었다. 언제나 이 미련한 욕심을 내려놓고 살 수 있을지 후회만 가득하고 돌아갈 수만 있다면 당장이라도 돌아가고 싶은 심정이었다. 땅 부자가 맨날 짜장면만 먹고 다닌다고 하더니 이제야 그 말이 좀 이해가 되었다. 부동산이라는 것은 팔려야 내 돈이지 결코 내 돈이 아니었다.

남편은 얼마 전부터 노인일자리센터에서 마련해준 농협에 출근한다. 전에는 역사유물 탐사현장이나 이마트 카트정리원 같은 힘든 일을 해서 하루도 내 마음이 편할 날이 없었는데 그나마 요즘 마음이 좀 편해졌다.

살면서 누구나 선택의 기로에 서게 될 때가 있다. 다음에 또 이런 경우가 생긴다면 나는 과연 어떤 선택을 하게 될까. 다행히 그렇게 바라던 점포에 자물쇠를 풀었다. 그나마 살얼음판을 걷는 기분에서 이제 겨우 빠져나왔다. 남편도 요즘은 매일 일할 수 있는 곳이 생겼다는 것이 행복이라며 신바람이 나서 출근한다. 어둡고 긴 터널을 이제 막 빠져나오고 있다.

떡

부활절에 성당에서 받아 온 떡이 아직도 따끈따끈하다. 내가 좋아하는 서리태가 듬성듬성 들어간 떡이다. 이 떡은 각종 모임에서 행사를 하거나 어디를 갈 때도 종종 얻어먹는 떡이다. 한 끼 식사로도 충분하지만, 무엇보다 떡방앗간에서 인원수에 맞게 잘라서 따로따로 포장해주기 때문에 여럿이 나누어 먹을 때 특히 좋다.

배고팠던 시절엔 떡이 최고의 음식이었다. 가을 추수가 끝나고 나면 집집마다 고사떡을 해서 나누어 먹었다. 할머니 심부름으로 장독대, 곡식광, 외양간, 대청마루에까지 떡 접시를 날랐는데 그때는 왜 그러는지조차 관심이 없었다. 나중에 생각해 보니 할머니는 가족들이 한 해 동안 무탈하게 지낸 것이 집안 곳곳에 있는 신들이 보살펴준 덕이라고 생각을 하셨던 것 같다. 아무것도 없이 달랑 떡접시 하나였는데도 항상 거르지 않고 지극정성으로 하셨다. 이웃집까지 퍼다 먹었던 우물 두레박엔 등잔불을 켜서 아래로 내려보냈는데 그 이유는 아직도 모르겠다.

떡은 종류도 많고 그 행사나 쓰임새에 따라 모양과 맛도 다르다. 삼촌은 인절미, 동생은 송편을 좋아했다. 그리고 할머니는 초봄에 처음 나오는 쑥으로 밀가루나 쌀가루에 찌는 쑥버무리를 좋아하셨다. 또 어머니는 아이들 생일날에 수수팥단지를 10살까지 해주면 잔병치레도 안하고 잘 큰다며 꼭꼭 챙기셨다.

떡접시를 들고 가면 어른들은 '오늘이 무슨 날이구나!'하고 금방 알아보셨다. 떡만 생각하면 어린 시절 추억이 참 많다. 냉장고가 없던 시절 떡을 소쿠리에 담아 광 시렁에 올려놓았다가 먹곤 했는데 종종 화투꾼들에게 도둑맞을 때도 있었다. 떡서리, 닭서리, 밥서리……. 이름만 붙이면 무엇이든 가능한 이 서리꾼들은 동네에 무법자였다. 자기 집 닭도 훔쳐내는 도둑이었으니 누구를 탓하랴.

엄마는 요즘 말로 자식 사랑엔 누구에게도 뒤지지 않는 분이셨다. 할머니가 아무짝에도 소용없는 딸년에게 유난을 떤다며 적당히 하라고 시집살이를 시키셨지만 묵묵히 시위라도 하듯 딸을 도회지로 보내 간호보조학원에 입학을 시켰다. 그리곤 마치 간호보조원이 의사나 되는 것처럼 좋아하시며 뿌듯해하셨다. 지금은 간호조무사로 이름이 바뀌었지만 그때는 간호보조원으로 불렸다. 개인병원에 취직이 되자 고향 아픈 사람들을 병원으로 하나씩 하나씩 물어오기도 하셨다.

흰 가운을 입은 당신 자식이 어머니에겐 최고로 보였을 것이다. 그러니 그 병원 주인이야말로 얼마나 높게 보였을까. 어쩌다 집에 가면 어머니는 힘들게 농사지은 것을 병원 사모님에게 갖다주라며 바리바리 싸주셨다. 부족한 당신 자식을 받아줘서 고맙고 앞으로도 잘 봐달라는 뜻이 담겨 있었을 것이다.

빈부의 차이란 체험해 보지 않고는 결코 가늠조차 할 수 없다. 1970년대 내가 근무하던 병원 식구들은 느끼한 것이 싫어서 벌써 그 시대에 김치볶음을 즐겨 먹고 있었다. 그래서 아이러니하게도 주방아주머니가 해놓는 갈비찜이나 불고기들은 직원들 차지일 때가 많았다. 시골에서만 자라 온 내게 그곳 생활은 충격으로 다가올 만큼 내가 자라온 환경과 다르게 너무나 대조적인 것이 많았다. 처음으로 빈부 차이에 대해 생각하게 되었고, 삶이란 것에 대해 회의가 느껴지기도 했다. 주로 농사지어 자급자족하는 생활이다 보니 특별한 날에만 먹을 수 있었던 고기가 여기에선 시시때때로 상에 올랐다.

그러던 어느 날 어머니가 떡 보따리를 머리에 이고 병원에 오셨다. 좋은 쌀로 넉넉히 했다며 맛있게 드시라는 말만 남기고 가셨다. 10리 길을 걸어오셔서 기차를 탔을 텐데 기숙사 생활이니 하룻밤 쉬고 가시라 붙잡지도 못했다. 10리도 넘는 산길을 혼자 걸어가셨을 어머니를 생각하면 지금도 마음이 아프고 눈물이 난다. 그런데 그날 식사 시간에 떡은 끝까지 상에 오르지 않았다. 직원들조차도 "떡은 왜 안 주지?"하면서 수근거렸지만, 그 말을 꺼내는 사람은 없었다. 그런데 퇴근하시는 주방아줌마가 어머니가 이고 온 떡 보따리를 들고 가는 것이 아닌가? 아줌마도 민망했던지 묻지도 않았는데

"미스 박, 사모님이 안 드신다고 다 가져가래."하는 것이었다. 순간 '이것이 무슨 말인가' 싶고 얼굴이 화끈거렸다. 떡을 가져온 어머니가 원망스럽고 한없이 초라하게 느껴졌다. 어머니는 당신에게 언제나 최고의 음식이었던 이 떡을 내 딸과 함께 지내는 병원 식구들에게 대접하고 싶었을 것이다.

할머니가 고사떡을 할 때마다 왜 집안 곳곳에 제일 먼저 정성스럽게 받쳤는지 몰랐고 알려고도 하지 않았었다. 귀한 떡이 이렇게 푸대접을 받는 줄도 모르고 그 먼 길을 머리에 이고 오면서도 엄마는 또 얼마나 뿌듯하고 행복해하셨을까. 내가 가족을 위한 간절한 사랑으로 바쳐진 할머니의 마음을 몰랐듯이 그 사람들도 우리 어머니가 머리에 이고 온 그 떡이 어떻게 만들어지고 어떤 마음으로 들고 오셨는지 몰랐을 것이라 믿고 싶다.

비록 엄마의 사랑을 따라가지 못하지만, 엄마가 떡을 준비하던 때가 되면 나도 떡을 한다. 남편과 아이들이 먹지도 않는 떡을 조금만 하라고 야단이지만 그 떡은 엄마의 떡이 그랬듯이 그들이 생각하는 떡이 내가 생각하는 떡과 다르다는 것을 이제야 조금씩 알아 간다. 할머니의 간절함과 어머니의 간절함을 감이 짐작이나 할 수 있을까.

나는 더 이상 그 병원에 머물고 싶지 않았다.

김미정

은평문인협회 회원
한국스토리문인협회 회원
문학공원 동인
자작나무수필 동인
제14회 좋은생각 생활수기공모전 입상
영남일보 달구벌공모전 수필부문 입상
산림문화 공모전 수필부문 입상
경북신문 수기공모전 입상
제8회 등대문학상 공모전 수필부문 입상
시집 『액자 속의 바다』 외 동인지 다수

두름처럼 향기를 차고 들어선다 외 2편

김 미 정

자연의 진액이 고인 연못은 흐름이 없어도 도도하다. 물의 특성상 흐름을 과정이라고 하지만 동네 근처 절 입구에 자리한 연못은 고임에도 정체됨이 아닌 과정이 있는 듯하다. 아마도 계절에 따라 색을 달리 입는 풍경과 아름다운 연꽃이 가득히 모여 있기 때문이다. 주위의 일상을 보듬고 앉은 연꽃은 넓게 향기를 풍기며 은은한 숨결과 고운 색을 육감적으로 물 위에 펼친다. 정취와 정서를 지니고 있어 사람들은 습관처럼 이곳을 찾는다. 고여 평온한 연못과 피어 그지없이 아름다운 연꽃을 만나기 위해서다. 이사를 와서 가장 반가웠던 장소가 이곳이었다. 아는 이 하나 없던 어머니에게 인사를 주고받을 수 있는 관계의 사람들을 이어준 곳이기도 하다. 그런 이유로 마땅히 의탁 할 곳 없던 마음을 조금은 의지할 수 있었다.

싱그러운 연잎에 오후의 햇살이 빼곡하게 깔려 반짝인다. 잎에 앉은 물방울들이 뜨거워 자지러질 듯이 미끄러져 내려간다. 간간이 날아드는 나비들의 날갯짓도 암팡지게 펼쳐 더위를 부채질해 보지만 여름은 쉽지가 않다. 그럼에도 동네 어르신들은 시간을 가리지 않고 그곳에 둘러앉아 이런저런 이야기들로 연못을 채우셨다. 언제부턴가 어머니도 '그곳에서 같은 지방 사람을 만나셨다.'라고 하시며 연못가로 직장처럼 출퇴근

도장을 찍으셨다. 너무 더운 날에는 그런 어머니가 모두에게 걱정이기도 했다.

그분이 초기 치매 환자였다는 것을 저녁 식사 대접을 하던 날 처음 알았다. 더운 낮시간에도 마다하지 않고 가시던 어머니의 뜻을 그제야 알았다. 이미 충분한 시간이 흘렀음에도 어머니는 아버지를 놓지 못하셨다. 당신처럼 먼저 떠나보낸 사랑하는 사람을 못 잊고 계신 아픔을 보셨을 것이다. 연못가에서 아들을 만나기로 하셨다며 추위에 아랑곳하지 않으시고 하염없이 기다리시는 그분을 외면하실 수 없으셨을 것이다. 그분을 위해 어머니는 동행하셨던 것이다. 서녘 하늘을 물들이며 뉘엿뉘엿 지는 석양처럼 기억이 흐릿해지는 그분의 손을 놓지 못하셨다. 젊음과 건강은 한 시절의 흥겨운 놀이마당처럼 그 시점을 지나면 스치는 바람처럼 그렇게 지나가는 것일까?

어쩌면 어머니는 먼저 떠나신 아버지를 잊지 못해 그분의 마음을 헤아리시는 것이셨는지도 모르겠다. 버릴 수 있었다면 벗을 수 있는 일이었다면 진즉 그리하셨을 것이다. 그러나 언제나 어머니의 가슴에 아버지는 연못의 연꽃처럼 깊게 뿌리를 내리고 계셨다. 어머니는 그 고임 속에 연꽃처럼 아름다운 추억이 있기에 지금을 견딘다고 하셨다.

연못은 청초하게 아름답고 풍성한 연꽃을 피운다. 소리치는 아픔은 고여서 아픈 것이 아니라 기억하기에 아픈 것이라고 하셨다. 그 기억이 아파도 어머니 당신 것이기에 부둥켜안고 가는 것이라고 하셨다.

어머니에게 아버지의 기억은 당신의 지난 온 시간에 담긴 값진 추억이었다. 그 누구의 것도 아닌 당신 것이기에 아픔이 수반 되더라도 너무나 소중하기에 기억하시는 것이었다. 툴툴 털어버리고 당신 삶을 새롭게 사시길 원했지만, 어머니에게 아버지는 늘 연못에 피어 있는 연꽃이셨다. 늘 두름처럼 아버지와의 기억들이 엮여 어머니의 가슴에 들어서 있었다. 특별할 것 없는 일상을 보듬는 어머니는 매 순간순간에도 아버지가 연못의 연꽃처럼 활짝 피어계셨다. 아파도 아버지와 당신의 꽃이기에 늘 곱고 소중하게 보듬어 안고 계셨다.

지나온 모든 게 아픔이었다 하더라도 모든 것들을 다 내려놓기엔 그 시간에 숨어 있는 웃음과 눈물이 있기에 비울 수 없는 것이었다. 문득 생각이 떠오를 때면 가슴에 무언가가 고여 어머니를 더욱더 간절히 기억하게 한다고 하셨다. 연못은 그 어떠한 대가도 바라지 않고 언제나 연꽃의 생명을 돌보며 기꺼이 생명수를 내어줄 것이다. 흐르지 않아도 고여서 수많은 이야기와 눈물을 보듬어 사람들의 가슴을 정화시켜 줄 것이다. 항상 두 분의 모든 이야기들을 기억하는 나의 어머니와 오지 않을, 아니 올 수 없는 아들을 기다리는 아주머니의 이야기를 보듬고 연못은 아름다운 연꽃을 찬연히 피워줄 것이다. 그렇게 연못은 사람들의 가슴에 사연들을 내면화한 숭고한 성지 같은 곳이다. 소망으로 희망으로 연꽃을 피워 그윽한 향기로 변함없이 마음을 위로할 것이다. 더운 한여름을 안은 연꽃이 활짝 피어 미소를 던진다.

수다쟁이

물질문명의 발달은 인간의 게으름과 비례한다. 그 편리함은 동시에 가지려는 탐욕과도 같음의 부등호를 형성한다. 정신적인 황폐화의 속도는 그만큼 빠르다. 바르고 옳은 인간의 삶의 의미가 정립되기도 전에 이미 기계의 편리함에 쉬운 쪽으로 기울어버린다. 우리들이 살아갈 미래는 편리함을 추구한 만큼 인간들의 역할은 날로 줄어들게 된다는 것은 자명한 일이다. 아날로그의 구식은 지금을 살아가는 우리들에게는 추억으로 치부되는 일들이 허다하다. 하지만 초스피드의 시대가 결코 가질 수 없는 매력을 가졌다는 것 또한 맞는 말이다. 학창시절 편지에는 그리움이 담기고 마음이 스며있다. 물론 현대의 휴대폰에도 마음은 전달이 된다. 그러나 향기가 없다. 그럼에도 변화는 빠르게 성장을 도모하고 있다.

얼마 전 이사를 준비하느라 책들을 정리했다. 무심이 툭 떨어진 작은 노트 한 권, 오래된 흔적을 누렇게 색을 입은 종이가 대변해주었다. 결혼하고 얼마 후 친정아버지께서는 오랜 지병으로 돌아가셨다. 그 슬픔은 날이 가도 가도 무게를 줄이지 않았다. 결국 꼬박 일 년을 매일같이 독백 같은 대화가 오가는 일기를 쓰면서 조금씩 아버지의 빈자리를 받아들일 수 있었다. 아버지의 그리움이 가벼워지기 위해서는 나에게는 무언가가 필요했다. 결국 오래전부터 해온 습관의 하나였던 일기에 하루의 수다를 늘어놓기 시작했다. 그리움은 결코 시간만이 해답은 아니었다.

아버지가 없다는 공백의 시간을 지극히 단순하고 간소한 일기장에 하루의 이야기를 기록하는 것으로 택했다. 무심으로 시작했지만, 그만큼 그 공백의 시간은 글로 나누는 나의 이야기로 천천히 채워졌다. 아버지의 빈자리엔 그날그날의 하루가 채워졌다. 그렇게 일기는 어느새 나를 수다쟁이로 만들었고 때론 앞으로의 꿈을 의논하고, 어떤 날에는 어머니의 흉도 보고, 그리움이 사무칠 때면 울기도 했다. 그렇게 일기는 나의 아버지와의 만남에 연결고리가 되어주었다.

인간은 떠나간 길을 다시 돌아올 수 있는 부활의 능력은 없다. 하지만 기억은 가슴속에 하얀 면류관을 쓰고 잘도 부활했다. 아버지와의 일기장엔 늘 나의 수다로 끝이 나는 매일 매일이었지만 마냥 나에게는 행복한 대화의 시간이었다. 아득하고 일방적인 대화는 찬란하거나 거대한 스토리는 아니었지만 매일의 일상이 기록되어갔었다. 들판의 이름 낯선 풀꽃의 처연한 외침처럼 나는 그렇게 혼자만의 수다만으로도 아버지를 만난다는 마음으로 위로를 받았다.

아이가 자라고 엄마의 역할에 점점 분량이 많아지면서 일기는 소홀해졌었다. 그렇게 아이의 성장이 그리움을 치유하는 방책이 되었다. 어머니는 힘겹고 아린, 나의 아픔이 조금씩 그리움의 무게를 잃어 가는 것을 기뻐하셨다. '사람은 그렇게 바람 따라 구름 따라 초연히 넘어가는 것'이라고 '떠난 아버지도 나를 품에 안고 가셨을 것'이라고 하셨다. 때가 되면 헤어지지만, 또 뒤따라오는 때가 만남으로 이어줄 것이라고 말씀하셨다. 그 만남의 꽃망울이 터질 때가 되면 고운 색조로 촘촘히 이어진 햇살 길로 우리들은 만난다고 하셨다. 그리 믿고 지금 이 시간의 자신에게 충실하며 살아가는 것이 맞는 것이라고 하셨다. 조금씩 우리들의 생활 속에서 아버지는 자리를 비워주셨다. 아마도 매일 같은 수다가 그런 힘을 가지게 한 것 같았다. 그렇게 파릇한 수피에 고개를 내민 봄을 만났다.

그 봄의 시간은 그리 오래가지를 못했다. 평소에도 부부의 정이 남달랐던 아버지는 어머니가 그토록 그리우셨을까? 2년쯤 되는 해에 어머니도 아버지 곁으로 떠나셨다. 맵고 짠 시간이었다. 세상에 외톨이가 된 것만 같았다. 거리를 걸어도 비어있는 공간 속에 보이지 않는 어머니를 안았었다. 단정하고 강하셨던 생전의 모습이 너무나 그리웠다. 고매한 품성의 어머니는 암담한 현실에 유일한 빛 같은 분이셨다. 그런 어머니가 떠나신 그날부터 나에게 이 세상은 지옥이었다. 도처에 어머니의 흔적이 깔려 있었다. 유난히 성품이 밝으셨던 어머니는 늘 나와 함께하는 시간들이 많았었다. 내 휴대폰 속의 사진 목록에 환하게 웃으시는 어머니의 모습이 사진마다 담겨져 있었다.

그렇게 저장된 어머니는 유일하게 그 공간에서만 만날 수 있었다. 그리움은 끈질기게 나를 힘들게 했고 결국 밤잠을 못 이루고 괴로워하며 정신적으로, 시간적으로 황폐화 길로 접어들었었다. '툭'하고 떨어진 노트 한 권, 나는 한없이 눈물을 흘렸다. 그 일기장 안에 나의 어머니는 살아계셨다. 봄이 와서 분홍 꽃 블라우스를 곱게 입으시고 아버지가 계신 납골당에 함께 가시던 어머니가 계셨다. 일기는 나의 그리운 아버지를, 어머니를 기록으로 담고 있었다. 하루하루의 기록은 아버지와의 수다와 어머니의 미소를 그려놓고 있었다.

밤에도 봄은 소리를 낸다

시간은 계절을 입는다. 파릇파릇 푸름이 겨우내 누런 황톳빛을 봄 색깔로 계절을 입힌다. 봄의 소리를 들은 길목에는 가지마다 꽃물들인 옷을 곱게 차려입느라 분주하다. 간혹 살랑거리는 바람에 수줍게 고개를 흔들어 대기도 한다. 봄을 유독 사랑하시던 어머니는 꽃이 예뻐서가 아니라고 하셨다. 먹을거리를 들판은 대가도 없이 내어주기 때문이라고 하셨다. 한 끼 장만에 종종거려야 했던 겨울은 빠듯한 살림을 사시는 어머니에게는 버거운 계절이었다. 경제적인 빠듯함은 삶에 무수한 감성들을 단절시킨다. 그러기에 시선이 주는 아름다움은 뒤로 밀리게 된다. 경제적인 위축은 감성의 폭도 얼려버린다. 그러나 아름답게 치장하는 봄은 농염한 여인의 육감적인 향기를 내뿜어대는 듯 향기를 매달고 온다. 여기저기 봄의 자취가 구석마다 푸짐하게 메워지는 계절이 봄이다.

바구니를 꿰차고 동네 여자아이들은 봄나물을 캐기 바빴다. 언제나 내 바구니가 제일 먼저 가득 채워졌었다. 상큼한 봄의 색깔은 겨우내 탁했던 색을 걷어내고 꽃물을 쏟아낸다. 봄이 산자락에 소리를 달면 계곡물은 요란하게 곡선을 타고 흐른다. 어머니는 산 아래 봄을 기다린 쑥나물을 자루 한가득 채워오셨다. 늘 떡 방앗간에 가져다 돈을 대신해 오시면 어머니의 쑥은 한 끼 찬거리가 되었다.

봄기운이 가장 먼저 만나는 것은 어머니의 나물자루였다. 봄은 그렇게 나의 어머니께 삶에 향기를 뿌려주었다. 굴곡진 산을 넘어 봄바람은 나의 어머니 코끝에도 소리를 달았다. 어머니의 콧노래가 흥을 찾은 계절이 봄이었다. 위풍당당했던 꽃샘바람도 봄의 기싸움에는 늘 패배를 거듭하며 밀려난다. 바지런히 서둘러 오는 봄에게는 겨울이 밀린다. 무엇이건 열심히 최선을 다한다면 추운 삶이 밀려 봄을 만나게 되리라 믿는다.

넓은 대지에 찾아온 봄은 어느 곳 보다 더욱 질펀하다. 동네 아이들의 소리는 어떤 계절보다 더 높이 담장을 넘나든다. 논밭에는 봄의 기운을 담기 위해 쟁기질이 바쁜 시간의 계절이도 했다. 집집마다 요란한 봄 준비로 굴뚝마다 연기가 피어올랐다. 아저씨들의 소 끄는 '이랴' 소리, 아이들의 대문 앞 '놀자' 소리로 봄은 생기를 찾는다. 봄은 막 탄생한 아기들의 울음소리처럼 쉴 새 없이 울어대지만, 그 소리는 모두를 흥겹게 해주었다. 돌이켜보면 그 시간의 오래된 토속적인 모습이 생활에는 많은 불편함을 줬었다. 그럼에도 지금은 너무나 만나고 싶은 그 순간 그 시간이기도 하다. 이런저런 이야기들이 정겨웠던 그때가 몹시도 보고픈 시간이 되었다.

그 시간, 그 순간으로 다시 돌아갈 수 있다면 건강하신 나의 어머니를 만날 수 있겠지? 내 가슴도 봄을 만난 것처럼 따뜻해질 것 같은 행복한 그 시간이 그리워진다. 현란하게 색을 입는 봄은 어두운 밤에도 소리를 낸다. 톡톡 터지는 봄꽃은 수줍은 새색시처럼 살포시 소리를 죽이며 피어난다. 봄은 꽁꽁 얼었던 사람들의 가슴에도 쨍쨍하게 꽃물을 들인다. 봄은 살랑이며 치맛자락을 당겨 들썩이는 흥을 부른다. 꽃놀이를 떠나는 동네 부녀회에서 늘 빠지는 어머니를 어느 순간부터는 가자고 하지를 않으셨다. 그게 내심 서운하셨지만, 항상 거절하는 핑계를 찾지 않아도 된다고 하시며 서운함을 다행으로 말씀하셨다. 같이 가고 싶으셨지만, 어머니는 가슴에만 꽃물을 들이셨다. 봄꽃이 흐드러지게 피어도 나 또한 봄꽃축제에 나서질 못하는 건 아마 어머니 생각 때문인듯하다. 봄은 시선으로만 담아지는 것이 아니라 아마 어머니의 모습으로 내게 담겨진 듯하다.

김 순 진

도서출판 문학공원 · 《스토리문학》 발행인
한국스토리문인협회 회장
고려대 평생교육원 시창작과정 강사
한국문인협회 · 국제pen한국본부 · 한국현대시인협회 이사
한국교수작가회 회원, 중앙대문인회 수석부회장, 은평예총 회장
포천문화예술인협회 부회장, 마홀문학회 회장
문학공원 시동인, 자작나무수필 동인, 스토리소동 소설동인
수필춘추문학대상 등 수상
수필집 『리어카 한 대』, 『껌을 나눠주던 여인』
『천만에 만만에 콩떡』 외 저서 16권

면암 최익현 선생과 제주 외 2편

김 순 진

풀뿌리민주주의의 꽃이라고 말하는 지방자치제가 자리를 잡으면서 고장마다 그 고장 출신 성현이나 예술가 등 인물 모시기에 난리다. 자연적인 환경은 그 고장을 알리고 즐기는 조건이 되지만 인물은 그 고장의 정신을 드높일 수 있는 더욱 좋은 조건이 되기 때문이다. 필자는 전국 여러 군데에서 인물을 가지고 축제를 열고, 실제 그 축제가 성공적으로 개최됨으로써 그 고장을 널리 알리는 계기로 삼은 것을 많이 보아왔다. 김포시의 중봉문화제[8], 남양주시의 다산문화제, 영월군의 김삿갓 축제와 단종문화제, 진주시의 논개개천예술제, 부여군의 윤봉길문화축제, 완도군의 장보고 축제, 남원의 춘향제, 강진군의 영랑문학제 등이 그것이다. 그 고장에서 태어나거나 벼슬을 하던 분, 또는 유배된 분의 뜻을 널리 기리고 알림으로써 정신수양은 물론 관광자원으로써 소득에도 기여하자는 것이 지방자치제 수장들의 생각이다.

김삿갓으로 불리는 김병연은 양주군 회천면에서 태어났으나 강원도 영월로 숨어들었다가 '김익순의 부정을 고발하는 시를 써 장원을 했는데, 나중에 자기의 할아버지라는 것을 깨닫고 부끄러워 갓을 깊이 눌러쓰고 방랑을 시작한 곳'이라고 하여 영월 사람들은 자부심이 대단하다.

---

8) 중봉 : 임진왜란 때 의병장 조헌 선생의 호, 김포 출생의 인물이다.

그런데 제주도에는 추사 김정희, 면암 최익현 등 정말 많은 분들이 유배되었지만 그런 분들의 이름으로 축제를 여는 것은 보지 못했다. 화가 이중섭 정도가 미술관을 갖추고 관광효과를 거두고 있을 뿐이다. 오언 장승업 같은 걸출한 화가는 제주도로 내려와 그림활동을 했던 것으로 알지만 장승업미술관이 있다는 것을 알지 못한다.

면암 최익현 선생은 경기도 포천 출생으로 제주에서 오랫동안 유배생활을 했다. 그는 유배생활을 하면서 제주의 어린 유학들을 길러내는 한편 부모님과 자식, 친지들에게 편지를 쓰거나 시를 짓는 등 학자와 시인으로서의 기개를 펼침으로서 제주의 정신적 지주 역할을 하신 것으로 안다. 특히 고려 말, 조선 초기에 오지 마을 가시리에 정착한 한천 선생이 향약을 스스로 만들어 정하고 선비들을 모아 학문을 가르쳐 성읍리 등 주위에 학덕이 크게 미쳤는데, 구한말 면암 최익현이 제주에 유배와 산야를 섭렵하던 중 고종 16년(1879), 가시리에 들렀을 때 한천 선생의 낙향사를 전해 듣고 직접 비문을 지어 당시의 학자 허갑(許鉀)으로 하여금 글을 쓰게 한 것 등은 문화사적 가치가 높이 평가되고 있다. 이처럼 제주의 정신적 지주의 역할을 하신 면암 최익현 선생을 모시는 향교나 사당이 하나도 없다는 것, 그리고 그를 추모하기 위한 추모제나 축제가 시작되지 않는다는 것은 전국에서 인물 모시기에 혈안이 되어있는 마당에 정말 의아한 일이다.

제주도에는 제주향교, 정의향교, 대정향교 등 세 개의 향교가 있는 줄 안다. 그런데 세 곳 모두, 다른 성현들과 더불어 최익현 선생을 모셨다는 것은 듣지 못했다. 일본 대마도로 압송되어 가서도 '왜놈들의 음식은 먹을 수 없다'며 죽음으로써 나라를 수호하려고 했던 면암 선생의 동상이 제주도에 선다면 제주도의 많은 학생들은 나라를 사랑하는 마음이 더욱 깊어질 것 같다. 세계 7대 자연경관으로 선정되어 수많은 관광객을 유치하고 있는 제주가 보여줄 것은 환경과 기후가 만들어낸 볼거리뿐만 아니라 유배지로서 수 많은 성현들의 발자취를 보여주고 그들의 정신세계와 그들이 써낸 책, 그려낸 그림 등을 전시하는 '유배문화관' 같은 것도 고려해 보라고 제주의 지도자들에게 적극추천한다. 그런 점에서 유배길 탐방로가 개설되어 많은 사람들이 유배길을 걸으며 그분들의 뜻을 기리면서 몸과 마음을 수양하고 있음에 위안을 얻는다. 특히 양진건 교수가 센터장을 맡고 있는 제주대학교 스토리텔링 연구개발센터에서 제주에 유배왔던 조선시대 성현들의 제주 유배 생활을 소재로 개발된 '제주성안유배길', '면암유배길' 안내서인 『제주유배길에서 나를 찾다』를 발간했다는 것은 크게 환영받을 일이다.

잘못을 인정하는 사회가 되어야

퇴근해서 집으로 들어가다가 골목에서 접촉사고가 났다. 골목에서 내가 들어가는데 조금 참았다 나와도 되련만 무턱대고 주차장에서 차가 나온다. 비킬 데가 마땅치 않아 한쪽 가게 앞으로 차를 비키니 여러 명이 한참을 올라타며 인사를 나눈다. "잘 가," "또 와!" "응응, 연락해……" 사설이 길다. 아마도 집에서 친목계를 마치고 돌아가는 모양이다. 5분가량 그들의 작별인사를 봐주면서 기다리려니 조금 화가 오른다. 술을 잡수신 양반은 옆에 타고 술을 안 잡수신 여자분이 차에 올라 운전대를 잡았다.

내가 정차한 사이를 빠져나가는데 내 차의 뒤 범퍼를 긁고 나간다. 내 차가 흔들린다. 경적을 울리며 "이거 봐요, 차가 끼었잖아요. 왜 자꾸 진행하는 거예요?"라고 소리 지르니 옆에 앉은 술 잡수신 양반이 "오라이. 오라이!"하며 계속해서 앞으로 나가라고 여자 운전자를 재촉한다. 내가 내려서 화를 내며 소리를 질렀다. "아저씨! 차가 끼어서 흔들리는데 왜 자꾸만 가라는 거예요?" 그랬더니 그 아저씨가 내려서 나보고 술 먹었느냐며 시비다. 내가 음주운전을 했다는 거다. 기가 막히는 일이다. 적반하장도 유분수다. 정말 가관도 아니다. 화가 나서 경찰을 부를 테니 '차를 움직이지 말라'고 했다. 차에서 세 명이 내려서 나한테 중구난방으로 쏘아붙인다. 운전했던 여자는 겁이 나는 모양인지 가만히

운전대에 앉아있는데 셋은 하룻강아지를 몰아붙이는 호랑이들 같다.

욕설이 오갔다. 계를 치른 사람인지 나에게 와서 그냥 가게 봐달란다. 나는 사과해야만 봐준다고 했더니 자기들은 아무런 잘못이 없단다. 구경꾼들이 잔뜩 몰려 있고 못 지나가는 차량들의 경적소리가 대단하다. 그러던 중 산후조리원에 근무하는 아내가 야간 출근을 위해 지나가다 이 광경을 목격했다. 나는 아내에게 '바쁘니까 어서 출근이나 하라.'고 보냈다. 술 취한 사람이 내가 음주운전을 했다고 소리친다. 방법이 없다. 이 정도면 경찰을 부를 수밖에. 경찰이 당도했다. 경찰이 도착하여 우선 보험회사에 보험을 접수하란다. 보험회사에 접수를 하고, 그 여자도 나도 음주측정기를 불었다. 둘 다 몇 번씩 불어도 술은 안 마신 것으로 나온다. 그러니까 그 남자가 경찰에게 "여자가 운전하고 왔는데 도망을 갔다."고 거짓말을 한다. 땅을 치고 통곡할 노릇이다. 아내는 운전면허증도 없고 술도 한 방울 마시지 못하는 사람이다. 그런데 근무 나간 아내가 와야 한다고 그 사람 막무가내로 소리쳤다.

전화를 걸어서 아내를 오라고 했다. 아내는 퇴근하는 사람들과 인수인계하는 과정이라며 걱정을 하더니 택시를 타고 왔다. 경찰이 아내에게 음주측정기를 불라고 했다. 난생처음 음주측정기를 부는 아내의 얼굴이 일그러졌다. 운전을 할 줄도 모르고 면허증도 낸 적이 없는 사람에게 음주측정기를 불라니……. 아무튼 음주측정기를 불고 경찰이 이 분은 운전할 줄도 모르고 술도 안 먹는 사람이라고 말하자 다른 사람이 도망갔는데 엉뚱한 사람을 데려왔다고 또 떼를 쓴다. 딸아이가 따라 나왔다가 그 모두를 보고 내 역성을 들려고 한다. 너는 어른들 이야기니까 집에 가 있으라고 했다. 아이들에게 싸우는 아빠의 모습을 보여주기 싫었기 때문이다. 금기야 경찰도 화가 났다. "이 양반 안 되겠구먼. 끝도 없이 거짓말을 하고. 당신 파출소로 갑시다."하면서 나만 보내주려고 한다.

나는 '사과를 받아야 한다.'고 목소리를 높였다, 내 차는 오래된 차라 조금 긁힌 것쯤이야 상관이 없지만 나에게 음주운전을 했다고 의심한 것과 아내까지 의심해서 바쁜 사람을 오게 한 데 대한 감정이 남아있다. 아내는 '택시비랑 한 시간 일당을 내놓으라.'고 그 사람에게 요구한다. 나는 아내를 타일러 보내고 결국 그 사람들에게 사과를 받아낸 후 일단락 지었다.

'목소리 큰 놈이 이기는 세상'이라는 말이 있다. 교통사고가 나면 무조건 내려서 욕부터 하고 보는 세상이다. 정말 개탄스럽다. 딸아이가 집에 가지 않고 끝날 때까지 기다려줬다. "길에서 싸워서 딸아이에게 부끄럽지만 그래도 정의에 져서는 안 된단다."하며 나는 딸아이의 손을 잡고 집으로 들어갔다. 알고 보니 동네서 복덕방을 하는 사람들이다. 나도 접촉사고가 난 그 장소 옆에서 오래 살았던 사람이다. 잘못을 인정하는 사회가 아름다운 사회다. "미안합니다."라고 한마디만 해주면 용서해주려고 했는데 오히려 나한테 뒤집어씌우려는 그들에게 나는 결코 당할 수가 없었다. 왜냐하면, 이것은 정의에 문제이니까.

리어카 한 대

글 쓰고 책 만드는 직업을 가진 나는 조금 늦게 출근하여 밤늦게야 퇴근해서 집으로 돌아온다. 그래서 동네 사람들을 만날 기회가 별로 없다. 고향 포천에서 공무원으로 근무한 적이 나는 글이 쓰고 싶어 사직서를 내고 무작정 상경했다. 그러나 내게 서울살이는 그리 녹록치 않았다. 나는 아는 사람과 봉제공장을 동업했다가 망하고, 구멍가게 했다가 벌이가 시원치 않아서 집어치우고, 특별할 것 없는 요리솜씨로 식당을 차렸다가 쫄딱 망해 거리로 나앉게 되었다. 그래서 응암동 대림시장 부근에서 노점도 하고, 인력시장에 나가 날품팔이 노동도 하며 안 해본 것 없이 살았다. 그때 사귄 사람들을 가끔 만나게 되면 너무나 반가워 서로가 오랫동안 손을 잡으며 이야기를 나누곤 했다.

어느 토요일에 조금 늑장을 부리며 출근을 하려다가 한 청년과 그의 어머니를 만났다. 그 모자는 연립주택인 우리 집 대문 앞에 버려진 폐지를 줍고 있었다. 오래전부터 폐지를 주워 생활하는 모자였다. 나는 반가워 먼저 청년의 어머니한테 인사를 했다.

"그간 안녕하셨어요. 아주머니! 요즘 파지 값이 얼마에요?"

옆에서 청년이 나에게 말을 건넨다.

"아저씨가 리어카 줬어!"

순간 눈물이 핑 돌았다. 그 청년은 조금 지능이 낮은 청년이었는데 벌써 15년이 훨씬 넘은 일을 기억하고 있었다.

우리 동네에는 서천수라는 한 건달이 살았다. 그는 술만 마시면 웃통을 벗어젖히고 소리소리 지르고 툭 하면 싸움질하는 사람이었다. 내가 응암동 대림시장 뒤쪽에 식당을 차려서 갔을 때, 그 패거리들은 개업식 날 찾아와 막걸리 값을 비싸게 받는다며 테이블을 엎고 술병을 깨며 내게 행패를 부렸다. 그때 나는 그들이 누구인지 몰라 싸울 수도 없고, 너무나 약이 올라 엉엉 울었었다. 그가 술을 먹는 날이면 우리 집 골목은 아수라장이 되었다. 아무나 붙들고 시비를 했고 툭 하면 옷을 벗어젖혔다. 그의 등에는 팔뚝으로 이어지는 커다란 용문신이 새겨 있어 그가 전직 조폭이었음은 누구나 짐작할 수 있었다.

그가 그렇게 타락한 데는 나름의 이유가 있었다. 그의 아내는 도망을 가버리고 그는 오갈 데가 없어 일곱 살 난 아들과 함께 건설현장에서 야방을 보며 살고 있었다. 그러다가 건설현장에 불이 나서 그만 아이가 불에 타 죽고 말았다. 그날 이후로 그는 타락의 길로 빠지고 말았다.

내가 식당일을 그만두고 그 집에서 살림을 하면서 길에서 노점을 하며 붕어빵과 어묵을 팔고 있을 때였다. 그는 막노동을 나가 몇 푼 벌어오면 그날로 다 술을 먹고 마는 성미였다. 가끔 자기의 아들이 생각났는지 우리 아들을 '장군이'라 부르면서 돈이 생기면 장난감도 사주고 특별히 예쁘게 대해 주었다.

나는 그에게 '세상은 열심히 살면 한 번 살아볼만한 세상이라.'며, 함께 살아보자며 좋은 이야기를 해주면서 리어카 한 대를 사주었다. 그는 건달, 부랑아 생활을 마감하고 피지를 주우며 열심히 살고 있었다. 그 이듬해 설날 아침, 차례를 지내고 난 나는 떡국 한 그릇 먹이고 싶어서 그가 살고 있는 쪽방을 찾았다. 그런데 이게 웬일인가? 불을 넣지 않은

방에서 술을 마시고 잠들었다가 그만 얼어 죽고 말았던 것이다.

나는 경찰에 신고하고 그의 장례를 주관해줬다. 그의 유품을 정리하고 나니 리어카 한 대가 남았다. 어떻게 처리할까 고민하고 있는데 마침 두 모자母子가 유모차에 파지를 주어 싣고 가고 있었다. 그때 그 리어카를 청년에게 선물했던 것이다. 가끔 그 청년이 어머니와 함께 파지를 줍고 있는 모습을 본 적이 있었지만 차마 기억이나 할까? 공치사하는 것 같아서 아는 체를 안 했었는데, 그 먼 기억을 떠올리게 해준 청년에게 감사한다. 보잘 것 없는 선물이 모자에게는 가장 큰 사업밑천이 되었으니 얼마나 감사한 일일까?

나에게는 '장애인공동체'라는 곳에서 일 년에도 몇 번씩 전화가 온다. 장애인들이 만든 물건이니 비누나, 차 등을 팔아달라는 것이다. 우연한 기회에 통화가 연결된 지 벌써 수년이 지났다. 이번에도 어김없이 세숫비누를 사서 지인 몇 사람과 나눠가졌다. 가격은 조금 비싸지만 비누로 세수를 할 때마다 기분이 좋아진다. 그 비누로 세수를 하면 어쩐지 장애인들의 해맑은 웃음소리가 들려오는 것 같기도 하고, 그들의 후원을 받아 사업이 잘 될 것 같은 예감이 들기도 한다.

전철을 타고 출퇴근을 하다 보면 자주 걸인을 만난다. 그때마다 나는 그냥 지나친 적이 없다. 돈의 액수야 하잘 것 없는 것이라지만 도움의 손길을 그냥 지나칠 수 없다. 떡장수 아주머니가 떡을 이려고 다라를 만지면 번쩍 들어서 머리에 이어드리고, 노인들의 팔을 부축해서 계단을 함께 오르며, 길을 모르는 외국 사람에게 길을 가르쳐주는 것이 내 출퇴근의 즐거움이다.

포천이 고향인 나는 시골에 갔다 돌아오는 날이면 호박이며 깻잎, 콩 등을 가져와 이웃들과 나눈다. 나눈다는 것은 행복한 일이다. 그것이 꼭 많은 돈일 필요는 없다. 마음이 먼저 선행되어야 한다.

이제 금년이 거의 다 가고 곧 새로운 1년이 우리에게 선물로 다가온다. 창조주는 해마다 우리에게 1년을 선물하는데 우리는 그 선물에 대하여 감사할 줄 모르며 너무나 하찮게 여기며 소비한다. 사람은 나눌 때 가장 행복하다. 사랑은 베푸는 사람이 더욱 행복해진다.

홍콩의 액션스타 성룡을 생각한다. 그는 전 재산 4,000억 원을 사회에 내 놓으며 "내 아들이 똑똑하면 그 재산이 필요 없을 것이고, 무능하면 그 재산을 모두 탕진할 것이다. 나는 앞으로도 한 푼 남기지 않고 모두 사회에 환원할 것이다."라고 말해서 세인들의 가슴을 울린 적이 있다. 어차피 한 푼 가지고 가지 못하는 인생이라면 나눔을 통한 행복이 최선의 인생을 사는 것 아닐까?

요즘도 리어카에 파지가 가득 실린 그 모자가 지나갈 때마다 서천수가 살아서 걸어 다니는 것 같다. 열심히 살면 큰 부자는 못 되더라도 먹고는 산다고 하신 아버지의 말씀이 생각난다. 그 리어카를 보면 어릴 적 아버지가 태워주시던 리어카에 몸을 실은 듯 맘이 설렌다.

한국스토리문인협회 자작나무수필 동인지 7집

어머니란 이름으로

초판인쇄일 2022년 6월 24일
초판발행일 2022년 7월 02일

지은이 : 자작나무수필동인
발행인 : 김순진
편집장 : 전하라
디자인 : 김초롱
펴낸곳 : 문학공원
등 록 : 2004년 3월 9일 제6-706호
주 소 : 우편번호 03382 서울 은평구 통일로 633
녹번오피스텔 501호 스토리문학사
전 화 : 02-2234-1666
팩 스 : 02-2236-1666
홈페이지 : http://cafe.daum.net/yob51
이메일 : 4615562@hanmail.net

※ 책값은 뒤표지에 있습니다.